FATOS E FALÁCIAS DA ECONOMIA

THOMAS SOWELL

FATOS E FALÁCIAS DA ECONOMIA

Tradução de
RODRIGO SARDENBERG

Revisão técnica de
EDUARDO SÁ

9ª edição

EDITORA RECORD
RIO DE JANEIRO • SÃO PAULO
2025

CIP-BRASIL. CATALOGAÇÃO NA PUBLICAÇÃO
SINDICATO NACIONAL DOS EDITORES DE LIVROS, RJ

S719f   Sowell, Thomas
        Fatos e falácias da economia / Thomas Sowell; tradução de Rodrigo Sardenberg;
9ª ed. Revisão técnica de Eduardo Sá. – 9ª ed. – Rio de Janeiro: Record, 2025.

        Tradução de: Economics facts and fallacies
        Inclui bibliografia e índice
        ISBN 978-85-01-09079-9

        1. Economia. 2. Política econômica. I. Título.

                                            CDD: 337
16-35605   CDU: 34:351.713

Copyright © Thomas Sowell, 2007, 2011

Originalmente publicado pela Basic Books.

Título original em inglês: Economics facts and fallacies

Todos os direitos reservados. Proibida a reprodução, armazenamento ou transmissão de partes deste livro, através de quaisquer meios, sem prévia autorização por escrito.

Texto revisado segundo o Acordo Ortográfico da Língua Portuguesa de 1990.

Direitos exclusivos de publicação em língua portuguesa para o Brasil
adquiridos pela
EDITORA RECORD LTDA.
Rua Argentina, 171 – 20921-380 – Rio de Janeiro, RJ – Tel.: (21) 2585-2000,
que se reserva a propriedade literária desta tradução.

Impresso no Brasil

ISBN 978-85-01-09079-9

Seja um leitor preferencial Record.
Cadastre-se no site www.record.com.br
e receba informações sobre nossos
lançamentos e nossas promoções.

Atendimento e venda direta ao leitor:
sac@record.com.br

Fatos são teimosos; sejam quais forem nossos desejos, nossas tendências ou os ditames das nossas paixões, eles não podem alterar os fatos e as evidências.

John Adams

Sumário

Prefácio — 9

1. O poder das falácias — 11
2. Fatos e falácias urbanos — 23
3. Fatos e falácias masculinos e femininos — 77
4. Fatos e falácias acadêmicos — 117
5. Fatos e falácias relacionados à renda — 165
6. Fatos e falácias raciais — 201
7. Fatos e falácias do Terceiro Mundo — 245
8. Considerações finais — 281

Notas — 287
Referências bibliográficas — 311
Índice — 327

Prefácio

Algumas coisas são passíveis de crença porque comprovadamente verdadeiras. Mas muitas outras são passíveis de crença apenas por serem consistentes com uma visão de mundo amplamente difundida — sendo esta visão aceita como substituta dos fatos. Sujeitar as crenças ao teste dos fatos concretos é especialmente importante quando se trata de crenças econômicas, porque as realidades econômicas são limitações inescapáveis sobre a vida de milhões de pessoas, de tal maneira que diretrizes baseadas em falácias podem ter impactos devastadores. Compreender essas falácias, por sua vez, pode abrir oportunidades inimagináveis de uma vida melhor para milhões de pessoas.

Este livro, assim como outros livros meus, deve muito às minhas duas extraordinárias assistentes de pesquisa, Na Liu e Elizabeth Costa. Elas não apenas encontraram vários materiais que pedi, mas muitas vezes também chamaram a minha atenção para fontes valiosas que eu não havia pedido.

1.
O Poder das Falácias

> Nunca subestime a dificuldade de mudar
> falsas crenças através de fatos.
>
> *Henry Rosovsky*[1]

Falácias não são simplesmente ideias malucas. Geralmente são plausíveis e lógicas — mas com alguma coisa faltando. Sua plausibilidade lhes rende apoio político. Só depois que este apoio político estiver forte o suficiente para possibilitar que ideias falaciosas se transformem em políticas e programas governamentais é que, provavelmente, os fatores que faltam ou são ignorados levarão a "consequências não intencionais", uma frase frequentemente ouvida diante de desastres de políticas econômicas ou sociais. Outra frase frequentemente ouvida diante destes desastres é: "Parecia uma boa ideia na época." É por isso que vale a pena observar mais profundamente as coisas que, num dado momento, parecem boas na superfície.

Algumas vezes, o que falta a uma falácia é simplesmente uma definição. Palavras indefinidas têm poder na política, especialmente quando invocam algum princípio que envolva as emoções das pessoas. "Justo" é uma dessas palavras indefinidas que já atraíram apoio para políticas públicas que variam de leis de Comércio Justo até a Lei dos Padrões Justos de Trabalho. Essa indefinição é uma desvantagem intelectual, mas representa uma imensa vantagem política. Pessoas com visões muito diferentes sobre questões importantes podem ser unificadas e mobilizadas por uma palavra que tente esconder suas ideias diferentes e, por vezes, até mesmo mutuamente contraditórias. Afinal, quem é a favor da injustiça? O mesmo ocorre com "justiça social", "igualdade" e outros termos indefinidos que podem significar coisas totalmente diferentes para indivíduos e grupos diferentes — todos eles podendo ser mobilizados para apoiar políticas que utilizam palavras tão atraentes quanto essas.

As falácias são abundantes em políticas econômicas, e afetam tudo, desde a habitação até o comércio internacional. Nos casos em que as consequências involuntárias destas diretrizes levam anos para se manifestar, muitas pessoas não conseguem ligar seus efeitos às respectivas causas. Até mesmo quando as consequências ruins acontecem pouco depois de uma determinada diretriz, muitas pessoas podem não associá-las, e os defensores de políticas que não dão certo costumam atribuir estas consequências ruins a alguma outra coisa. Algumas vezes alegam que a situação ruim teria sido ainda pior sem as maravilhosas políticas que defendiam.

Existem muitas razões pelas quais as falácias resistem, mesmo diante de evidências concretas contra elas. Autoridades eleitas, por exemplo, não podem admitir de imediato, sem colocar em risco as suas carreiras, que alguma política ou algum programa defendido por elas, talvez com grande alarde, tenha tido um resultado ruim. O mesmo acontece com líderes de diversas causas e movimentos. Até mesmo intelectuais ou acadêmicos com estabilidade estão sujeitos a perder prestígio e a passar por constrangimentos quando suas noções se mostram, na prática, contraprodutivas. Outros, que se consideram defensores dos menos afortunados, achariam doloroso se confrontar com evidências de que, na verdade, deixaram os menos afortunados numa situação ainda pior do que antes. Em outras palavras, evidências são perigosas demais — política, financeira e psicologicamente

— para algumas pessoas permitirem que se tornem uma ameaça aos seus interesses ou à própria percepção de si mesmas.

Ninguém gosta de admitir que esteja errado. No entanto, em muitos tipos de esforços, os custos de *não* reconhecer o próprio erro são altos demais para serem ignorados. Estes custos obrigam as pessoas a encararem a realidade, por mais dolorosa que seja. Um aluno que compreender matemática de maneira errônea não terá muita escolha além de corrigir o engano antes da próxima prova; e alguém no mundo dos negócios não poderá perder dinheiro indefinidamente ao insistir em crenças erradas sobre o mercado ou sobre a maneira de gerir uma empresa. Resumindo, existem imperativos práticos e intelectuais para que vejamos além das falácias. A diferença entre políticas econômicas saudáveis e falaciosas realizadas por um governo poderá afetar o padrão de vida de milhões de pessoas. É isso que torna o estudo da economia importante — e a exposição de falácias, mais do que um exercício intelectual.

Existem falácias demais para listar todas. No entanto, podemos esboçar aqui quatro tipos mais comuns de falácias econômicas, e investigar detalhadamente as mais específicas nos capítulos seguintes. Estes quatro tipos mais comuns podem ser chamados de falácia de soma zero, falácia da composição, falácia das peças de xadrez e falácia do infindável.

A FALÁCIA DE SOMA ZERO

Muitas falácias individuais na economia baseiam-se na mais ampla, e geralmente implícita, falsa suposição de que transações econômicas são um processo de soma zero, em que tudo que alguém ganha é perdido por outra pessoa. Mas transações econômicas voluntárias — entre empregador e empregado, entre inquilino e proprietário, ou o comércio internacional — não continuariam a ocorrer se não fosse melhor para ambos os lados fazê-las do que não. Apesar de isso parecer óbvio, suas implicações nem sempre são óbvias para aqueles que defendem políticas feitas para ajudar um dos lados destas operações.

Vamos começar pelo começo. Por que as transações econômicas acontecem e o que determina seus termos? O potencial de benefício mútuo é necessário, mas não suficiente, a não ser que os termos sejam efetivamente aceitáveis mutuamente. É claro que cada um dos lados poderá preferir termos especialmente favoráveis para si próprio, mas ambos aceitarão os demais para não perder os benefícios totais da transação. Pode haver muitos termos aceitáveis para um lado ou para o outro, mas a única maneira pela qual as operações poderão ocorrer é se estes conjuntos de termos aceitáveis para cada lado se sobrepuserem.

Suponha que uma política de governo seja imposta com o interesse de ajudar um dos lados — por exemplo, empresários ou inquilinos. Uma política desse tipo implica que agora existam três lados envolvidos nestas transações, e que apenas os termos que forem aceitáveis ao mesmo tempo para todos os três lados serão permitidos legalmente. Em outras palavras, estes novos termos excluirão alguns termos que, de outra forma, seriam mutuamente aceitáveis para os próprios participantes. Com menos termos disponíveis agora, provavelmente *menos* transações serão feitas. Como estas transações são mutuamente benéficas, isto costuma significar que agora *ambos* os participantes estarão numa situação pior do que estavam em algum aspecto. Este princípio geral tem muitos exemplos concretos no mundo real.

O controle de aluguel, por exemplo, já foi imposto em várias cidades ao redor do mundo, com a intenção de ajudar os inquilinos. Quase sempre, os proprietários e os empreiteiros consideram menos aceitável a variedade reduzida de termos e, portanto, oferecem menos habitações. No Egito, por exemplo, o controle de aluguel foi imposto em 1960. Uma mulher egípcia que viveu nessa época escreveu, em 2006, sobre o assunto:

> O resultado foi que as pessoas pararam de investir em prédios de apartamentos, e uma imensa escassez de aluguéis e de habitação obrigou muitos egípcios a viver em condições horríveis com várias famílias dividindo um apartamento pequeno. Os efeitos do rígido controle de aluguel ainda podem ser sentidos no Egito atualmente. Erros como esse podem durar por várias gerações.[2]

O PODER DAS FALÁCIAS

O caso do Egito não foi único. A imposição de controle de aluguel foi seguida de escassez imobiliária em Nova York, Hong Kong, Estocolmo, Melbourne, Hanói e incontáveis outras cidades no mundo todo.* O efeito imediato de aluguéis fixados abaixo do valor que teriam de acordo com a lei da oferta e da demanda é que mais pessoas buscam alugar apartamentos para si próprias agora que estão mais baratos. Mas, como nenhum outro edifício está sendo construído, muitas pessoas não conseguirão encontrar apartamentos vagos. Além disso, muito antes de acabarem os prédios existentes, serviços auxiliares como manutenção e reforma serão reduzidos, uma vez que uma escassez imobiliária significa que os proprietários não estão mais sob as mesmas pressões competitivas que os levam a gastar dinheiro para atrair inquilinos e, nessas situações, existem mais candidatos do que apartamentos. Essa negligência em relação a manutenção e reformas faz com que as construções se deteriorem mais rapidamente. Enquanto isso, a taxa de retorno menor sobre investimentos em prédios residenciais novos, por causa do controle de aluguel, faz com que menos apartamentos sejam construídos. Em lugares onde as leis de controle de aluguel são especialmente rígidas, absolutamente nenhum novo edifício pode ser construído para substituir aqueles que estão se deteriorando. Nem um único prédio de apartamentos foi construído em Melbourne durante vários anos depois da Segunda Guerra Mundial devido a leis de controle de aluguel. Em diversas comunidades de Massachusetts, nenhum imóvel destinado a locação foi erguido por 25 anos, até que o estado baniu leis locais de controle de aluguel e as construções recomeçaram.

Alguns inquilinos certamente se beneficiam de leis de controle de aluguel — aqueles que já possuem um apartamento quando essas leis são aprovadas e que consideram os níveis menores de reforma, manutenção e outros serviços auxiliares, como aquecimento e água quente, aceitáveis

---

* As formas concretas pelas quais esta escassez habitacional se desenvolve são discutidas no capítulo 3 do meu livro *Basic Economics*. 3ª ed. Nova York: Basic Books, 2007.

como *trade-off*, diante do dinheiro economizado com o aluguel. No entanto, à medida que o tempo passa, alguns prédios que estavam se deteriorando acabam interditados, o círculo de inquilinos que aceitam o *trade-off* tenderá a diminuir e lugares com leis de controle de aluguel especialmente rigorosas tenderão a ter reclamações especialmente amargas sobre a negligência dos proprietários em deixarem de fornecer aquecimento, água quente, manutenção e reforma adequados. Resumindo, a redução do conjunto de termos mutuamente aceitáveis tenderá a reduzir o conjunto de resultados mutuamente aceitáveis, e tanto os inquilinos quanto os proprietários acabarão ficando numa situação pior no geral, ainda que de maneiras diferentes.

Outra área em que os governos impõem o próprio conjunto de termos aceitáveis para transações é a das leis que regulamentam o pagamento, os benefícios e as condições de trabalho dos empregados. Avanços em todas estas áreas deixam o trabalhador numa situação melhor e custam dinheiro ao empregador. Aqui, novamente, isto tenderá a gerar menos transações. As taxas de desemprego tenderão a ser cronicamente maiores e os períodos de desemprego cronicamente mais longos em países como a França e a Alemanha, onde as leis de salário mínimo e as políticas governamentais destinadas a exigir que os empregadores forneçam benefícios aos seus empregados são mais generosas do que nos Estados Unidos — e, nestes países, a taxa de geração de novos empregos tenderá a ser bem menor do que na economia norte-americana. Aqui, novamente, a superposição de três conjuntos de termos aceitáveis tenderá a ser menor do que a superposição dos dois conjuntos de termos aceitáveis aos participantes diretamente envolvidos.

Como no caso de inquilinos sob controle de aluguel, aqueles que estão do lado de dentro olhando para fora se beneficiarão em detrimento daqueles que estão do lado de fora olhando para dentro. Os trabalhadores que conseguirem manter seus empregos ficarão numa situação melhor devido aos diversos benefícios que os empregadores precisarão fornecer por lei, mas o desemprego em taxas elevadas e por períodos mais longos privará outras pessoas de empregos que poderiam ser seus na ausência de leis cujo efeito líquido é o de desestimular a contratação e estimular a substituição de capital por mão de obra, assim como a terceirização de empregos para outros países. A expressão "Não existe almoço grátis" tornou-se banal exatamente porque provou ser verdadeira por muito tempo e em tantos contextos diferentes.

Talvez as consequências mais prejudiciais da suposição implícita de transações de soma zero tenham ocorrido em países pobres que impediram a entrada de recursos provenientes do comércio exterior, bem como de investimentos estrangeiros, para evitarem ser "explorados". Grandes disparidades entre a prosperidade de países de onde partem o comércio e o investimento e a pobreza de países que os recebem levaram algumas pessoas a concluírem que os ricos ficaram ricos à custa dos pobres. Diversas versões desta visão de soma zero — da teoria do imperialismo de Lenin à "teoria da dependência" na América Latina — tiveram uma aceitação ampla no século XX e provaram ser muito resistentes a evidências contrárias.

Em algum momento, no entanto, o fato de muitos lugares outrora pobres, como Hong Kong, Coreia do Sul e Cingapura, terem prosperado por meio do comércio exterior e de investimentos internacionais mais livres tornou-se tão evidente e tão amplamente conhecido que, no fim do século XX, os governos de muitos outros países começaram a abandonar sua visão de soma zero de operações econômicas. A China e a Índia têm sido exemplos impressionantes de países pobres cujo abandono de restrições rigorosas ao comércio exterior e aos investimentos internacionais gerou aumentos drásticos nas suas respectivas taxas de crescimento econômico, o que, por sua vez, fez com que dezenas de milhões dos seus cidadãos saíssem da pobreza. Outra forma de interpretar isto é que a falácia de soma zero tinha mantido milhões de pessoas muito pobres desnecessariamente atoladas na pobreza durante várias gerações antes que essas noções fossem abandonadas. Esse é um preço extremamente alto a se pagar por uma suposição sem fundamento. As falácias podem ter impactos imensos.

A FALÁCIA DA COMPOSIÇÃO

Os estudiosos de lógica chamam de "falácia da composição" a crença de que o que é verdade sobre uma parte é verdade sobre o todo. Um torcedor de beisebol num estádio consegue enxergar melhor o jogo se estiver em pé, mas, se todos os torcedores ficarem em pé, não enxergarão melhor. Muitas políticas econômicas envolvem a falácia da composição, quando, por exemplo, políticos ajudam algum grupo, setor, estado ou outro interesse especial e, no entanto, apresentam os benefícios como se fossem ganhos líquidos à sociedade, o que, na prática, trata-se de roubar de Pedro para pagar Paulo.

Muitos governos regionais, por exemplo, seguem políticas projetadas para atrair novas empresas ou pessoas mais ricas com a expectativa de que esses grupos propiciem mais receitas com impostos locais. Bairros inteiros foram demolidos e "redesenvolvidos" com habitações de alto padrão e shoppings como forma de "revitalizar" a comunidade. Muitas vezes o governo federal subsidia essa operação, sem nenhuma consideração de que as empresas e as pessoas mais ricas atraídas para lá simplesmente serão transferidas de algum outro lugar, enquanto as pessoas geralmente mais pobres serão removidas e transferidas também para algum outro lugar. Ainda assim, governos desde o nível local até o nacional estabelecem inúmeros programas para se envolverem no que, na melhor das hipóteses, é uma operação de soma zero, mas que costuma ser uma operação de soma negativa, uma vez que milhões de vidas são perturbadas e bilhões de dólares de impostos gastos na demolição de bairros, sem garantir qualquer benefício líquido para o país. Como as políticas impostas pelo governo não são transações voluntárias, como as que ocorrem no mercado, operações de soma zero e de soma negativa poderão continuar a ser adotadas indefinidamente.

Entretanto, em qualquer local específico, poderá haver, previamente, desenhos impressionantes, e, posteriormente, fotografias fascinantes para ilustrar a cena "antes" e "depois" do reordenamento e comemorar a melhoria visível. Por muitos anos, os fotógrafos gostaram de tirar fotos de comunidades de baixa renda em Washington, com a cúpula do Capitólio ao fundo. Projetos intensos de limpeza e esvaziamento de comunidades de baixa renda acabariam pondo fim a essas fotos constrangedoras — mas as pessoas removidas foram viver em outros bairros, transformados em comunidades de baixa renda localizadas a uma distância politicamente conveniente do prédio do Capitólio.

Costuma-se dizer que os gastos do governo são benéficos para a economia, uma vez que o dinheiro desembolsado é aplicado e reaplicado, criando empregos, aumentando a renda e gerando receitas tributárias no processo. Mas, geralmente, se esse mesmo dinheiro tivesse permanecido nas mãos dos contribuintes de quem partiu, também teria sido aplicado e reaplicado, criando empregos, aumentando rendas e gerando receitas tributárias. Novamente, isto costuma ser, na melhor das hipóteses, um processo de soma zero, no que diz respeito à transferência de dinheiro; e um processo de soma negativa, à medida que as altas taxas tributárias para financiar os gastos do governo reduzem os incentivos necessários à geração de atividade econômica e, em consequência, prosperidade.

Os defensores de políticas destinadas a preservar o "espaço público" e impedir o "superpovoamento" ignoram o fato de que o tamanho da população total não é afetado por essas políticas, o que significa que as pessoas impedidas de viver numa determinada área tornarão mais povoado algum outro lugar que não o era até então.

A FALÁCIA DAS PEÇAS DE XADREZ

Nos idos do século XVIII, Adam Smith escreveu sobre o teórico doutrinário que é "inteligente na própria presunção" e que "parece imaginar que possa dispor os diferentes membros de uma grande sociedade com tanta facilidade quanto a mão dispõe as diferentes peças por um tabuleiro de xadrez".[3] Esses teóricos são pelo menos tão comuns atualmente e têm pelo menos tanta influência em moldarem leis e políticas quanto naquela época.

Diferentemente de peças de xadrez, seres humanos têm as próprias preferências individuais, os próprios valores, planos e desejos, e todos eles poderão contrariar e até mesmo frustrar as metas de experiências sociais. Além disso, quaisquer que sejam os méritos de experiências sociais específicas, um experimento como tal pode ter custos econômicos e sociais imensos. Apesar de alguns experimentadores sociais acreditarem que, se um programa ou política não funcionar, poderão tentar outro e mais outro depois, até encontrarem um que efetivamente funcione, as incertezas geradas por um experimento incessante podem fazer com que as pessoas mudem seu comportamento, afetando a economia de maneira adversa.

Alguns economistas, incluindo John Maynard Keynes,[4] viam que as incertezas sobre o futuro gerado pelas políticas experimentais da administração do New Deal, na década de 1930, tendiam a desestimular investimentos muito necessários para que se saísse da Grande Depressão. Boris Yeltsin, o primeiro líder não comunista da Rússia após o colapso da União Soviética, da mesma maneira falou de "nosso país — tão rico, tão talentoso e tão esgotado por experiências incessantes".[5] Como as pessoas não são objetos inanimados como peças de xadrez, a própria tentativa de utilizá-las como parte de alguma grande planificação poderá não simplesmente fracassar, mas também ser contraprodutiva — e a ideia de "se num primeiro momento você não conseguir, tente, tente de novo" poderá ser uma fórmula para o desastre quando os consumidores relutarem em gastar, e os investidores em investir por não terem uma moldura confiável de expectativas, uma vez que não haverá uma forma de saber o que acontecerá a seguir numa atmosfera de experiências incessantes.

A FALÁCIA DO INFINDÁVEL

Muitas coisas desejáveis são defendidas sem levar em consideração o fato mais fundamental da economia, ou seja, que os recursos são inerentemente limitados e apresentam usos alternativos. Quem pode ser contra saúde, segurança ou espaço público? Mas cada uma dessas coisas é infinita, enquanto recursos não apenas são limitados, mas também apresentam outros usos também valiosos.

Não importa o quanto é feito para promover a saúde, mais poderia ser feito. Não importa até que ponto as medidas tenham sido tomadas com segurança, elas poderiam ser feitas com mais segurança. E não importa quanto espaço público exista, ainda poderia existir mais. Apesar de isso parecer óbvio, existem defensores, movimentos, leis e políticas que promovem um compromisso aberto com mais de uma dessas áreas, sem nenhuma indicação ou nenhum princípio através do qual um limite possa ser estabelecido, e considerando menos ainda os usos alternativos dos recursos que algumas pessoas querem dedicados a qualquer que seja a área que estejam promovendo.

A saúde é certamente algo desejável e a maioria das pessoas fica feliz em ver bilhões de dólares dedicados às pesquisas de combate ao câncer. Mas será que alguém pode querer dedicar metade da renda nacional para acabar com feridas na pele? O controle da criminalidade é certamente desejável, mas será que alguém pode querer dedicar metade da renda nacional para apagar o último vestígio de furtos em lojas? Apesar do fato de que ninguém defenderia estes *trade-offs* específicos, o que as demandas abertas por espaços públicos, controle da criminalidade, mais saúde ou ar e água mais limpos efetivamente defendem exclui o próprio conceito de *trade-offs*. É isso que torna essas demandas abertas, no que diz respeito tanto às quantias de dinheiro necessárias quanto ao nível de restrição das liberdades exigido para colocá-las em prática. Demandas abertas são obrigatórias para burocracias governamentais cada vez maiores, com orçamentos e poderes cada vez maiores.

Extrapolações ilimitadas constituem uma variação especial da falácia do infindável. Boa parte da oposição amarga à construção de habitações, de estradas ou até mesmo de sistemas de água e esgoto baseia-se na crença de que estes recursos apenas irão atrair mais pessoas, mais trânsito e mais urbanização, o que acarretará no asfaltamento sobre áreas verdes que estão desaparecendo rapidamente. Mas, além de não existir uma oferta ilimitada de pessoas, cada habitante que se muda de um lugar para outro reduz a densidade populacional do local de onde saiu, aumentando, ao mesmo tempo, a do de destino. Em relação ao asfaltamento de áreas verdes, é necessária uma grande extrapolação para considerar que isso seja um problema nacional nos EUA, onde mais de nove décimos da terra permanecem não construídos.

Extrapolações ilimitadas não lidam exclusivamente com questões ambientais. Decisões dos tribunais em casos antitruste invocaram um temor de que uma empresa específica em crescimento represente um monopólio "incipiente". Num caso considerado um marco para a Suprema Corte dos Estados Unidos, uma fusão entre a Brown Shoe Company e as lojas de sapatos Kinney foi dissolvida porque a aquisição da rede Kinney pela Brown — que vendia 1% dos calçados nos Estados Unidos — iria "impedir" o acesso de outros fabricantes de sapatos ao mercado, iniciando o processo de criação de um monopólio que tinha de ser bloqueado em sua "incipiência". De acordo com esse raciocínio, o fato de a temperatura ter aumentado dez graus desde a hora em que o sol nasceu significa que todos nós ficaremos tostados antes do fim do mês, se as pessoas acreditarem em extrapolações ilimitadas.

RESUMO E IMPLICAÇÕES

Muitas crenças que caem por terra quando estudadas atentamente podem, no entanto, persistir indefinidamente quando não o são e, especialmente, quando possuem defensores habilidosos, capazes de perpetuá-las ao evitar a análise consistente, recorrendo ao apelo a emoções ou interesses. Algumas falácias populares são refutadas há séculos, mesmo que sejam recondicionadas numa retórica atualizada para se adequar ao tempo presente.

Esta breve amostragem de falácias gerais é apenas uma introdução a muitas outras específicas, que serão examinadas mais detalhadamente e testadas diante de provas concretas nos capítulos seguintes.

2.
Fatos e Falácias Urbanos

Uma das primeiras perguntas a serem feitas sobre as cidades é a seguinte: por que existem? Olhando retrospectivamente para a história, o que fez com que as cidades fossem construídas — e por que em alguns lugares específicos? Olhando para o presente, quais são as implicações econômicas da vida urbana e o que faz com que as cidades floresçam ou não prosperem, se deteriorem e morram? Que tipo de políticas exercem quais tipos de efeitos sobre preocupações urbanas como habitação, transporte, criminalidade e atividade econômica em geral?

Os fatos são razoavelmente diretos, mas o desafio está em desemaranhar as falácias.

TRANSPORTE

Os custos dos transportes desempenharam um papel fundamental na criação das cidades ao longo da história, e a mudança daqueles custos, na época moderna, exerceu grande influência na maneira pela qual as cidades continuaram a se transformar ao nosso redor. Durante a maior parte da história da raça humana, o transporte de pessoas e bens foi feito por terra, por meio da força humana ou animal, e pela água, utilizando-se de correntes, vento ou remos. A maioria das cidades foi construída antes de existirem veículos motorizados na terra, na água ou, é claro, no ar. O fato mais fundamental é que o transporte terrestre sempre foi muito mais caro do que por água, especialmente durante os milhares de anos que antecederam a invenção de carros, caminhões e trens. Ainda hoje, costuma ser mais barato enviar bens a milhares de quilômetros de distância por água do que por terra.

Uma cidade deve transportar continuamente, em seu território, amplas quantidades de comida apenas para alimentar sua população; e também deve transportar os bens que produz para mercados em outras partes do país ou ao redor do mundo. Considerando estes imperativos, não é muito surpreendente que a maioria das cidades ao longo da história tenha sido construída proximamente a hidrovias navegáveis, como rios, lagos ou o mar. Entre estas estão incluídos portos fluviais, como Cairo, no Nilo, Paris, no Sena, e Nova York, no Hudson; portos marítimos, como em Cingapura, Estocolmo e Sydney; e portos em lagos imensos ou mares interiores, como Odessa e Chicago. As relativamente poucas exceções são cidades com outras vantagens de transporte, como Samarcanda, no entroncamento de rotas por meio de oásis no deserto; Atlanta, com uma junção ferroviária; ou Los Angeles, que se tornou importante apenas depois da invenção do automóvel e da construção de uma rede de autoestradas.

Concentração e dispersão populacionais

Os custos de transporte interno e externo moldaram a história das cidades. Quando a maioria das pessoas se deslocava a pé, as cidades antigas tinham que ser muito mais compactas e densamente povoadas do que as modernas, que contam com ônibus, metrô e carros. A Roma Antiga tinha uma população de tamanho semelhante ao de Dallas atualmente — mas morando numa área correspondente a apenas 2% do total desta cidade.[1] Em certo sentido, a essência das cidades é sua densidade populacional. Ou seja, a concentração de muitas e variadas atividades — econômicas, sociais, culturais — ao alcance de uma grande quantidade de pessoas é o que atrai moradores, atividades econômicas e diversas instituições para as cidades. A acessibilidade destas atrações depende dos custos do transporte, tanto em termos de dinheiro quanto de tempo. Antes da construção do metrô em Nova York, era inviável para a maioria das pessoas morar no Bronx e trabalhar no centro de Manhattan. Com efeito, o que hoje é o centro de Manhattan era o limite norte da povoação urbana, antes de vagões ferroviários puxados por cavalos aumentarem drasticamente a área da comunidade urbana, que se deslocou para o território acima da povoação original do extremo sul da ilha:

> Onde outrora havia florestas, pomares e campos cultivados, de repente surgiram prédios. Entre 1832 e 1860, a fronteira norte da zona de povoação concentrada passou da Rua Houston para a Rua 42. Isto era espantoso: naquele breve período de 35 anos, a fronteira urbana avançou o dobro de distância em relação aos duzentos anos anteriores.[2]

Poucos anos depois, surgiu o primeiro sistema de trilhos urbanos elevados em Manhattan e, ainda mais tarde, no começo do século XX, o primeiro metrô da cidade, que espalhou as populações urbanas para o extremo norte da ilha e até mesmo para o Bronx, do outro lado do rio Harlem.

A expansão de comunidades urbanas em geral tem sido possível em função de reduções nos custos dos transportes. Quando surgiram pela primeira vez, na Inglaterra no começo do século XIX, os trens permitiram que muito mais gente morasse mais longe dos seus trabalhos, em uma expansão para os subúrbios que levou o duque de Wellington a culpar as ferrovias recém-criadas por estimularem "as pessoas comuns a se movimentarem sem necessidade".[3] Nos muitos anos passados desde então, diversos observadores externos partiram do pressuposto de que sabem melhor do que as próprias pessoas onde todas deveriam morar.

A ampla disponibilidade de automóveis e a possibilidade de comprá-los, na segunda metade do século XX, gerou uma rápida suburbanização em sociedades industriais ricas, fosse nos Estados Unidos, na Europa Ocidental ou em outros lugares, com várias consequências econômicas e sociais que permanecem polêmicas. Se o transporte de baixo custo — incluindo caminhar por uma cidade muito cheia — tornou-se necessário para se viver num ambiente urbano, sua adoção, no entanto, não era o suficiente. Deve haver algo dentro da cidade para onde valesse a pena andar ou se deslocar. Caso contrário, as pessoas permaneceriam dispersas pelas zonas rurais.

Os muros de pedra altos e grossos construídos em torno de muitas cidades da Europa e de outros lugares, em séculos passados, indicam uma das coisas que elas ofereciam: proteção contra invasores ou agressores fora da lei. Além disso, muitas atividades complementares se beneficiam da proximidade entre si; e projetos com altos custos fixos, como a construção de um sistema de fornecimento de água ou de tratamento de esgoto, podem ser realizados de maneira econômica se os imensos custos puderem ser divididos por uma grande quantidade de pessoas concentradas numa determinada área. Hospitais, teatros e catedrais são outras estruturas com altos custos fixos que têm mais probabilidade de se viabilizarem quando estes custos forem divididos por uma grande quantidade de pessoas concentradas numa comunidade urbana. Estas vantagens de uma cidade são o que atrai as pessoas, que, por sua vez, produzem a densidade populacional.

Uma das várias falácias urbanas consiste em que cidades densamente povoadas sejam um sinal de "excesso de população", quando de fato é comum, em alguns países, que mais da metade de seu povo viva num punhado de cidades — às vezes numa só — enquanto existem vastas áreas abertas e, em grande parte, vagas, nas zonas rurais. Até mesmo em uma sociedade urbana e industrial moderna como os Estados Unidos, menos de 5% da área são urbanizadas — e apenas as florestas, sozinhas, cobrem uma extensão de terra seis vezes maior do que a de todas as grandes e pequenas cidades do país reunidas.[4] Fotografias de favelas densamente povoadas em países do Terceiro Mundo podem levar à conclusão de que o "excesso de população" é a causa da pobreza, quando, na verdade, a pobreza é a causa da concentração de pessoas que não conseguem arcar com os custos do transporte ou de um espaço amplo para viver, mas que, mesmo assim, não estão dispostas a abrir mão dos benefícios de viver na cidade.

Muitas cidades eram mais densamente povoadas no passado, quando as populações nacionais e mundial eram bem menores. A expansão dos meios de transporte mais rápidos e baratos, com preço viável para uma quantidade muito maior de pessoas, fez com que a população urbana se espalhasse para as áreas rurais em torno das cidades à medida que os subúrbios se desenvolviam. Devido a um transporte mais rápido, estes suburbanos agora estão próximos, em termos *temporais*, das instituições e atividades de uma cidade, embora as distâncias físicas sejam cada vez maiores. Alguém em Dallas, a vários quilômetros de distância de um estádio, pode alcançá-lo de carro mais rapidamente do que alguém que, vivendo perto do Coliseu na Roma Antiga, fosse até ele a pé.

Durante séculos, as elites, com seus cavalos e suas carruagens, estiveram mais próximas, em termos temporais, de atrações urbanas do que as massas mais pobres da Europa, da Ásia ou do hemisfério ocidental. Os custos de transporte tendiam a transformar os subúrbios em local de moradia de pessoas mais ricas, que podiam arcar com essas despesas. À medida que as rendas aumentaram e os gastos com transporte diminuíram, nos tempos modernos, as pessoas comuns passaram a arcar com os custos de se mudar para os subúrbios, em grandes quantidades, sem abrir mão da proximidade de seus trabalhos e de serviços urbanos. Esta acessibilidade maior a instituições urbanas foi resultado das revoluções no transporte ocorridas no século XX, possibilitadas pela introdução e expansão de metrôs, trens suburbanos, ônibus e automóveis. Pessoas comuns de fato podem, atualmente, viver muito mais longe de um centro urbano do que podiam os membros da elite no passado.

Antes das revoluções no transporte do século XX, até mesmo a cidade de Nova York era bem diferente do que se tornou desde então. A casa onde Theodore Roosevelt passou o fim da adolescência e o começo da vida adulta era uma mansão construída em 1873 nos "limites externos da cidade de Nova York"[5] — Rua 57 do lado oeste! Até 1881, "as ruas eram pouco mais do que números e a maior parte do terreno estava desocupada" na região das ruas de numeração entre 60 e 70, do lado oeste.[6] Os habitantes do Harlem viviam no interior e havia poucos ou quase nenhum negro. Tudo isso mudou depois da construção do sistema de metrô, no fim do século XIX, que reduziu os custos de transporte tanto em termos de dinheiro quanto de tempo. Apesar de isso ter permitido que as pessoas morassem mais longe de seus locais de trabalho, a necessidade de que mais habitantes chegassem ao trabalho aproximadamente no mesmo horário, partindo de distâncias e direções muito variadas, criou o problema moderno do congestionamento na hora do rush. Com efeito, o congestionamento em estradas e ruas da cidade durante as horas do rush passou a ser um problema em cidades do mundo todo.

Congestionamento no trânsito

O congestionamento piorou com o passar do tempo. Em 1983, havia apenas uma área urbanizada nos Estados Unidos onde o motorista médio gastava mais de quarenta horas por semana preso no congestionamento na hora do rush; mas, vinte anos depois, havia 25 áreas onde isso ocorria.[7] Isso tem consequências econômicas, ambientais e até mesmo médicas. Um estudo sobre o trânsito na França, por exemplo, descobriu que a quantidade de empregos a que se pode chegar numa determinada quantidade de tempo, como meia hora, afetava não apenas o acesso dos trabalhadores a empregos que pagavam melhor, mas também o acesso das empresas tanto a mais clientes quanto a empregados mais qualificados, de tal forma que um trânsito mais rápido propiciava uma produtividade mais alta. Resultados semelhantes foram encontrados em estudos de outras áreas urbanas ao redor do mundo.[8] O congestionamento no trânsito também aumenta a poluição do ar e, ao atrasar a locomoção de ambulâncias que se dirigem a locais de emergências médicas, afeta os índices de mortalidade. No caso de um ataque cardíaco, por exemplo, a chegada de equipes médicas em poucos ou muitos minutos pode ser a diferença entre a vida e a morte.

Comunidades no mundo todo têm tentado, de diversas formas, lidar com congestionamentos, com graus variados de eficácia. Júlio César baniu as bigas durante o dia na Roma Antiga; algumas cidades modernas tentaram reduzir os congestionamentos na hora do rush restringindo ou proibindo a circulação de carros em determinadas horas e locais, ou cobrando taxas para a utilização de ruas em partes de Londres, ou em estradas estabelecendo pedágio na França e na Austrália, por exemplo.[9] Washington, D.C., lida com os congestionamentos na hora do rush com a alteração do sentido das ruas durante o deslocamento da manhã ou da noite, um sistema que pode criar algumas situações complicadas no momento em que a direção do trânsito se inverte.

O fato de a maioria das ruas das cidades e a maioria das estradas serem gratuitas — as autoestradas de Los Angeles são exemplos clássicos — significa que essas vias tendem a ser utilizadas de maneira mais extensiva do que seriam se os motoristas tivessem que pagar os custos que o seu deslocamento impõe aos demais. Estes custos incluem não apenas os referentes às construções para a manutenção das rodovias, mas também, e esse talvez seja ainda mais caro, o impedimento de que outras pessoas se desloquem no congestionamento da hora do rush. Os custos anuais, em termos de combustível e de tempo desperdiçados, foram estimados em mais de mil dólares por pessoa que transita na hora do rush em Washington, Dallas, Atlanta e São Francisco, e em mais de 1.500 dólares em Los Angeles, cujas autoestradas não são efetivamente gratuitas para a cidade ou para cada um dos motoristas, quando se levam em consideração os custos dos congestionamentos.[10]

Como a maioria das coisas disponíveis sem uma cobrança explícita, estradas e autoestradas tendem a ser muito mais utilizadas do que seriam se os custos ocultos tivessem de ser pagos em dinheiro sempre que fossem usadas. Uma quantidade cada vez maior de cidades no mundo começou a reconhecer isso e a cobrar proporcionalmente dos motoristas. Na década de 1970, Cingapura foi pioneira em exigir dos motoristas o pagamento de quantias variadas de acordo com a área e com o horário em que dirigissem. Num primeiro momento, isto se dava por meio de pedágios coletados manualmente que, até certo ponto, obstruíam o trânsito. Este sistema foi substituído por métodos automáticos de cobrança — eletrônicos ou pelo envio de faturas para os motoristas fotografados em áreas restritas ou em horários restritos. Até mesmo no período entre 1975 e 1998, em que o pedágio era coletado manualmente, o ato de cobrar dos motoristas de acordo com o congestionamento acelerou o movimento de carros em Cingapura. Antes da instituição destes pedágios, o trânsito da cidade se movimentava a uma velocidade média de 15 a 20 quilômetros por hora durante os dias úteis. Depois da imposição de pedágios, essa velocidade passou para 26 a 32 quilômetros por hora.

Isto aconteceu apesar do crescimento da cidade e do fato de o número de carros ter triplicado. Assim como em outras épocas e em outros lugares, os incentivos transformaram o comportamento. Algumas pessoas mudaram a hora do dia em que dirigiam para evitar pedágios mais caros, e outras, cuja jornada começava e acabava fora das regiões mais congestionadas com os pedágios mais caros, agora contornavam essas áreas, em vez de atravessá-las, como faziam antes dos pedágios. Outras ainda deixaram de dirigir e passaram a utilizar o transporte público. Os ônibus levavam

46% das pessoas que se deslocavam em Cingapura antes do sistema de pedágio, e 69% depois.[11]

Em 2006, Estocolmo introduziu um programa experimental que cobrava, daqueles que dirigiam entre 6h30 e 7h da manhã, apenas a metade do valor exigido uma hora mais tarde, no horário de pico do rush. Considerando-se estes custos e especialmente as *diferenças* entre as cobranças nas diferentes horas do dia, o trânsito total que passava pela área controlada diminuiu em 22%; e a razão entre o volume de trânsito na hora do rush e fora, que era de três para um, mudou para aproximadamente dois para um,[12] porque as pessoas também passaram a ir para o trabalho mais cedo ou ficar até mais tarde, de modo a evitar a cobrança de tarifas de pedágio elevadas nos picos do rush. Em outras palavras, a experiência de Estocolmo, assim como a que ocorreu em Cingapura e em outros lugares, mostrou que rodovias "gratuitas" contribuem para o congestionamento, da mesma maneira que a maioria das coisas "gratuitas" é utilizada de maneira mais extensiva do que quando os custos do comportamento das pessoas são transmitidos diretamente a cada um através dos preços.

Enquanto os preços cobrados ou não para a utilização de ruas e rodovias podem afetar as demandas sobre estas artérias de trânsito, a oferta também é importante. Uma das falácias persistentes sobre o transporte urbano é que seria desnecessário construir mais estradas, porque isso só estimularia mais motoristas a aumentarem o trânsito, restaurando o congestionamento anterior. Ao afirmar que "A região não pode usar mais asfalto para sair do congestionamento",[13] o *Miami Herald* estava expressando uma visão muito difundida — mas que não é capaz de se sustentar sob análise. Quando, por exemplo, a cidade de Houston, entre 1986 e 1992, acrescentou 160 quilômetros por ano à sua rede de ruas, o atraso médio por pessoa que se deslocava nos picos da hora do rush *diminuiu* 21%. Mas, quando esta mesma cidade reduziu drasticamente a construção de ruas, entre 1993 e 2000, enquanto sua população ainda estava aumentando, os atrasos nos deslocamentos quase dobraram.[14]

Em outras palavras, a construção de mais vias para acompanhar o ritmo do crescimento do trânsito só funciona em curto prazo. Isso acontece com a maioria das coisas. De acordo com o tipo de raciocínio utilizado pelos que dizem que é fútil construir mais ruas para lidar com os congestionamentos, seria possível dizer que é "fútil" comer para lidar com a fome porque as pessoas simplesmente vão sentir fome de novo mais tarde.

Uma das razões para tantos estarem comprometidos com a ideia de que é futilidade construir mais ruas e rodovias para lidar com os congestionamentos é que algumas pessoas preferem contar com o transporte público como parte de um programa mais generalizado de desenvolvimento ou reordenamento planejado centralmente. Tanto planejadores urbanos quanto consultores e "experts" têm interesse na ideia de que as pessoas não podem viver suas vidas conforme achem adequado, mas devem ter seus padrões de transporte e habitação, entre outros, controlados. Uma das razões para o fracasso na redução dos congestionamentos é que muitos os veem como uma forma de "tirar as pessoas de seus carros" para utilizarem o transporte público.

A fixação no transporte público como substituto para altos níveis de utilização de automóveis não pode ser justificada pelo histórico do transporte público ou pela economia subjacente a seu funcionamento. Apesar de o transporte público ter desempenhado um papel fundamental no desenvolvimento da cidade de Nova York, atualmente essa é a exceção ao invés da regra. Quase 40% de todos os norte-americanos que se deslocam por meio de transporte público estão, de fato, em Nova York. Ainda assim, apenas aproximadamente um quarto dos habitantes de Nova York chega ao trabalho utilizando o transporte público. Chicago tem o segundo maior percentual, com 11%. No país, a utilização do transporte público teve, no ano 2000, 2 milhões de pessoas a menos do que em 1960, apesar de haver mais de 60 milhões de trabalhadores a mais no ano 2000. A Europa tem apresentado tendências semelhantes, uma vez que o transporte público é responsável por uma participação cada vez menor dos deslocamentos em

FATOS E FALÁCIAS URBANOS

Londres, Paris, Estocolmo e Frankfurt, por exemplo, e sua utilização nos deslocamentos em toda a Europa diminuiu de 25%, em 1970, para 16% no ano 2000.[15]

Existem razões econômicas para isso. Com níveis cada vez maiores de prosperidade, maior propriedade de automóveis e uma suburbanização cada vez maior, existem menos lugares com as altas densidades populacionais necessárias para tornar o transporte público um meio predominante:

> A comunidade suburbana típica abriga aproximadamente mil pessoas por quilômetro quadrado, mas a participação do transporte público nos deslocamentos é insignificante para regiões com menos de 1.500 pessoas por quilômetro quadrado. [...] Em geral, a participação de mercado do transporte público não excede 20% em média até as densidades alcançarem cinco a seis vezes a de uma comunidade suburbana típica.[16]

Em resumo, a maioria dos lugares não é como Manhattan — e está se tornando cada vez mais *diferente* de Manhattan com o passar do tempo. A única maneira de tornar o transporte público um substituto para o automóvel seria "impondo às pessoas um estilo de vida que elas simplesmente não querem ter",[17] como muitos defensores do transporte público e da habitação de alta densidade procuram fazer. Em última instância, os automóveis podem levar as pessoas diretamente de casa para o trabalho, evitando deslocamentos para pontos de acesso ao transporte público, assim como a realização de transferências que costumam ser necessárias. Além disso, pouco mais da metade de todos os norte-americanos não vai direto de casa para o trabalho nos seus carros, uma vez que realizam outras paradas[18] — para fazer compras ou pegar seus filhos, por exemplo. Neste sentido, o transporte público não é substituto do automóvel.

Muitas pessoas que condenam o automóvel particular devido à poluição parecem imaginar uma sociedade anterior ao carro muito diferente de como realmente foi. As ruas da cidade de Nova York no século XIX eram um exemplo:

> Boa parte do estrume era consequência da ainda inevitável confiança em cavalos — 40 mil deles, que a cada dia útil geravam aproximadamente 400 toneladas de estrume, 76 mil litros de urina e quase 200 carcaças.[19]

Patologia social

Apesar de o transporte urbano ter sido importante, sua existência não pode explicar tudo, como ocorre com qualquer outro fator — e algumas pessoas excederam esses limites ao tentar explicar alguns fenômenos sociais pelos custos de transporte. Por exemplo, há quem considere o movimento dos empregos de dentro da cidade para os subúrbios, especialmente depois da década de 1960, a razão para o aumento dramático dos índices de desemprego em guetos urbanos e, por sua vez, essa tem sido considerada uma das origens do grande aumento de outras patologias sociais, como os índices de criminalidade e a desintegração de famílias nestes bairros.[20] Mas o fato de estas tendências marcantes terem sido correlacionadas não nos diz qual delas causou as outras ou se todas foram causadas por alguma outra coisa. No entanto, o movimento de empregos tem sido inegável e de grande magnitude, como no caso de um bairro de Chicago:

> Duas fábricas grandes ancoravam a economia do bairro do lado oeste nos seus bons dias — a fábrica da Western Electric, que estava localizada em Hawthorne e empregava mais de 43 mil trabalhadores; e uma fábrica da International Harvester, com 14 mil empregados. A sede mundial da Sears, Roebuck and Company ficava no local, proporcionando outros 10 mil empregos. [...] Mas as condições se

modificaram rapidamente. A Harvester fechou suas portas no fim da década de 1960. A Sears transferiu a maioria dos seus escritórios para o *Loop* no centro de Chicago em 1973. [...] A fábrica da Hawthorne retirou gradualmente suas operações e finalmente fechou em 1984.[21]

Isso levou algumas pessoas a concluir que o movimento de empregos para os subúrbios criou custos de transporte tão altos, tanto em termos de tempo quanto de dinheiro, que estes passaram a estar além do alcance da maioria das pessoas que viviam dentro da cidade. Então, o colapso econômico resultante nestas comunidades seria culpado por degradações sociais como a da cultura do bem-estar social, no caso de crianças sem pais, e do crescimento vertiginoso dos índices de criminalidade e violência. No entanto, empresas e empregos não deixaram o bairro sem motivo. Custa uma quantia considerável de dinheiro transferir operações que empregam milhares de pessoas. Além disso, em Chicago, assim como em outras cidades, movimentos maciços de empresas para fora da cidade se seguiram às revoltas urbanas que ocorreram no país inteiro na década de 1960. Estima-se que a comunidade de Chicago mencionada anteriormente tenha perdido três quartos das suas empresas durante essa década.

Em resumo, as revoltas representaram um colapso social que aconteceu *antes* de as empresas saírem dos guetos localizados nas cidades. Além disso, em Indianápolis, onde os empregadores não se mudaram para tão longe quanto em algumas outras cidades, deflagrou-se a mesma patologia social de uma cultura de bem-estar em rápido crescimento, com aumentos simultâneos da criminalidade e da violência urbana, como o ocorrido em Chicago e em outras localidades onde estes fenômenos foram atribuídos aos custos do transporte.[22] Em outras palavras, os guetos localizados nas cidades tinham índices de criminalidade e de violência, além dos de desemprego, menores, e a maioria das crianças negras cresceu em famílias formadas por pai e mãe, em uma época anterior que não estava livre, de forma alguma, de discriminação racial. As razões das mudanças para pior em bairros localizados dentro das cidades a partir da década de 1960 devem ser buscadas em outro lugar, porque a saída de empresas destes locais foi posterior aos colapsos sociais. Errar a sequência é uma das várias falácias urbanas.

Enquanto isso, em muitas cidades norte-americanas, passou a ser comum ver imigrantes provenientes da América Latina reunidos em lugares específicos por onde os empregadores passam de carro e os contratam, levando-os para qualquer fábrica, construção, casa particular ou outro lugar que tenha demanda de emprego. Em outras palavras, esses trabalhadores não dispõem de nenhum transporte próprio, mas ainda assim conseguem emprego. Estes costumam ser trabalhadores não qualificados e pobres, e os empregos podem ser temporários, com durações variáveis, mas, de alguma forma, o empregador e o empregado conseguem se encontrar. Esta também não é uma situação singular.

Antigamente, quando trabalhadores negros eram mais pobres do que hoje e sua maioria vivia em áreas rurais, onde o transporte público raramente estava disponível, os índices de participação deles na força de trabalho eram pelo menos tão altos quanto os da participação dos brancos a partir do fim do século XIX até as primeiras décadas do século XX. A transformação que daria origem à situação atual, em que os negros apresentam índices menores de participação na força de trabalho do que os brancos, não pode ser explicada pela mudança nos custos do transporte em termos de tempo ou dinheiro. Afinal, os empregadores podem providenciar, e efetivamente providenciam, vans para levar os trabalhadores — não apenas no caso de mão de obra esporádica contratada em plena rua, por um dia ou pela duração de um determinado projeto, mas também daqueles contratados como empregados permanentes — para empresas localizadas a certa distância da fonte da mão de obra que se busca. O fundamental é que os empregadores tenham demanda por essa mão de obra a um preço pelo qual esteja disponível. Muitos fatores reduzem a demanda por trabalhadores que residem na cidade, inclusive índices salariais estabelecidos acima da sua produtividade e elementos que reduzam sua capacidade produtiva, como deficiências de educação e de atitudes.

HABITAÇÃO

A maior falácia econômica em relação à moradia é a de que a "habitação com preço acessível" requer intervenção governamental no mercado, talvez com subsídios, controle de aluguel ou outros dispositivos para permitir que pessoas com renda moderada ou baixa consigam ter um lugar decente para morar sem pagar preços desastrosos por casas ou apartamentos. Preços desastrosos para moradia certamente são cotidianos em alguns lugares, deixando as pessoas cuja renda é moderada ou baixa com quantias inadequadas de dinheiro para outras coisas. A questão é se os programas governamentais oferecem uma forma pela qual se possa sair dessas situações.

A ideia de que a intervenção governamental melhora o cenário é uma noção já repetida inúmeras vezes e de várias maneiras, mas a repetição infinita não representa um argumento coerente, muito menos uma prova. Quando passamos da retórica política aos fatos concretos, descobrimos que esses fatos dizem exatamente o contrário daquilo que é afirmado na política e em boa parte da mídia. Foi exatamente a intervenção governamental em mercados imobiliários que fez com que a habitação tivesse um preço inviável. Tanto a história quanto a economia do mercado imobiliário demonstram isso.

História

Se voltarmos ao começo do século XX, antes de a intervenção governamental ter se tornado abrangente em mercados imobiliários, descobriremos que as pessoas investiam uma porcentagem *menor* da sua renda em habitação nessa época do que no fim do mesmo século. Apesar de a renda real no começo do século XX ter sido apenas uma fração da posterior, um percentual menor era suficiente para cobrir os gastos com moradia. Naquela época, a regra empírica era que os custos de habitação — fossem na forma de aluguéis ou pagamentos de hipotecas — não deveriam representar mais de um quarto da renda de uma pessoa. Em 1901, esses custos representavam 23% da renda do norte-americano médio. Em 2003, representavam 33% de uma renda muito maior.[23] Na Califórnia, onde a intervenção governamental no mercado imobiliário tem sido especialmente abrangente, a proporção da renda exigida para a habitação aumentou de maneira mais intensa, num período de tempo ainda menor:

> A maioria das pessoas sabe que a área da Baía de São Francisco tem um dos mercados imobiliários mais caros dos Estados Unidos. No entanto, nem todo mundo percebe que, numa época tão recente quanto a década de 1970, a habitação na área tinha preço tão acessível quanto em muitas outras partes do país.
> Dados do censo de 1970 mostram que uma família de renda média na área da Baía podia dedicar um quarto da sua renda para a habitação e quitar a hipoteca de uma casa de preço médio em apenas treze anos. Em 1980, uma família tinha que gastar 40% da sua renda para quitar a hipoteca de uma casa em trinta anos. Hoje em dia precisa gastar metade da sua renda.[24]

Em Salinas, na Califórnia, localizada a aproximadamente 160 quilômetros ao sul de São Francisco, o preço médio de uma casa exigia 60% da renda média de uma família em 2006. Um corretor imobiliário da área relatou ter vendido uma casa de aproximadamente 310 metros quadrados — construída mais de cinquenta anos antes — para um agricultor imigrante por 490 mil dólares, com o pagamento de uma hipoteca mensal que consumia 70% de sua renda. Entretanto, o comprador, cuja família tinha vivido durante muitos anos num quarto alugado, "ficou tão entusiasmado que chorou quando assinou o empréstimo". Três quartos da terra no condado são juridicamente bloqueados para construção.[25] Com uma restrição tão severa sobre a oferta, os preços elevados da terra eram praticamente garantidos — e, portanto, também determinavam os altos preços para a habitação construída no local. Não é raro, na Califórnia, que o terreno custe bem mais do que a habitação construída nele.

Pode-se interpretar a história de outra forma, em termos de quando as regulamentações governamentais abrangentes começaram a ser aplicadas nos mercados imobiliários e quando os preços das habitações subiram vertiginosamente. Como essas atividades eram principalmente de âmbito estadual e local, o início das regulamentações imobiliárias rigorosas variou um pouco de uma comunidade para outra. No entanto, de modo geral, a década de 1970 marcou o início das restrições governamentais à construção de casas e apartamentos. Essa mesma década marcou o aumento meteórico dos preços de imóveis nos lugares onde a intervenção foi especialmente rigorosa, como o litoral da Califórnia. Enquanto muitas cidades e condados nos estados da Califórnia, de Oregon, do Havaí e de Vermont criaram leis e políticas habitacionais restritivas durante a década de 1970, muitos outros lugares não tomaram essa iniciativa ou o fizeram em épocas diferentes. Os aumentos dos valores refletiram essas diferenças. Um estudo econômico sobre os preços imobiliários concluiu:

> Na maioria dos casos, a década em que os mercados imobiliários tornaram-se inviáveis em termos de preços seguiu de perto a aprovação de leis estaduais de gestão de crescimento ou planejamento local restritivo.[26]

A mesma estreita correlação entre a intervenção governamental e o acentuado aumento dos custos habitacionais também pode ser encontrada em outros países onde há restrições imobiliárias especialmente severas, sob diversos nomes politicamente atraentes, como leis de "espaço público" ou políticas de "crescimento inteligente". Um estudo internacional de 26 áreas urbanas com habitação gravemente "inviável em termos de preço" descobriu que, do total, 23 contavam com políticas sólidas de "crescimento inteligente".[27] Os resultados contradizem o nome.

As restrições à construção de casas e prédios residenciais são apresentadas de várias formas. As leis de "crescimento inteligente" restringem a expansão da construção de moradias em áreas suburbanas. Também existem leis de "espaço público" que simplesmente proíbem qualquer construção em áreas de reserva — 40% do terreno do condado de Montgomery, em Maryland, por exemplo; mais de dois terços do condado de San Mateo, na Califórnia; e, conforme já foi observado, três quartos do condado de Monterey, na Califórnia. Apesar de a casa típica de uma família de classe média ocupar um terreno de mil metros quadrados, as leis que definem tamanhos mínimos de lotes proíbem a construção de residências em terrenos de menos de 4 mil metros quadrados em alguns lugares — ou ainda maiores que isso, em outros. Existem, portanto, leis de zoneamento, leis ambientais, leis de preservação histórica, entre outras, que determinam limites arbitrários ao número de licenças emitidas para construções e/ou exigências de que os construtores se adaptem a quaisquer preferências e pré-requisitos arbitrários que os membros de comissões de planejamento escolham impor antes de emitirem as autorizações.

O contraste dos preços imobiliários é grande quando se comparam lugares com diversas e rigorosas restrições e os que não aplicam essas limitações. Houston, no Texas, por exemplo, não tem sequer leis de zoneamento, muito menos a variedade de restrições imobiliárias rígidas encontradas em algumas outras cidades. Uma empresa imobiliária de âmbito nacional estimou que uma casa típica de classe média num terreno de mil metros quadrados cujo valor é de 152 mil dólares em Houston custaria mais de 300 mil dólares em Portland, Oregon; 900 mil dólares em Long Beach, na Califórnia; e mais de 1 milhão de dólares em São Francisco.[28] No começo do século XXI, os preços de casas em Tampa e Tallahassee, na Flórida, não eram muito diferentes dos valores de Houston, mas, depois que a aprovação de leis restritivas à construção de habitações entrou em vigor, no fim do século XX, "os preços de imóveis na maioria dos mercados da Flórida pelo menos dobraram em comparação com os de Houston", de acordo com um estudo realizado poucos anos depois.[29]

Até mesmo na Califórnia, com preços imobiliários três vezes maiores do que a média nacional, a situação era diferente antes da década de 1970, período crucial em que proliferaram as limitações a construções. Em San Mateo, o mesmo condado onde os preços das casas estavam, em média, acima de 900 mil dólares em 2005, o amplo conjunto residencial de classe média chamado Foster City, construído pela iniciativa privada no fim da década de 1960, oferecia casas cujo preço mínimo era de 22 mil dólares, além de residências de frente para suas lagoas por menos de 50 mil dólares.[30]

Mesmo que seja levada em consideração, a inflação dos anos de intervenção não explica o aumento de preços que ocorreu mais tarde em Foster City. O índice de preço ao consumidor mostra um aumento de aproximadamente cinco vezes entre a época em que o conjunto residencial foi construído e o começo do século XXI. Mas o preço *médio* de uma casa na mesma localidade em 2005 era superior a 1 milhão de dólares — mais de vinte vezes o valor de uma residência *de pessoas ricas* na mesma comunidade na década de 1960. Em outras palavras, mesmo que se considere a inflação, o preço real de casas em Foster City tinha mais que quadruplicado.

Apesar de ser difícil imaginar que estes padrões históricos sejam apenas coincidências, correlação não é causalidade; então precisamos levar em consideração o aspecto econômico dessa conjuntura, assim como a história — e examinar explicações alternativas para estes padrões.

Economia

Muitos fatores podem fazer os preços dos imóveis subirem, inclusive aqueles que afetam a oferta ou a demanda, como é o caso do aumento da renda e do crescimento da população. A oferta é afetada até o ponto em que há tantas construções que sobra pouco espaço para este fim em uma determinada área. As proibições ou as incontáveis restrições jurídicas para construções também afetam a oferta, assim como a facilidade de se atrasar uma obra com objeções ambientais, estéticas ou de outra natureza feitas por funcionários públicos, organizações não governamentais ou cidadãos. Até quando se considera que estas objeções não têm nenhum fundamento, ou mesmo que devam ser indeferidas, o atraso, em si, pode custar milhões de dólares nos casos em que houve empréstimo de grandes quantias de dinheiro para o financiamento de um projeto e os juros sobre esse valor precisam ser pagos seja a construção feita dentro do cronograma previsto ou interrompida por reivindicações que levam tempo para ser investigadas ou julgadas.

Como sabemos qual destes fatores é o responsável em um caso específico? Apenas pelo exame de todas as possibilidades em cada situação.

Um rápido crescimento populacional numa determinada área pode gerar a impressão de que haverá maior demanda por habitação, e que, consequentemente, os preços dos imóveis da localidade tenderão a aumentar. Mas nem a oferta nem a demanda *isoladamente* podem explicar os preços, que são determinados pelos efeitos combinados das duas coisas. Conforme observou um estudo econômico: "A população de Las Vegas quase triplicou entre 1980 e o ano 2000, mas o preço médio real de um imóvel não mudou."[31] No entanto, o preço médio de casas em Palo Alto, na Califórnia, quase quadruplicou em uma década sem absolutamente nenhum aumento populacional.[32] A diferença é que começaram a existir restrições rigorosas a construções em Palo Alto durante aquela década — a de 1970 —, mas não em Las Vegas, onde as construtoras podiam simplesmente erguer novas casas à medida que a demanda por habitação crescesse. Mas nenhuma nova habitação foi construída em Palo Alto durante a década em que seus preços quase quadruplicaram.

Um padrão semelhante, mostrando preços afetados mais por restrições às construções do que pelo aumento da demanda por habitação, foi verificado na cidade de Nova York, onde "dezenas de milhares de novos apartamentos foram construídos em Manhattan durante a década de 1950, enquanto os preços permaneceram constantes".[33] Em anos posteriores, especialmente após o estabelecimento de restrições pesadas às construções na década de 1970, isso mudou: "Apesar de os preços terem disparado, o número de habitações aumentou menos de 10% desde 1980" em Manhattan, de acordo com um artigo publicado num periódico sobre economia, 25 anos depois.[34] Além disso, a proporção de novas unidades habitacionais em prédios de pelo menos vinte andares, que vinham aumentando em Manhattan do começo do século XX até 1970, de repente se inverteu e entrou em um declínio que duraria várias décadas.[35]

A altura da construção está entre as várias restrições que podem ser impostas diretamente ou quando se permite que reclamações de vizinhos deem início a atrasos caros nas obras. Os que fazem tais reclamações pagam custos pequenos ou nenhum custo, mesmo quando se conclui que suas queixas eram completamente sem fundamento e custaram milhões de dólares em atrasos às empreiteiras — e, principalmente, àqueles que compraram ou alugaram a habitação que está sendo erguida.

Restrições de altura têm consequências tanto econômicas quanto sociais. Uma vez que o custo habitacional inclui os gastos da construção e o custo do terreno, quanto mais alto for um prédio, menor será o preço da terra por apartamento. Em lugares onde o custo do terreno é maior do que o da construção, as restrições de altura podem significar que será preciso cobrar valores muito mais altos pelo aluguel ou pelo condomínio. Se considerações econômicas levarem à construção de um prédio de apartamentos de vinte andares, mas leis locais restringirem a altura dos edifícios a dez andares, então será necessário usar o dobro de terra para abrigar a mesma quantidade de pessoas. Além disso, se uma comunidade não puder se expandir para cima, se expandirá para fora, causando deslocamentos maiores para o trabalho, mais congestionamentos e, quase inevitavelmente, mais fatalidades nas rodovias. Tudo isso além de aluguéis mais caros.

A renda é outro fator que influencia os preços dos imóveis. Com ou sem crescimento populacional, o aumento da renda pode gerar uma demanda cada vez maior por casas para pessoas que, de outra forma, estariam vivendo em apartamentos, e também uma demanda crescente por casas maiores ou melhores para pessoas que, de outra forma, estariam vivendo em casas mais modestas. Até que ponto o crescimento da renda explica o fato de os preços dos imóveis terem disparado em alguns lugares?

Antes de 1970 o valor dos imóveis na Califórnia era muito semelhante ao fixado no resto do país, apesar de ter, posteriormente, aumentado até ficar duas ou três vezes mais alto que a média nacional. Desde que o aumento vertiginoso dos preços de imóveis na Califórnia teve início, na década de 1970, como o aumento de renda nesse estado se comparara ao do país inteiro? A renda aumentou *menos* intensamente na Califórnia durante essa década do que no país como um todo.[36] Enquanto isso, em Houston, no final da década de 1970, "a renda média cresceu muito mais do que a do resto dos Estados Unidos", mas ainda assim esta cidade permaneceu como "um dos quinze mercados imobiliários mais baratos entre as regiões norte-americanas examinadas por Coldwell Banker". Conforme já foi observado, Houston não tem sequer leis de zoneamento, quanto menos a grande variedade de restrições imobiliárias existente em outros lugares. A cidade cresceu rapidamente, mas os preços imobiliários aumentaram menos do que no país como um todo. Ajustando os valores conforme a inflação, descobriu-se que os preços reais dos imóveis em Houston no começo do século XXI estavam "15% abaixo do seu pico, que ocorreu em 1980".[37]

Diferentemente de Houston, Dallas formulou leis restritivas, mas seu efeito é mais limitado do que em outras comunidades onde o zoneamento

FATOS E FALÁCIAS URBANOS

é um instrumento de imposição de limites rigorosos às construções. Em geral, Dallas, assim como Houston, "tem encontrado poucos obstáculos à gestão do crescimento". O resultado é o seguinte:

> Dallas tem mantido de maneira consistente as rendas familiares aproximadamente 10% acima da média dos Estados Unidos, enquanto seus preços imobiliários costumam ser menores do que a média do país.[38]

Um dos fatores óbvios no preço de moradia é o custo da construção de casas e prédios de apartamentos. Estes custos podem variar de um lugar para outro e de um período de tempo para outro, especialmente à medida que as pessoas começam a comprar habitações maiores e de melhor qualidade, que disponham de mais recursos, como garagem e aparelhos de ar-condicionado. A questão aqui é a seguinte: até que ponto este fator explica como em algumas comunidades o valor médio é muitas vezes maior do que o de outras?

Conforme já foi visto, em Palo Alto, na Califórnia, os preços das casas quase quadruplicaram durante a década de 1970 e não houve uma única casa nova construída durante todo esse período, simplesmente pelo fato de as mesmas casas terem sido vendidas por um preço muito maior do que o anterior, o que obviamente não tinha a ver com os custos das construções, que eram inexistentes. Da mesma maneira, muitas outras comunidades com preços imobiliários muito mais altos do que a média nacional e ainda em constante aumento — Boston, Boulder, San Diego e São Francisco, por exemplo — tiveram limites severos impostos para novos prédios, de tal modo que os custos de construções eram quase nulos e não podem explicar a disparada dos preços.

Um estudo econômico de 21 mercados imobiliários do país inteiro descobriu que em doze de todas as localidades pesquisadas o custo habitacional era maior, em não mais do que 10%, do que os da construção e da terra combinados. Era exatamente em *outras* comunidades com preços imobiliários extremamente altos que os valores superavam os custos da construção e da terra em mais de 10% — chegando a números entre 33% e 50% em Los Angeles, São Francisco, Oakland e San Jose. Na parte central de Manhattan, o condomínio representava o dobro dos custos de construção e do terreno.[39] Uma matéria do *New York Times* proporcionou um vislumbre do mercado de condomínios em Manhattan:

> Katalin Shavely, 33 anos, designer de roupas de cama em Manhattan, dedica seus fins de semana a verificar os classificados e a comparecer a *open houses*, procurando pelo apartamento ideal, de um quarto, por menos de 750 mil dólares. Ela não consegue encontrar.[40]

Nos locais onde é possível construir casas e apartamentos sem restrições rigorosas por parte do governo, nem mesmo o crescimento populacional e o aumento da renda fazem com que os preços dos imóveis disparem, porque a oferta de habitações recém-construídas acompanha o crescimento da demanda, como ocorre em Las Vegas ou Houston. As altas margens de lucro, acima dos custos de obra e de terreno, atraem mais construtoras que desejam um retorno lucrativo sobre investimentos na construção de imóveis. Então, este aumento na oferta de novas moradias faz com que os preços voltem a cair ou então os impede de subir. Existe pouca oportunidade para que os preços dos imóveis continuem a ser muito superiores aos custos da obra e do terreno em comunidades sem restrições rígidas à construção ou a um conluio entre construtoras.

Longe de ser um setor monopolista capaz de manter altas margens de lucro ao impedir a entrada de novatos, a área da construção tem mais de 7.500 empresas construindo prédios residenciais e mais de 138 mil erguendo casas. Mais de cem empresas voltadas à construção de prédios residenciais têm sede apenas em Manhattan.[41] As altas margens de lucro em comunidades com preços imobiliários elevados não podem ser explicadas pelo monopólio no mercado privado, mas por restrições impostas pelo governo às construções residenciais.

Ironicamente, tendo criado preços artificialmente elevados para os imóveis, o governo costuma oferecer quantidades simbólicas de "habitação a preços acessíveis" a indivíduos ou grupos selecionados. Essa generosidade seletiva pode ser subsidiada através dos contribuintes ou ao tornar obrigatório que construtoras privadas vendam determinado percentual das suas moradias a preços "abaixo do mercado" como precondição para aprovar a emissão de licenças para construção. No entanto, estes preços "abaixo do mercado" podem ser maiores do que seriam os valores médios se não houvesse restrições. Além disso, nas ocasiões em que estes preços representam perdas, as empreiteiras são compensadas com a elevação do valor das outras unidades. Mas esses programas, bem divulgados, perpetuam a crença de que a intervenção governamental é a chave para a criação de "habitações a um preço acessível", quando, na verdade, tem sido um fator fundamental para inviabilizar o acesso aos imóveis.

Política

Como as formas de restrição às construções que fizeram disparar os preços dos imóveis surgiram e como adquiriram um embalo político tão grande? Parte da resposta está no inebriante, porém enganoso, conceito de "planejamento". O que chamamos por esse nome, na retórica política, é a supressão, pelo governo, do planejamento de cada uma das pessoas, sobreposto por um coletivo criado por terceiros, armado com a força do governo e isento de arcar com os custos impostos aos demais.

O desejo de controlar o que as outras pessoas fazem — na habitação ou em outros aspectos — já existia muito antes do grande aumento dos preços dos imóveis, que teve início em algumas comunidades durante a década de 1970. O que limitou a intervenção de representantes governamentais sobre o microgerenciamento de mercados imobiliários foi o reconhecimento dos direitos de propriedade tanto pelas constituições estaduais, que restringiam governos estaduais e locais, quanto pela Constituição dos Estados Unidos, que restringia as ações do governo federal. No entanto, decisões dos tribunais ao longo dos anos erodiram os direitos de propriedade, vistos cada vez mais como simples privilégios privados conferidos a pessoas que por acaso tinham sorte suficiente para ter uma quantidade substancial de propriedades — estes privilégios privados eram vistos, portanto, como prescindíveis para o "bem público" maior, representado pelos planejamentos das autoridades políticas. A decisão jurídica de referência no caso *Petaluma*,[42] em 1975, abriu as comportas para uma vasta expansão de restrições imobiliárias em comunidades onde o "planejamento" estava na moda.

Uma das consequências irônicas de se considerarem direitos de propriedade simplesmente como benefícios desfrutados por pessoas mais afortunadas — em vez de limitações fundamentais ao poder governamental — esteve no fato de que os bairros ricos e abastados passaram a restringir a mudança de pessoas com renda baixa e moderada para suas áreas. Em condições normais, uma demanda cada vez maior por habitação faz com que não apenas novos imóveis sejam construídos em terrenos desocupados, mas também com que velhas comunidades sejam transformadas, à medida que as moradias existentes são derrubadas para dar lugar a novas casas e novos prédios residenciais. Algumas vezes, a habitação derrubada é substituída por outra maior ou mais elegante — "gentrificação" —, mas o que costuma acontecer é que casas luxuosas em grandes terrenos ou propriedades são compradas por incorporadoras e derrubadas, e então, substituídas por uma quantidade de casas ou prédios residenciais mais baratos, em terrenos menores, voltadas à venda ou locação para uma quantidade maior de pessoas com renda mais modesta.

A anulação de direitos de propriedade por autoridades jurídicas e políticas significa que essas mudanças em comunidades ricas ou abastadas ficam impossibilitadas ou são dificultadas graças à ação de uma grande variedade de restrições imobiliárias, como as leis de tamanhos mínimos de terrenos, de preservação histórica ou de "espaço público", as políticas de "crescimento inteligente" e a criação de comissões de planejamento e órgãos ambientais armados com poderes arbitrários para aprovar ou rejeitar solicitações de construção e impor precondições arbitrárias e caras à emissão de licenças. Em resumo, a erosão de direitos de propriedade permitiu que vizinhanças ricas e abastadas impedissem tanto a entrada de moradores de renda baixa ou moderada quanto a construção de habitações destinadas a pessoas comuns que mudariam as características da região.

Os altos preços imobiliários gerados por estas restrições não precisam ser pagos por pessoas que já vivem nestas comunidades, que são proprietárias das casas onde moram ou cujas hipotecas datam de antes desse grande aumento. Portanto, os recém-chegados teriam de ser pelo menos tão ricos quanto os residentes para conseguir lidar com os preços mais altos dos imóveis. Longe de perder qualquer coisa com as restrições, os residentes veem o valor das suas propriedades disparar — e votam em limitações imobiliárias locais que aumentam os preços habitacionais para novatos.

Este processo assimétrico torna-se possível por meio de erosões jurídicas dos direitos de propriedade. Nos locais onde estes prevalecem num livre-mercado, a habitação circula regularmente entre classes de pessoas diferentes. O Harlem, por exemplo, era uma comunidade branca de classe média no começo do século XX, mas em apenas uma década passou a ser um bairro de negros trabalhadores. Apesar de, por definição, os ricos e os abastados terem mais renda e riqueza per capita do que o indivíduo médio da sociedade, geralmente o poder aquisitivo total de um número muito maior de pessoas é o suficiente para arrematar propriedades de luxo, substituindo-as por casas e prédios de apartamentos de classe média e até mesmo de classe trabalhadora, mudando a composição de toda uma comunidade.

Nos bairros onde há casas elegantes construídas em grandes propriedades e existe uma demanda cada vez maior por habitação, alguns dos proprietários podem achar as ofertas de compra feitas pelas incorporadoras tentadoras demais para resistir. Uma vez que isso aconteça em grande escala, os demais moradores podem descobrir que a comunidade ao seu redor está em transformação, no que se refere não apenas ao tipo de habitação em construção, mas também ao tipo de gente que se muda para lá.

O respeito aos direitos de propriedade significa que os moradores antigos e os novatos potenciais competem por um espaço no mercado em pé de igualdade, e não através de um processo político em que apenas os residentes no local podem votar. Enquanto esses moradores podem escolher acreditar que têm o direito de "proteger" sua comunidade contra pessoas de fora por meio da força governamental, a Constituição dos Estados Unidos exige "proteção igual das leis" para todos, independentemente de onde vivem ou há quanto tempo moram no local. Além disso, o que os habitantes escolhem chamar de "nossa comunidade" *não é* efetivamente de sua posse. Cada morador é dono apenas da propriedade privada pela qual pagou. Aqueles que escolhem vender suas propriedades a incorporadoras têm, sob a Constituição, exatamente o mesmo direito de fazer isso quanto aqueles que preferem manter a comunidade como está.

Outro isolamento crucial das forças de livre-mercado tem sido fazer com que o governo, em nome do "espaço público", tome posse de áreas verdes ao redor de certos bairros, pelas quais os proprietários de imóveis da região não pagaram. A retirada do mercado de milhares de acres de terra em torno de uma comunidade rica pode significar que terrenos equivalentes a milhões — ou até mesmo bilhões — de dólares se tornem indisponíveis a outras pessoas em benefício dos moradores já fixados naquela localidade. Os habitantes locais ou a unidade governamental responsável por essa retirada não precisam pagar pela terra indisponível ao mercado. Ao simplesmente proibir ou restringir o que pode ser construído naquela região, o governo automaticamente reduz seu valor de mercado, muitas vezes de maneira drástica. Com preços artificialmente mais baixos, diversas entidades — privadas ou governamentais — podem então tomar posse da terra para torná-la um "espaço público" por uma fração do que outras pessoas estariam dispostas a pagar para fins habitacionais. Em outras palavras, o verdadeiro valor do terreno, como um recurso que permite usos alternativos, pode ser algum múltiplo do dinheiro que muda de mãos quando organizações governamentais ou privadas sem fins lucrativos o adquirem como "espaço público".

No condado de Monterey, na Califórnia, que em 2006 tinha o preço de habitação menos viável em todo o país — medido pelo percentual da renda familiar média exigida para o pagamento da hipoteca de uma casa com preço médio —, os habitantes mantinham três quartos do terreno do condado fora do limite para incorporação. Em outras palavras, o terreno pelo qual todos os residentes, juntos, pagaram era menos de um terço de toda a área sobre a qual tinham controle político, o que impedia que outras pessoas adquirissem terrenos do local como propriedade privada. Um destes moradores, citado pelo *Wall Street Journal*, expressou uma postura comum em situações como essa, seja no condado de Monterey ou em outro lugar:

> "Ninguém quer abrir mão deste estilo de vida", diz Carol Harrington, que vive na área de Salinas desde a juventude. Perus, porcos e cervos selvagens perambulam nos seus 16 acres.[43]

Restrições ao uso da terra para proteger "este estilo de vida" têm seu preço pago pelos outros, não apenas em relação aos valores imobiliários no condado, que consomem 60% da renda familiar média apenas em pagamentos de hipoteca, mas também ao fato de que 39% das casas na área de Salinas têm em média 1,5 pessoa por dormitório, enquanto menos de 1% de outras casas nos Estados Unidos apresenta uma densidade populacional tão alta.[44] Em outras palavras, o "espaço público" de alguns originou o povoamento excessivo de outros, à medida que famílias menos ricas têm sido obrigadas a dividir o espaço de uma casa ou apartamento construído para uma única família, ou então que uma família inteira tenha que morar num quarto alugado para lidar com preços imobiliários artificialmente altos.

Geralmente as características apreciadas pelos habitantes de um bairro incluem ambientes bucólicos ou vistas amplas da área do entorno. No entanto, esses moradores não compraram tais ambientes ou as vistas, nem mesmo pagaram para ter a garantia de que a paisagem permanecerá igual para sempre. Outras pessoas com outras preferências têm os mesmos direitos de acordo com a Constituição, pelo menos até os tribunais começarem a erodir tanto os direitos de propriedade quanto a "igual proteção da lei" garantida pela décima quarta emenda à Constituição dos Estados Unidos. As autoridades políticas em diversas jurisdições passaram a tirar vantagem dessa erosão de direitos de propriedade para aprovar leis imobiliárias restritivas sob diversos nomes politicamente atraentes, como "espaço público", "crescimento inteligente" e coisas semelhantes. Essas restrições têm prevalecido especialmente em comunidades liberais muito ricas, como as do litoral da Califórnia, que geralmente expressam preocupações com os pobres, as minorias e as crianças — mas todos esses grupos estão entre os que com mais frequência são expulsos das comunidades devido aos altos preços imobiliários.

Em São Francisco, por exemplo, a população negra diminuiu substancialmente entre 1970 e 2005, tanto proporcionalmente à população total — de 13,4 para 6,5% — quanto em termos absolutos, de 96 mil pessoas para uma estimativa de 47 mil.[45] Padrões semelhantes de diminuição da população negra na casa das dezenas de milhares foram encontrados em outras localidades do litoral da Califórnia, como Los Angeles, o condado de Marin e Monterey. Há muito tempo todas estas comunidades liberais muito elegantes impuseram grandes restrições governamentais à construção de habitações.

Assim como minorias pobres, famílias com filhos também foram expulsas desses lugares de maneira desproporcional pelos grandes aumentos dos preços imobiliários. A grande diminuição de matrículas escolares — de 15 mil para 9 mil — fez com que vários colégios em Palo Alto fossem fechados rapidamente desde a década de 1970, quando os preços imobiliários nas comunidades quase quadruplicaram.[46] A redução da população de crianças também levou ao fechamento de várias escolas nos condados de São Francisco e San Mateo durante a mesma década e em anos posteriores, apesar de a população total nestes condados ter aumentado.

ATIVIDADES ECONÔMICAS URBANAS

As cidades não são lugares apenas voltados para o consumo de diversos benefícios; também são onde se produzem muitos destes benefícios, não só para os seus habitantes, mas também para pessoas que vivem nas zonas rurais e no mundo todo. Estes bens e serviços são distribuídos tanto por mercados quanto por meio de processos políticos, e essas duas possibilidades funcionam com incentivos e limitações muito diferentes.

As cidades reduzem os custos de algumas facilidades e aumentam os de outras. Os altos custos fixos de se construírem reservatórios, hospitais ou redes elétricas podem ser distribuídos por grandes quantidades de pessoas de uma área urbana limitada, o que reduz o custo per capita em comparação com o necessário para se fornecerem os mesmos serviços a uma população distribuída de maneira menos concentrada ao longo do vasto interior. Existem outras maneiras de uma cidade reduzir os custos de produção. A grande variedade de atividades econômicas que ocorrem dentro dos limites da cidade significa que recursos complementares estão disponíveis de maneira mais imediata por perto — com custos de transporte menores, em termos tanto de tempo quanto de dinheiro. Caso uma máquina complexa de um fabricante quebre, é mais provável que se encontre rapidamente alguém qualificado para consertá-la numa grande cidade, reduzindo dessa forma o tempo durante o qual a máquina não poderá funcionar.

Outros tipos de custos, ao invés de serem mais baixos, são maiores em uma cidade. O descarte de esgoto, por exemplo, raramente exige um custo tão alto por pessoa numa zona rural com população pequena quanto numa cidade. No interior, os dejetos humanos, assim como os restos de comida, podem ser deixados para ser absorvidos pela terra à medida que se decompõem. Rios e córregos também podem absorver com segurança quantidades limitadas de esgoto e de comida geradas por uma população pequena, espalhada sobre uma área ampla. A raça humana não poderia ter sobrevivido por milhares de anos se cada traço de impureza fosse fatal. Mas os dejetos humanos e a comida descartada por um milhão de pessoas que vivem numa área de 80 quilômetros quadrados não podem ser absorvidos pela terra ou pela água na rápida velocidade em que são gerados. Sem a construção de sistemas caros de abastecimento de água e de esgoto, em pouco tempo a água ficará perigosa demais para ser bebida e talvez até mesmo para higiene. Boa parte do solo urbano, coberto de asfalto, tem ainda menos capacidade de absorver os dejetos, de tal maneira que o lixo representa sozinho uma ameaça mortal à saúde pública, a não ser que estejam em funcionamento sistemas onerosos de coleta, transporte e descarte deste lixo.

O controle da criminalidade também pode ser mais caro por pessoa numa cidade, onde a natureza anônima de uma grande quantidade de pessoas pode permitir que os criminosos se livrem de ser identificados mais facilmente do que numa pequena comunidade na qual a maioria das pessoas se conhece e um estranho se destaca como um polegar machucado. Nessas comunidades pequenas, os laços pessoais aumentam a probabilidade de que testemunhas se apresentem depois de um crime ou até mesmo intervenham enquanto estiverem sendo cometidos.

Em resumo, o controle da criminalidade que em uma comunidade pequena será exercido tanto pelos cidadãos quanto pela polícia — o primeiro é gratuito para os contribuintes — tem maior probabilidade de ser deixado nas mãos da polícia numa comunidade urbana, em que as pessoas têm muito menos chance de intervirem ou até mesmo de se apresentarem como testemunhas. Bairros urbanos específicos cujos moradores são muito unidos, por serem parentes ou amigos há muito tempo, podem ter alguns dos baixos custos de controle de criminalidade de uma comunidade pequena. Além disso, até mesmo estranhos que vivem nessas comunidades ou nesses bairros se beneficiam do fato de que os criminosos sabem que esses lugares não são promissores para se cometerem delitos.* Mas raramente uma cidade inteira irá desfrutar desse tipo de vantagem. Portanto, os moradores das zonas urbanas devem pagar mais pela proteção policial porque há menos disponibilidade de dissuasão ou de intervenção por parte dos cidadãos comuns.

Os residentes de bairros pobres de áreas urbanas geralmente também pagam mais por mercadorias ou compras comuns feitas em farmácias, lojas de ferragens e outros tipos de comércio. Uma razão para isso é que geralmente não é economicamente realista localizar grandes supermercados ou hipermercados com economias de escala nesses bairros. O que isto significa é que as lojas que efetivamente se localizam em bairros pobres têm custos operacionais mais altos que serão refletidos em preços mais altos. É mais barato enviar uma enorme quantidade de mercadorias a uma loja gigantesca da rede Walmart do que entregar a mesma quantidade de mercadorias a mais ou menos uma dúzia de lojas menores espalhadas pela cidade. Apesar de ser economicamente viável localizar uma dessas lojas enormes na cidade de Page, no Arizona — uma comunidade de

---

* Como nota pessoal, em determinada ocasião vivi num bairro onde também moravam alguns líderes conhecidos da máfia. Poucos criminosos estavam dispostos a tentar assaltar alguém naquele bairro, onde uma senhora frágil pode ser a mãe de algum dos líderes da máfia ou uma mulher jovem pode ser sua esposa ou sua filha. Algumas noites, enquanto eu dormia, minha esposa saía à meia-noite para comprar um jornal matutino numa banca a poucas quadras de distância. O próprio fato de a banca estar aberta à meia-noite significava não apenas que o seu dono não tinha muito medo de que um crime ocorresse, mas também que havia uma quantidade suficiente de outras pessoas no bairro que pensavam como ele, a ponto de lhe proporcionar um negócio lucrativo.

aproximadamente 7 mil pessoas —, seria inviável instalá-la num bairro urbano pobre com 7 mil pessoas.

O que torna economicamente viável a instalação de uma loja do grupo Walmart na cidade de Page, no Arizona, é sua localização numa rodovia por onde os clientes chegam de lugares muito além da pequena cidade, e o fato de haver um grande estacionamento para uso dos clientes, num lugar onde a construção desses estacionamentos é viável porque os preços dos terrenos não chegam nem perto dos valores que teriam numa cidade. Não apenas é menos provável que pessoas que vivem em bairros urbanos pobres tenham carros, como também é mais difícil que as lojas de tais áreas consigam pagar pelos preços exigidos em um terreno que poderia ser usado como estacionamento para os carros dessas pessoas, se elas os tivessem. Além disso, se este bairro pobre também registrar um alto índice de criminalidade, é menos provável que as pessoas de fora façam compras em suas lojas, enquanto aquelas que estão bem longe de Page, Arizona, vão para o seu Walmart.

O crime e a violência afetam a economia local mais diretamente quando revoltas destroem muitas ou a maioria das empresas e depois disso outros empresários ficam relutantes em substituí-las. Conforme já foi observado, em apenas uma década — a de 1960 —, revoltas no lado oeste de Chicago destruíram ou obrigaram o abandono de estimados três quartos das empresas daquele bairro.[47] Assim, os habitantes de bairros pobres, que em sua maioria não são nem criminosos nem revoltosos, acabam pagando preços maiores por causa daqueles que são.

Não há necessidade de tentar determinar o efeito líquido das cidades sobre os custos em geral. Em primeiro lugar, não existe o conceito de custos em geral. Existem custos específicos que importam de maneira diferente para indivíduos e empresas específicos, e estes podem pesar por conta própria os diversos custos e benefícios que os afetam. A suposição de que observadores externos podem tomar decisões melhores do que as pessoas diretamente envolvidas já produziu muitas falácias urbanas e muitos desastres econômicos e sociais. A crença de que terceiros sem nenhum interesse no desfecho devam ter autorização, tanto moral quanto politicamente, para anular as decisões daqueles que efetivamente sofrem suas consequências já foi institucionalizada em estudos de "planejamento urbano" em universidades, em leis e políticas de "crescimento inteligente" e em diversas campanhas para parar o "crescimento urbano" ou para sanar a "degradação" — como os terceiros escolhem definir estes termos.

Favelas e criminalidade

Uma das falácias urbanas mais antigas foi certa vez resumida pela frase "favelas são berçários do crime". Bairros degradados geralmente têm apresentado índices de criminalidade bem maiores do que aqueles onde pessoas mais ricas têm adquirido habitações mais novas e mais caras. No entanto, conforme as estatísticas já observaram há muito tempo, correlação não é causalidade. Além disso, até mesmo nas situações em que existe causalidade não se pode determinar o *sentido* de causalidade. Um ambiente físico ruim promove um comportamento ruim ou será que um comportamento ruim faz com que o ambiente físico se deteriore e impeça que as pessoas tenham rendas maiores que permitam que elas vivam num ambiente melhor?

Há mais de um século a visão prevalecente por trás de boa parte das políticas governamentais tem sido a de que um ambiente físico ruim promove o crime e outras atividades prejudiciais tanto aos envolvidos quanto à sociedade. A partir desta crença foram desenvolvidos programas governamentais enormes e caros para demolir favelas ou áreas "flageladas" e realocar os moradores daquelas áreas em projetos habitacionais recém-construídos pelo governo ou espalhar os indivíduos e as famílias vindos de bairros ruins por bairros bons.

Independentemente do mérito da crença no papel de causalidade do ambiente físico como uma hipótese a ser testada empiricamente, seu papel no mundo real não tem sido o de uma hipótese, mas sim o de uma crença raramente testada e até mesmo resistente aos fatos. Em seu livro clássico sobre a vida urbana, *Morte e vida das grandes cidades*, Jane Jacobs se lembra de ter visitado um bairro operário de Boston chamado North End e de, depois, ter trocado ideias com um planejador urbano. O North End tinha sido povoado por imigrantes italianos pobres e, da mesma maneira que muitos bairros habitados por pessoas que lutam para começar a vida, no princípio essa localidade era densamente povoada e degradada. No entanto, ao longo do tempo, à medida que esses descendentes de italianos e seus filhos começaram a encontrar seu espaço na economia e na sociedade norte-americanas, o bairro progrediu, uma vez que muitas pessoas conseguiram ter dinheiro para se mudar, aliviando a densidade populacional, e aqueles que ficaram para trás começaram a melhorar suas casas, reformando-as e acrescentando novos recursos. No entanto, os observadores externos não conseguiam ver as melhorias que ocorriam por trás das paredes das casas daquelas pessoas, menos ainda as melhorias das próprias pessoas à medida que se adaptavam à vida e às regras norte-americanas.

Quando Jane Jacobs ligou para o planejador urbano e lhe falou da sua excursão ao North End, ouviu a pergunta: "Por que cargas d'água você está logo no North End?" Ele declarou: "É uma favela!" Então se seguiu este diálogo, que Jane reproduz em sua obra:

— Não me parece uma favela — eu disse.
— Mas essa é a pior favela da cidade. Ela tem 275 unidades habitacionais por acre líquido! Odeio admitir que temos qualquer coisa desse tipo em Boston, mas é um fato.
— Você tem alguma estatística sobre isso? — perguntei.
— Sim, é engraçado. Os índices de delinquência, doenças e mortalidade infantil estão entre os menores da cidade. Esse bairro também tem a menor proporção de aluguel em relação à renda da cidade. Puxa, como essas pessoas estão conseguindo barganhas.

Vejamos... a população infantil está bem perto da média da cidade, exatamente. O índice de mortalidade é baixo, 8,8 por mil, em comparação com o índice médio da cidade, que é de 11,2. O índice de tuberculose é muito baixo, menos de 1 por 10 mil, eu não consigo entender, é até menor do que o do Brookline. Antigamente, o North End era o pior lugar da cidade para a tuberculose, mas isso tudo mudou. Bem, essas pessoas devem ser fortes. É claro que é uma favela terrível.

— Vocês deveriam ter mais favelas como essa — eu disse.[48]

Em resumo, os fatos concretos contradisseram as pressuposições deste planejador urbano e de planejadores urbanos em geral. Ainda assim, sua única reação foi considerar estes fatos anomalias isoladas, algo "inusitado", que ele "não consegue entender", em comparação com estatísticas habitacionais que usou para definir uma favela. Assim como vários outros profissionais com alto nível de educação formal, era pouco provável que ele considerasse a possibilidade de que aquelas pessoas menos educadas, da classe trabalhadora, tivessem alcançado algo que fosse louvável e representasse uma contradição das doutrinas que prevaleciam entre os planejadores urbanos e outros profissionais. Para as autoridades, o North End era simplesmente uma favela que precisava ser demolida.

Este tipo de pensamento também não era exclusivo de Boston. Ideias como essa já apareciam em nível nacional no governo de Herbert Hoover e foram desenvolvidas ainda mais durante a gestão subsequente de Franklin D. Roosevelt com o New Deal, conforme Jane Jacobs observou:

Herbert Hoover tinha aberto a primeira Conferência da Casa Branca sobre Habitação com uma polêmica contra a inferioridade moral de cidades e um panegírico sobre as virtudes morais de cabanas simples, pequenas cidades e grama. Num polo político contrário, Rexford G. Tugwell, o administrador federal responsável pelos subúrbios-piloto do Cinturão Verde do New Deal, explicou: "Minha ideia é ir até o limite dos centros populacionais, pegar terra barata, construir uma comunidade inteira e atrair pessoas para esse lugar. Depois voltar às cidades e derrubar favelas inteiras para transformá-las em parques."[49]

É claro que a demolição de qualquer bairro irá destruir não apenas suas estruturas físicas, mas também, na medida em que seus habitantes são espalhados ao vento, os relacionamentos humanos que tornam viável uma comunidade.

A ideia de que observadores externos teriam tanto o direito quanto o dever de ajustar as condições de vida das outras pessoas de maneira diferente daquela como as próprias pessoas as ajustaram não era exclusiva nem mesmo dos Estados Unidos. Diversos países europeus levaram esta crença ainda mais adiante. O que tornava possíveis esses rearranjos das casas e das vidas das pessoas pelo governo nos Estados Unidos, apesar da proteção da propriedade privada garantida pela Constituição, era o poder de domínio eminente, assegurado pela Constituição, que dava ao governo o direito de tomar propriedades privadas para "uso público", presumivelmente para fins como a construção de reservatórios, pontes ou rodovias. Ainda assim, o governo teria que pagar uma "recompensa justa" pela propriedade confiscada. No entanto, mais recentemente, interpretações judiciais ampliadas dessas provisões constitucionais deram maior margem para que autoridades governamentais confiscassem propriedades privadas por uma variedade cada vez maior de razões, incluindo o "redesenvolvimento urbano".

Nem sempre as exigências de "recompensa justa" para os proprietários são obedecidas quando o governo confisca suas propriedades. Avaliadores contratados por funcionários do governo têm um conflito de interesses quando sabem que fazer avaliações altas ou baixas poderá decidir se seus serviços voltarão ou não a ser contratados no futuro. Até mesmo com avaliações honestas e objetivas, o próprio fato de o governo ter ameaçado usar seu poder de domínio eminente para destruir e "redesenvolver" uma determinada área significa que o valor de mercado de propriedades naquela área irá cair. Potenciais compradores de casas ficam menos dispostos a comprar em bairros destinados a ser derrubados. Os bancos apresentam menor disposição a emprestar dinheiro para os moradores ou para empresas daquela área. Então, mesmo que a região não estivesse desgastada antes, a indisponibilidade de empréstimos para manutenção ou melhoria de casas e empresas locais determina a possibilidade de estas residências e empresas se deteriorarem mais rapidamente do que o normal durante os anos que podem se passar entre o momento no qual planos de "redesenvolvimento" são anunciados e o momento em que a ameaça de demolição através do domínio eminente deixa de pairar sobre suas cabeças e acaba se concretizando.

No entanto, de maneira mais fundamental, a recompensa governamental refere-se ao valor do que foi tomado, não ao valor do que o dono da propriedade perdeu. Quando os donos de pequenas empresas como restaurantes, barbearias ou lojas de ferragens possuem um prédio onde estes negócios são realizados, geralmente não apenas investiram na aquisição de um prédio, mas também aplicaram vários anos de esforço para desenvolver reputações e contatos que continuam a construir sua clientela. Além disso, ao longo dos anos, sua clientela pode se tornar muito mais valiosa do que o prédio. Ainda assim, quando o governo decide nivelar aquela parte da cidade e substituir as residências e empresas existentes por algum redesenvolvimento, a recompensa aos proprietários corresponde apenas ao valor da estrutura física, não ao valor geralmente muito maior da perda dos seus clientes, que serão espalhados ao vento pelos despejos em massa.

Os donos de imóveis não são os únicos que perdem quando são obrigados a se deslocar para abrir espaço ao redesenvolvimento, e as perdas financeiras não são as únicas existentes. Por exemplo, um estudo com pessoas que tinham sido removidas de uma comunidade muito unida em Boston encontrou cerca de metade perturbada ou deprimida.[50] Apesar de muitos terem encontrado habitações melhores em outro lugar, 86% estavam pagando aluguéis mais caros do que antes de serem expulsos do seu antigo bairro.[51] Especificamente nesse caso, as pessoas que haviam sido deslocadas eram brancas. Outros estudos mostram proporções ainda maiores de negros em situações de remoção sofrendo as mesmas reações emocionais, e proporções ainda maiores das suas rendas tendo de ser utilizadas para pagar o aluguel das suas novas casas. Para pessoas deslocadas em geral, um estudo concluiu que "a perda não recompensada média que cada pessoa é obrigada a sofrer totaliza o confisco de entre 20 e 30% da renda de um ano".[52]

A razão fundamental para se transferirem pessoas e recursos é que as construções novas são mais valiosas do que aquilo que foi derrubado. Se isso fosse verdade, então deveria ser possível recompensar plenamente os perdedores e ainda assim sobraria o suficiente para que os novos usuários também ficassem numa situação melhor. Mas, se a recompensa paga aos removidos cobrir apenas uma parte das suas perdas, então os planos de redesenvolvimento governamentais que criam mais perdas do que benefícios ainda são viáveis, tanto em termos econômicos quanto políticos, porque são altamente subsidiados pelas vítimas involuntárias do domínio eminente. Em outras palavras, aqueles que planejam e realizam esse redirecionamento de recursos e de pessoas têm incentivos para exercerem sua autoridade muito além do ponto em que exista qualquer benefício líquido à sociedade.

Seria difícil determinar os custos da recompensa por estes transtornos impostos às comunidades, mesmo que as autoridades quisessem fazê-lo, uma vez que é impossível colocar uma etiqueta de preço nas perturbações causadas às relações humanas, que podem gerar, inclusive, uma suscetibilidade ao crime quando se perdem as limitações dadas de modo informal pelas comunidades à medida que as pessoas se espalham. Talvez a indicação mais clara destes custos esteja nos preços que teriam de ser pagos para fazer com que as pessoas abrissem mão das suas casas e das suas empresas voluntariamente, em vez de sob um confisco imposto pelo poder de domínio eminente do governo.

FATOS E FALÁCIAS URBANOS

Por trás de boa parte desta atividade governamental para redirecionar pessoas e recursos está a suposição implícita de que os problemas sociais, em geral, e a criminalidade, especificamente, serão reduzidos com a remoção de pessoas de ambientes físicos ruins e sua recolocação no tipo de ambiente físico que terceiros consideram melhor. Essa suposição não precisa ser testada por planejadores, políticos, burocratas ou juízes, porque raramente qualquer um destes terá de pagar qualquer preço por estar errado. Também não é provável que esses profissionais tenham o tipo de conhecimento íntimo das vidas, dos valores e padrões de comportamento das pessoas muito diferentes entre si que são movidas ao acaso como peças num tabuleiro de xadrez para realizar algum grande plano. Considerando-se os incentivos e as limitações no trabalho, dificilmente seria surpreendente que tentativas de se reduzir a criminalidade pela destruição das favelas tenham provado ser, tão frequentemente, não apenas fúteis, mas até mesmo contraprodutivas.

Repetidamente, o ato de fazer com que os moradores das favelas se mudem para projetos habitacionais públicos novinhos em folha apenas criou novos centros de crime nesses locais. Os novos prédios se deterioraram rapidamente, tornando-se novas favelas. Com uma concepção amplamente elogiada, projetos como os de Pruitt-Igoe, em St. Louis, acabaram sendo fracassos tão abjetos na prática que tiveram de ser dinamitados. Mas, apesar de terem sido demolidos, as pressuposições que os sustentavam ficaram de pé. E continuam a existir em ainda mais esquemas baseados em pressuposições semelhantes, como vales-habitação para permitir que os moradores das favelas se mudem para comunidades de classe média — desconsiderando-se intensamente os anos de sacrifício que as pessoas dessas outras localidades possam ter feito exatamente para ter condições financeiras que lhes permitissem morar distantes dos jovens bandidos e criminosos agora inseridos em sua vizinhança por programas governamentais. A área de Chicago tem sido típica:

No subúrbio sul de Chicago, com uma das maiores concentrações de portadores de vales no país, os residentes negros de classe média reclamam que achavam que tivessem deixado o gueto para trás — apenas para descobrir que o governo federal está oferecendo subsídios para que ele os siga.[53]

Entre as consequências estão "os pequenos sinais de desordem que acompanham os inquilinos com vales", como gramados que não são cortados, "carrinhos de compras deixados na rua", crianças sem supervisão e som alto tarde da noite. Nada disto se aplica apenas à área de Chicago. Reclamações semelhantes sobre inquilinos com vales têm sobrecarregado os funcionários públicos da Filadélfia e de comunidades suburbanas no condado de Prince George, em Maryland e em Riverdale, no estado de Illinois. Os inquilinos com vales "não costumam pagar as contas referentes a tarifas públicas ou à participação exigida de 30% no aluguel" no condado de Prince George. Em Riverdale, uma escola que "outrora se gabava de ter uma reputação acadêmica de primeira linha" tem visto a queda dos seus níveis de desempenho, refutando "a ideia de que o envio de famílias pobres para boas escolas nos subúrbios fará com que a ética educacional se propague".[54]

Resultados semelhantes aconteceram após uma experiência que não tinha sido planejada, depois que o furacão Katrina atingiu Nova Orleans, em 2005. A cidade de Houston recebeu mais de 100 mil pessoas que tinham fugido de Nova Orleans. Eram pessoas cuja renda familiar, em média, era apenas a metade da renda daqueles que já moravam em Houston; cujos filhos tinham um desempenho escolar pior que os de outras crianças nas escolas de Houston; vindas de uma cidade cujo índice de criminalidade era quase quatro vezes maior que o de Houston. Sua transferência para Houston foi seguida de um grande aumento no índice de criminalidade desta cidade, especialmente de assassinatos.[55]

Seja transferindo pessoas para projetos habitacionais governamentais, dando-lhes vales para subsidiar suas vidas em bairros de classe média ou transferindo uma grande quantidade delas de uma cidade para outra, são claras as evidências de que mudar a localização de pessoas não altera seu comportamento. Ainda assim, a suposição implícita de que isso efetivamente provoca uma mudança comportamental continua a dominar o pensamento social e a política governamental, moldados tanto por aqueles que raramente vivem nos lugares para onde as pessoas problemáticas são transferidas quanto por quem não paga qualquer preço por estar errado. Ao contrário, o que custaria muito, tanto em termos pessoais quanto de carreira, seria admitir seu erro ao causar transtorno a milhares de vidas e gastar bilhões de dólares dos contribuintes.

"Crescimento urbano desordenado"

Desde a segunda metade do século XX, uma variedade de programas criados por planejadores e por reformadores sociais tem tentado limitar as escolhas habitacionais de pessoas ao longo de um amplo espectro socioeconômico. Apesar de muitos destes programas terem limitado artificialmente as escolhas habitacionais de pessoas pobres por meio da imposição de restrições a construções que aumentam os custos habitacionais, outros foram direcionados a pessoas mais prósperas que saíram das cidades e foram para os subúrbios, criando o que tem sido chamado de "crescimento urbano desordenado". A definição deste termo tem sido evasiva, mas o fervor do ataque a ela é indubitável. Algumas vezes estes ataques são estéticos, algumas vezes econômicos e outras vezes sociais.

Um dos principais críticos do crescimento urbano desordenado, Lewis Mumford, disse o seguinte:

> Desenhe um círculo sobre Londres, Berlim, Nova York ou Chicago vistas de um avião, ou veja as cidades esquematicamente por meio de um mapa urbano e de um plano de quadras. Qual é sua forma e como ela se define?[56]

Assim como muitos outros críticos, Mumford deplorou o "crescimento desordenado e a ausência de forma" de cidades *vistas de cima*. Em outras palavras, a crítica estética de boa parte do desenvolvimento suburbano tem sido que seu formato não é atraente a quem sobrevoe a área. Mas, obviamente, esse desenvolvimento não teria acontecido nem crescido se não fosse atraente àqueles que, em terra, se mudaram para esses lugares. A base fundamental para as críticas está na suposição de que o gosto estético dos observadores de fora é superior ao gosto dos habitantes, no nível do chão. Esta suposição costuma ser explícita e tem sido parte da crítica à expansão urbana para os subúrbios por mais de um século.

Os críticos modernos culpam o automóvel pela suburbanização ou pelo "crescimento urbano desordenado", da mesma maneira que no século XIX o duque de Wellington culpou as então recém-criadas ferrovias por estimular "as pessoas comuns a se mudarem sem necessidade". Obviamente as próprias "pessoas comuns" não teriam se mudado se considerassem que não havia necessidade. Mas o que está implícito na crítica do duque é que elites externas sabem mais do que aqueles que tomam suas decisões ao seu próprio custo. "O gosto está totalmente desvalorizado", dizia outro crítico britânico que deplorava aqueles que supostamente estavam "destruindo" o interior em 1932.[57] Um tema estético semelhante foi abordado posteriormente no século XX pelo cantor popular norte-americano Pete Seeger, que, em suas canções, caracterizava as casas localizadas em empreendimentos suburbanos, como as existentes em Daly City, na Califórnia, como caixas de "Tic Tac", "pequenas caixas sempre iguais".[58]

É claro que esses empreendimentos não existiriam se as pessoas que compram este tipo de casa não achassem os preços mais baixos, graças à produção em massa de casas idênticas, mais importantes do que a falta de diferenciação. Pessoas com gostos e prioridades diferentes permaneceram livres para viver em outro lugar, em habitações mais distintas e mais caras. Além disso, as caixas de "Tic Tac", muito desdenhadas, podem muito bem ter representado um passo adiante para muitos daqueles que se mudaram para esses conjuntos vindos de prédios de apartamentos urbanos cheios de gente. Há dúvida se muitas pessoas se mudaram para Daly City vindas de Beverly Hills, ou para Levittown vindas da Park Avenue. A crítica estética do "crescimento suburbano desordenado" é apenas uma entre várias críticas, mas tem permanecido central e duradoura e, por ser subjetiva, não pode ser refutada por fatos objetivos, como é o caso de outras objeções ao "crescimento urbano".

Não é apenas a qualidade da habitação privada em si, mas a expansão aparentemente caótica das comunidades urbanas que tem sido criticada. No entanto, o fato de observadores com uma visão externa de uma comunidade não identificarem um padrão não significa que não exista uma relevante característica comum aos desejos das pessoas que vivem nessas comunidades — moradores suburbanos que, afinal de contas, não vivem com o propósito de apresentar um quadro agradável a terceiros.

Comunidades "planejadas" — sejam planejadas por governos ou por construtoras privadas sob a direção ou as limitações de comissões de planejamento governamentais — podem corresponder aos preconceitos de observadores sem necessariamente atender aos propósitos funcionais que a maioria das pessoas deseja. Vällingby, na Suécia, uma das comunidades planejadas famosas internacionalmente, continua sendo a exceção, ao invés de regra, até mesmo na Suécia, onde a maioria das pessoas escolhe viver em comunidades muito semelhantes às "não planejadas" que os críticos nos Estados Unidos e em outros países odeiam. Um estudo indica: "Com suas autoestradas, shoppings e megalojas de departamento da rede Ikea, boa parte da área suburbana de Estocolmo se parece mais com subúrbios norte-americanos do que com Vällingby."[59]

O que é chamado de "crescimento inteligente" em alguns lugares é a imposição governamental das preferências de observadores, críticos, ativistas, ou "experts", em detrimento dos desejos das próprias pessoas, que se expressa no que estão dispostas a gastar para realizar uma compra ou aluguel. Apesar de o termo "crescimento inteligente" ser novo, o conceito em si não é. A primeira rainha Elizabeth aprovou um édito no século XVI proibindo construções em volta da cidade de Londres. Séculos mais tarde, um plano da Grande Londres, em 1944, junto de outros planos para controlar o crescimento, impôs, da mesma maneira, mudanças radicais nas leis de uso da terra, mas ainda assim não conseguiu conter o desenvolvimento urbano ao redor de Londres.

É tão enganoso falar em comunidades "planejadas" e "não planejadas" quanto em economias planejadas versus não planejadas. Nos dois casos, indivíduos e empresas, tomando decisões independentemente de autoridades governamentais, não se comportam de maneira aleatória ou caótica, mas planejam tanto quanto qualquer comissão de planejamento. O que o planejamento governamental significa, na prática, é a supressão de planos individuais e a imposição de um plano coletivo determinado política ou burocraticamente. A história das economias planejadas centralmente, cuja maioria foi cada vez mais suplantada por economias voltadas ao mercado desde o fim do século XX — até mesmo em países controlados por socialistas e comunistas —, sugere que aquilo que parece mais plausível a observadores não produz necessariamente resultados finais desejados pela maioria das pessoas. Comunidades "não planejadas", assim como economias "não planejadas", devem ser orientadas pelos desejos da maioria das pessoas, com o objetivo de possibilitar que ganhem seu dinheiro independentemente de que esses desejos sejam compreendidos ou aprovados por observadores externos.

Afirmações factuais específicas feitas por críticos do "crescimento urbano", diferentemente das suas pressuposições estéticas ou de outra natureza, podem ser sujeitas ao teste de evidência. Entre estas afirmações está a de que leis voltadas a limitar o crescimento são necessárias para impedir que se asfalte a área verde que se encontra em rápido desaparecimento. Mas, conforme foi observado anteriormente, apenas cerca de 5% da terra dos Estados Unidos já foram urbanizados. Em outras palavras, se todas as grandes e pequenas cidades do país dobrassem de tamanho — o que poderia levar várias gerações —, ainda haveria 90% sem urbanização. Algumas das afirmações mais alarmantes e das demandas mais urgentes por mais leis e políticas para a preservação do "espaço público" são provenientes de lugares onde boa parte, se não a maior parte, da terra já é uma área livre onde nada pode ser construído.

Em 2006, por exemplo, diversos grupos de conservação na área da Baía de São Francisco defenderam a separação de mais de 4 mil quilômetros quadrados como espaço público onde construções seriam proibidas por lei — apesar de que, conforme relatado pelo *San Francisco Chronicle*, "a área da Baía tem provavelmente mais espaço público do que qualquer zona metropolitana do mundo".[60] Dos 18 mil quilômetros quadrados da área da Baía de São Francisco, apenas aproximadamente 3 mil quilômetros quadrados foram urbanizados — o que significa que cinco sextos da terra permaneciam sem urbanização, apesar da retórica que pode sugerir que os defensores do espaço público estavam tentando impedir que os últimos poucos pedaços de área verde fossem asfaltados. Mais de 4 mil quilômetros quadrados já estavam legalmente fora dos limites para se construir qualquer coisa. Entretanto, a despeito de uma população cada vez maior e de alguns dos preços imobiliários mais altos da nação, uma coalizão de grupos de conservação defendeu colocar mais 4 mil quilômetros quadrados de terra fora dos limites para construção, o que praticamente garantiria um aumento ainda maior dos preços de imóveis numa cidade onde metade da renda do comprador médio de uma habitação nova já era dedicada à habitação.

A questão aqui não é se a preservação de áreas públicas é desejável, mas se um compromisso infindável com cada vez mais espaço público — ou com qualquer outra coisa — o é. É especialmente importante pesar custos em relação a benefícios quando existe um grande zelo e uma retórica inflamada a favor de alguma coisa que praticamente todo mundo defende, porque os militantes raramente dedicam seu tempo para fazer uma análise de custo-benefício.

Uma afirmação relacionada a essa, feita não apenas nos Estados Unidos, mas em outros países também, é de que a terra agrícola deve ser preservada. Essas afirmações são comuns até mesmo em países onde excedentes agrícolas têm sido problemas crônicos e caros por várias gerações, como nos Estados Unidos e em países da União Europeia. O governo norte-americano efetivamente paga bilhões de dólares aos produtores para diminuir a extensão da terra dedicada à produção, com o objetivo de evitar que os excedentes agrícolas sejam ainda maiores e mais caros.

O fato de muitos agricultores terem abandonado a agricultura e de tanta terra agrícola estar disponível para a construção de comunidades residenciais deveria ser uma evidência decisiva contra aqueles que cultivam alarmes sobre os perigos de "perder" áreas agrícolas. Com efeito, a própria necessidade de se aprovarem leis para impedir que esta conversão de terra aconteça contradiz a razão fundamental utilizada para justificar essas leis. Mas, novamente, o que parece plausível para observadores externos, cujas visões são promovidas dentro da *intelligentsia* e ecoam na mídia, pode ser politicamente decisivo, apesar dos desejos de uma quantidade muito maior de pessoas diretamente envolvidas, que, como inquilinas ou como proprietárias de casas podem ser contrariadas por leis baseadas em crenças de círculos mais elitistas e cujas consequências econômicas não são amplamente compreendidas.

As reclamações sobre a poluição ambiental criada pela expansão da suburbanização estão entre aquelas que podem ser analisadas à luz das evidências empíricas. Certamente é verdade que, em lugares onde há pessoas, tende-se a gerar mais poluição do ar a partir da queima de combustíveis, assim como poluição a partir do esgoto e outros produtos descartados, em comparação com a poluição gerada em zonas rurais abertas e inabitadas. Mas são as pessoas — não sua localização — que tanto geram poluição quanto consomem recursos naturais.

Quando metade da população de uma cidade se desloca para o interior, metade da poluição pode ir com elas, mas, se isso acontecer, é possível que reste apenas metade da poluição no lugar de onde partiram. O argumento de que há um aumento *líquido* na poluição ou no consumo total de recursos

FATOS E FALÁCIAS URBANOS

naturais a partir de uma realocação de pessoas teria de ser apresentado explicitamente e sustentado empiricamente ao invés de ser insinuado, mostrando que a poluição e a utilização de recursos são maiores em lugares ocupados do que em lugares desocupados. Além disso, a terra cultivável que muitas pessoas estão ansiosas para preservar gera poluição tanto dos lençóis freáticos, a partir do escoamento de produtos químicos utilizados nas plantações, quanto do ar, a partir do uso de inseticidas e fertilizantes.

Geralmente se supõe que a suburbanização signifique um aumento na utilização de automóveis e, portanto, de combustíveis, o que resulta num aumento da poluição do ar. Isso seria praticamente axiomático se todas as pessoas residentes nos subúrbios se deslocassem para empregos em cidades centrais. Mas o "crescimento urbano desordenado" inclui o movimento de empregos e de pessoas para fora de cidades centrais. Além disso, este não é um padrão novo, mas conhecido há várias gerações. No começo do século XX, um terço de todos os empregos na área de produção nos Estados Unidos estava localizado fora das cidades centrais e, em meados do século, o número aumentou para a metade destes empregos. De maneira semelhante, à medida que a população de Londres se espalhou para os subúrbios nos idos da década de 1920, o deslocamento para o trabalho partindo-se de uma região dos subúrbios em direção a outra passou a ser tão comum quanto o dos subúrbios para Londres.

Padrões semelhantes foram encontrados em Hamburgo e em outras localidades do norte europeu, mais do que no sul europeu. Muitas cidades norte-americanas mostraram um padrão semelhante ao de Londres:

> Em áreas urbanas da América do Norte, o crescimento, na década de 1920, foi um movimento de massas ainda maior do que na Europa. A expansão e a intensificação do uso de lojas varejistas e escritórios nos velhos centros das cidades levaram a uma grande diminuição da quantidade de pessoas que viviam nesses locais. De acordo com esta tendência, as cidades norte-americanas seguiram o processo

há muito tempo visível na cidade de Londres, em que os centros das cidades tornaram-se intensamente povoados durante o dia de trabalho e relativamente desertos à noite e nos fins de semana. [...]

Níveis de riqueza sem precedentes, excelente transporte público e o aumento da propriedade de automóveis permitiram que uma grande porção da população urbana norte-americana, incluindo até mesmo um percentual substancial de famílias operárias, tivesse a opção de viver em casas nos subúrbios. Boa parte destas habitações foi desenvolvida em pequenas subdivisões por milhares de empreendedoras imobiliárias de pequena escala. Na década de 1920, centenas de quilômetros quadrados de casas surgiram aparentemente da noite para o dia. [...] Apesar de hoje em dia poucos pais suburbanos norte-americanos de classe média considerarem um bangalô de quase 93 metros quadrados um lugar ideal para criar uma família grande, para muitos naquela época uma pequena casa onde pudessem viver sob o próprio teto e desfrutar do próprio jardim representava uma verdadeira revolução de expectativas.[61]

Em geral, a questão de a suburbanização atualmente acarretar ou não um maior deslocamento para o trabalho usando ou não um carro é empírica, e não uma conclusão definitiva, e a resposta pode variar de um lugar para outro. O fato de a qualidade do ar vir aumentando em muitos lugares desde o início da era da suburbanização sugere que não existe nenhuma lei definitiva segundo a qual "crescimento urbano" significa mais poluição. Tampouco a preservação do espaço público necessariamente reduz a poluição.

Quando a preservação de áreas públicas gera uma alta nos preços imobiliários, é possível que se observe um aumento no deslocamento de automóveis (e da poluição do ar resultante) por pessoas que trabalham em áreas onde não têm condições de viver. Enquanto alguns empregos podem, como as pessoas, sair da cidade, outros não podem. Os bombeiros precisam estar localizados em ambientes urbanos para apagar incêndios que ocorram nesses locais, da mesma maneira que policiais devem estar na cidade para lidar com a criminalidade urbana,* professores, para ensinar às crianças urbanas, e enfermeiras, para cuidar de pessoas doentes ou machucadas. A maioria das pessoas que têm estas profissões específicas não consegue viver nessas cidades, onde preços imobiliários foram elevados a níveis extremamente altos por restrições ao uso da terra projetadas para impedir o "crescimento urbano" e então é preciso se deslocar de qualquer distância que seja necessária para encontrar uma habitação pela qual se possa pagar. Em resumo, não se pode pressupor que essas restrições ao uso da terra, no saldo líquido, reduzam o congestionamento das rodovias ou a poluição do ar.

RESUMO E IMPLICAÇÕES

Ao longo de milhares de anos e em países no mundo todo, as cidades têm se caracterizado pela concentração não apenas de pessoas, mas também de empreendimentos industriais, comerciais, culturais e artísticos. Com efeito, foram estes empreendimentos que atraíram as pessoas para as cidades. Além disso, os ambientes urbanos têm estado na vanguarda de muitas civilizações diferentes, como os lugares onde novas maneiras de fazer as coisas são desenvolvidas e espalhadas para as províncias e para

---

* O departamento dos delegados da cidade de Redwood, na Califórnia, alugou uma casa para que seus representantes pudessem ter um lugar para dormir depois de ter trabalhado por várias horas extras. Isso porque esses profissionais geralmente vivem tão longe da cidade de Redwood que seria perigoso dirigir para casa cansados, à noite, depois de ter trabalhado por horas em algum problema de imposição da lei. Diversos esquemas para fornecer "habitação a preços viáveis" para professores vieram à tona em diversas comunidades na Península de São Francisco, apesar de estes esquemas raramente superarem números simbólicos de unidades habitacionais, pelas mesmas razões que "habitações a preços acessíveis" através de subsídios raramente são adequadas para lidar com os problemas habitacionais de outros grupos.

os interiores. Como tantas cidades são portos, em rios ou no mar, realizam a importação não apenas de bens, mas também de novas ideias e novas tecnologias que, depois, podem ser difundidas para as zonas rurais. Como tudo o que é humano, as cidades são imperfeitas e seus benefícios têm custos — algo aceito de maneira prosaica pela maioria das pessoas, mas que para algumas é razão de lamentos, cruzadas e, algumas vezes, e o pior de tudo, "soluções".

O título do clássico de Edward Banfield, *The Unheavenly City*,* nos lembrava que as cidades nunca foram perfeitas. Essa obra mostrava que muitas questões urbanas atuais não são novas, e que tampouco é provável que as novas propostas para intervenções governamentais melhorem as coisas, em vez de piorarem. Existem muitas questões empíricas complexas em torno de comunidades urbanas e da dispersão de suas populações, e muitos estudos já analisaram estas questões, algumas vezes contradizendo outros. Mas boa parte do que se diz sobre coisas como "crescimento urbano" se baseia não em evidências empíricas, mas em ecos da visão do duque de Wellington de que existe um movimento "desnecessário" de "pessoas comuns" para lugares onde as pessoas mais elegantes não as desejam.

É muito duvidoso que os esforços para mantê-las de fora teriam sucesso político se fossem apresentados de maneira áspera em termos do que efetivamente está sendo feito, em vez de serem envolvidos numa névoa de retórica nobre que soa idealista. Provavelmente poucos votos seriam ganhos ao se dizer que o governo deveria dedicar o equivalente a bilhões de dólares de terra para criar uma ampla zona-tampão em torno de uma comunidade de indivíduos ricos e abastados, com o objetivo de manter de fora pessoas comuns e preservar a vista de um punhado relativo de pessoas elegantes à custa de outras. Em vez disso, a retórica política se concentra em celebrar um estilo de vida específico dessa comunidade ou

---

* Em tradução literal, "A cidade imperfeita". Na edição brasileira, *A crise urbana: natureza e futuro*. [N. do E.]

em "poupar" áreas verdes ou hábitats animais, como se ambos estivessem sob um grave risco de desaparecer num país onde mais de nove décimos da terra não são urbanizados. Os benefícios de um estilo de vida específico não estão sendo questionados. A única questão é quem deve pagar por isso. Se aqueles que desfrutam desses benefícios não estiverem dispostos a arcar com seus custos, por que os contribuintes ou as pessoas que procuram um lugar com preço viável para morar devem ser obrigados a subsidiar aqueles que estão em condições econômicas melhores?

Politicamente, poucas pessoas hoje em dia podem falar de maneira tão simples quanto o duque de Wellington no século XIX. Objeções mais modernas à suburbanização incluem a visão de que os resultados não parecem bonitos quando vistos de aviões. É claro que aqueles cuja sensibilidade é ofendida pelo que se vê das janelas de aviões podem fechá-las. Mas, em vez disso, alguns preferem perturbar as vidas de milhões de pessoas que estão no chão.

3.

Fatos e Falácias Masculinos e Femininos

Na maioria das sociedades, durante a maior parte da história, as mulheres ganharam menos do que os homens. Trata-se de um fato inquestionável. O que pode ser questionado — e já gerou várias falácias — são as diversas tentativas de explicá-lo.

Existem várias possibilidades plausíveis: talvez os empregadores discriminem as mulheres, talvez os pais criem meninas e meninos de maneira diferente, talvez mulheres e homens tenham habilidades diferentes ou façam escolhas diferentes na educação ou nas carreiras. Estas e outras possibilidades costumam se concentrar numa conclusão predominante: nas situações em que existirem diferenças significativas entre mulheres e homens nos seus respectivos empregos, pagamentos ou promoções poderemos inferir que houve discriminação, e a redução dessas disparidades ao longo do tempo ocorrerá em função de uma redução da discriminação sob pressões do governo, do movimento feminista ou de um aumento geral de esclarecimento.

Esse raciocínio é comum desde a mídia até a esfera política e os tribunais. Mas tal explicação não resiste a uma análise minuciosa da história ou da economia. Esta é uma das principais falácias da nossa época.

HISTÓRIA

Não há dúvida de que os sexos são muitas vezes tratados de maneiras diferentes desde a infância. Em algumas sociedades, meninas não são educadas com a mesma frequência ou tanto quanto meninos, de tal forma que as mulheres em média têm menor qualificação para ocupar cargos que exijam educação formal. Na prática, essas sociedades jogam fora boa parte do potencial econômico e de outra natureza de metade da sua população. Essa discriminação por parte daqueles que controlam a educação infantil obviamente produz diferenças de renda entre mulheres e homens adultos — até mesmo se os empregadores não discriminarem os trabalhadores — porque mulheres e homens, no fim das contas, têm diferentes níveis e tipos de conhecimento, habilidades e experiência de trabalho.

Poucas sociedades hoje em dia têm restrições tão rigorosas à educação das meninas, pelo menos no mundo ocidental. Mas se a discriminação por parte do empregador existe, até que ponto ela existe ou pode explicar boa parte das diferenças de renda entre homens e mulheres são questões e não conclusões definitivas, porque, independentemente das razões, as diferenças entre a qualificação de mulheres e homens geralmente têm sido demonstráveis e substanciais. Além disso, estas diferenças mudaram ao longo do tempo, de tal forma que uma redução da disparidade de renda entre os sexos não pode ser automaticamente atribuída a uma menor discriminação exercida pelo empregador, uma vez que também pode ser resultado de uma diminuição de diferenças em educação, experiência de trabalho ou disponibilidade para trabalhar fora de casa. Todas estas são questões que exigem evidências empíricas em vez de pressuposições gerais.

FATOS E FALÁCIAS MASCULINOS E FEMININOS

Mesmo no século XXI, "dois terços dos adultos analfabetos no mundo são mulheres", de acordo com a revista *The Economist*. No entanto, na outra ponta do espectro educacional, nos países mais avançados industrialmente uma quantidade de mulheres comparável à de homens tem seguido adiante até o ensino superior — e, em alguns países, com mais frequência do que os homens. No Japão, existem noventa mulheres matriculadas no ensino superior para cada cem homens; nos Estados Unidos, 140 mulheres para cada cem homens; e, na Suécia, 150 mulheres para cada cem homens.[1] Esse predomínio de mulheres também não é meramente quantitativo. Em 2006, o *New York Times* relatou que, "em instituições de elite, como Harvard, pequenas faculdades de artes liberais,* como Dickinson, universidades públicas imensas, como a Universidade de Wisconsin e a UCLA, e menores, como a Universidade Atlântica da Flórida, as mulheres têm se formado com uma participação desproporcional nos títulos com honras".[2] Mas estes são desenvolvimentos ocorridos numa época relativamente recente.

Entre outros fatores relacionados às disparidades de renda entre homens e mulheres estão as diferenças entre a força física masculina e a feminina, um fator muito importante durante as longas épocas da história em que a maioria das pessoas, na maioria dos países, trabalhava na agricultura ou em outras profissões que exigiam muita força, como a mineração, a navegação ou a metalurgia. A substituição do músculo humano pela força mecânica reduziu tanto a importância da força física que hoje em dia pode ser difícil imaginar até que ponto esse fator foi importante em séculos passados. Por exemplo, numa determinada época, pessoas desesperadamente pobres que, na China, viviam no limite da inanição, costumavam matar meninas recém-nascidas porque apenas os meninos tinham probabilidade de crescer

---

* O termo artes liberais define uma metodologia de ensino cunhada na Idade Média. Refere-se às disciplinas acadêmicas ou profissões ("artes") desempenhadas pelos homens livres. São compostas de Trivium (lógica, gramática e retórica) e Quadrivium (aritmética, música, geometria e astronomia). Nos Estados Unidos, faculdades de artes liberais são comuns. Lá, o aluno tem uma formação em diversas áreas complementares à área principal. [*N. do E.*]

fortes e rápido o bastante para produzir comida suficiente para se sustentar; as famílias mais pobres tinham pouca ou nenhuma comida excedente com a qual seria possível suplementar o que uma menina seria capaz de produzir com implementos primitivos em fazendas pequenas. Para essas pessoas em situação de extrema pobreza, as meninas recém-nascidas eram consideradas uma ameaça à sobrevivência física da família. Níveis mais elevados de desenvolvimento econômico tanto em outros países quanto na China, mais tarde, fizeram com que esses atos angustiados e brutais não fossem mais necessários.

A substituição do músculo humano pela força mecânica e a importância cada vez maior de indústrias e de profissões que não dependem de nenhuma dessas forças fizeram com que as diferenças de sexo e de idade não fossem mais tão significativas quanto foram um dia. As consequências econômicas puderam ser vistas no aumento da idade em que as pessoas alcançavam seus ganhos máximos, agora que experiência e habilidade tinham se tornado mais importantes do que a força física. Outras consequências econômicas incluíram redução na diferença dos salários de homens e mulheres, antes mesmo da aprovação de leis voltadas a instituir a igualdade salarial para funções iguais.

Outra diferença física entre mulheres e homens, a capacidade de engravidar, ainda tem grandes consequências econômicas. Mães em geral tendem a ficar mais para trás em relação à renda dos homens quando as responsabilidades domésticas de mulheres com bebês e crianças pequenas dificultam sua participação contínua, em tempo integral, na força de trabalho. Este fator é especialmente importante no que diz respeito a altos níveis de realização nas profissões mais exigentes:

> Na área das artes e ciências, a idade média em que ocorre a realização máxima é aos 40 anos, precedida por vários anos de esforço intenso para conhecer a fundo a disciplina em questão. Estes são exatamente os anos durante os quais a maioria das mulheres terá filhos, se os tiver.[3]

FATOS E FALÁCIAS MASCULINOS E FEMININOS

Apesar de não ser possível identificar com precisão os pesos relativos destes e de outros fatores nas diferenças econômicas entre homens e mulheres, ainda assim existem dados empíricos sugestivos, mesmo que não sejam definitivos.

A história é importante para testar, de outro modo, as crenças predominantes sobre as diferenças ocupacionais e de renda entre homens e mulheres. Acredita-se de maneira ampla, por exemplo, que o aumento do número de mulheres norte-americanas em ocupações profissionais ou em cargos de alto nível desde a década de 1960 tenha ocorrido em função de leis e políticas impostas pelo governo contra a discriminação e que, por sua vez, estas tenham sido elaboradas devido à promoção de visões mais esclarecidas a respeito das mulheres, entre a sociedade em geral, graças à ação do movimento feminista e de outros movimentos. Plausível como isto possa parecer, sempre que se afirma que existe uma relação causal entre quaisquer variáveis, deveria ser possível testar se estas efetivamente variam em função das outras com qualquer consistência ou se mudam de acordo com outros fatores deixados de fora da equação.

Diminuição das ocupações de nível superior e profissional

A história mostra que a trajetória profissional das mulheres ao longo do século XX se parece pouco com um cenário em que seus progressos se explicariam pelas variações da discriminação exercida pelo empregador.

Na realidade, a proporção de mulheres em profissões e cargos de alto nível foi maior durante as primeiras décadas do século XX do que no meio desse século — e tudo isto aconteceu antes da aprovação das leis contra a discriminação ou do crescimento do movimento feminista. Por exemplo, a proporção de mulheres entre as pessoas listadas na *Who's Who in America* em 1902 foi mais do que o dobro da proporção em 1958.[4] Um estudo publicado em 1964 concluiu: "O período das duas primeiras décadas do século XX foi o auge de mulheres acadêmicas." A variação do percentual de mulheres entre os acadêmicos "aumentou de 1910 até aproximadamente 1930 e diminuiu desde então, com uma possível tendência de aumento em anos recentes", de acordo com o mesmo estudo de 1964.[5]

Dados concretos confirmam este padrão. Em 1921 e novamente em 1932, a proporção de mulheres entre as pessoas que receberam títulos de doutorado foi de aproximadamente 17%, mas caiu para 10% entre o fim da década de 1950 e o começo dos anos 1960. Ocorreu um padrão semelhante nas ciências biológicas, área em que as mulheres receberam aproximadamente de um quinto a um quarto dos doutorados na década de 1930, mas apenas um oitavo no fim da década de 1950. Na economia, sua participação nos títulos de doutorado diminuiu de 10% para 2%. Houve reduções semelhantes nos títulos de doutorado concedidos nas áreas de humanas, química e direito.[6] Um estudo realizado em 1961 descobriu que a participação das mulheres em cargos de professoras universitárias era menor naquele ano do que em 1930.[7]

A diminuição na representatividade das mulheres entre os docentes nesta época ocorreu mesmo em faculdades exclusivamente femininas, administradas por mulheres, como Smith, Wellesley, Vassar e Bryn Mawr,[8] e, por isso, esta tendência dificilmente poderia ser atribuída a um aumento da discriminação do empregador masculino. Mas mesmo se levássemos em consideração o argumento de que essa discriminação era um fator crucial, o amplo declínio da colocação de mulheres em níveis ocupacionais mais elevados, ao longo de décadas, dificilmente é consistente com a ideia de que a discriminação do empregador contra mulheres diminui ao longo do tempo graças ao maior esclarecimento. Uma análise mais detalhada dos fatos sugere que o que mudou durante estas décadas não foi essa discriminação, mas os padrões femininos de casamento e de concepção de filhos. Por sua vez, isso permite questionar se as posteriores tendências positivas no avanço ocupacional das mulheres refletiram mudanças nas questões de discriminação ou na relação com casamento e criação de filhos. A história sugere fortemente esta última.

Durante as primeiras décadas do século XX, quando a representatividade das mulheres em ocupações de alto nível e nos cursos de pós-graduação, exigidos para essas ocupações, era maior do que na década de 1950, a idade em que as mulheres se casavam pela primeira vez também era, em média, maior do que na metade do século,[9] quando a maioria das mulheres que trabalhavam em faculdades femininas não era casada.[10] À medida que a idade das mulheres na ocasião do casamento começou a diminuir, sua representatividade em ocupações de alto nível e entre recebedoras de títulos de pós-graduação também diminuiu.

Aumento do ensino superior e das atividades profissionais

A diminuição da média da idade das mulheres em seu primeiro casamento terminou em 1956 e aumentou desde então. O índice de natalidade também começou a diminuir a partir de 1957 e, em 1966, estava novamente tão baixo quanto nos idos de 1933.[11] A participação das mulheres nos cursos de pós-graduação acompanhou de perto estas reversões de tendências.

A década de 1970 testemunhou um aumento do número de mulheres que receberam títulos de doutorado. Em 1972, essa participação estava novamente tão alta quanto nos idos de 1932. Aconteceu quase o mesmo com os títulos de mestrado, que só voltaram a alcançar o nível de 1930 em 1972, exceto durante os anos da Segunda Guerra Mundial, quando milhões de rapazes estavam longe, no serviço militar. Tanto nos cursos de mestrado quanto nos de doutorado, a presença das mulheres sofreu uma grande queda depois da guerra, para níveis abaixo dos registrados na década de 1930.[12] É claro que estes foram os anos do "*baby boom*", o que indica novamente o papel da concepção de filhos na limitação das perspectivas educacionais e de carreira das mulheres.

A participação em ocupações de nível superior na segunda metade do século XX continuou a crescer de acordo com o aumento da idade na qual as mulheres se casavam, terminando o século significativamente mais alta do que em seu começo,[13] enquanto o índice de natalidade teve uma grande queda e, na virada do século, era muito mais baixo do que antes.[14] À medida que a idade do primeiro casamento subia aos seus maiores níveis, aumentavam também, e mais do que nunca, os níveis da educação e das ocupações das mulheres. O percentual das mulheres com títulos profissionais de pós-graduação, no geral, e de mestrado, especificamente em administração, direito e medicina, bem como de doutorado, teve um aumento vertiginoso a partir da década de 1970.[15]

Não foi apenas em ocupações de nível superior que a mudança nos parâmetros de casamento e de concepção de filhos alterou padrões de trabalho das mulheres. A lacuna entre a participação de homens e de mulheres na força de trabalho em geral se estreitou drasticamente. Em 1950, 94% dos homens, mas apenas 33% das mulheres estavam na força de trabalho. Esta lacuna de 61% se estreitou para 45% em 1970. No fim do século XX, a lacuna estava em apenas 12%, sendo que formavam a mão de obra 86% dos homens e 74% das mulheres.[16] Além de passar a fazer parte da força de trabalho em geral, mais mulheres ocuparam cargos em continuidade que os homens predominavam, especialmente aqueles que exigiam um título universitário.[17] A do emprego das mulheres também aumentou depois de 1970, apesar de a lacuna entre a permanência dos homens e das mulheres não ter desaparecido e de as mulheres terem continuado a trabalhar mais em meio período do que os homens.[18]

Todas estas mudanças positivas na segunda metade do século XX, assim como as mudanças negativas durante as primeiras décadas desse século, acompanham, de maneira notavelmente próxima, as mudanças na idade de casamento e de concepção de filhos das mulheres. No entanto, as diferenças de renda entre homens e mulheres não desapareceram completamente. Até que ponto essas disparidades restantes podem ser atribuídas à discriminação exercida pelo empregador, em vez de refletir as diferenças nas opções de carreira ou as escolhas quanto a trabalhar ou não em período integral são outras questões empíricas que envolvem tanto a economia quanto a história.

ECONOMIA

Idealmente, gostaríamos de poder comparar aquelas mulheres e aqueles homens que são realmente comparáveis em termos de educação, habilidades, experiência, permanência em emprego e trabalho em período integral ou em meio período, entre outras variáveis, para então determinar se os empregadores contratam, pagam e promovem as mulheres da mesma maneira como fazem com os homens. No mínimo, talvez possamos medir quanta discriminação existe por parte do empregador em cada uma das diferenças de contratação, pagamento e promoções. Considerando-se a ausência ou as imperfeições de dados relativos a algumas destas variáveis, o máximo que podemos esperar razoavelmente é alguma mensuração de quaisquer disparidades econômicas entre mulheres e homens que permaneçam depois de se levarem em consideração aquelas variáveis que possam ser medidas com algum grau de precisão e confiabilidade. Esse resíduo então nos daria o limite superior do efeito combinado de discriminação por parte do empregador *mais* quaisquer variáveis não especificadas ou não medidas que também possam existir. No entanto, mesmo se não encontrarmos sequer uma diferença econômica entre aquelas mulheres e aqueles homens realmente comparáveis, isso não significaria que mulheres e homens teriam a mesma renda ou a mesma probabilidade de serem contratados ou promovidos se os sexos em geral fossem distribuídos de maneira diferente entre empregos em período integral e em meio período, ou em diferentes áreas ou níveis educacionais, ou de outras maneiras que afetem as perspectivas econômicas das pessoas. Em resumo, até mesmo a ausência de discriminação não indicaria a ausência de diferenças econômicas entre homens e mulheres.

Diferenças ocupacionais

Até mesmo quando mulheres e homens ganham os mesmos salários nas mesmas funções, variações na distribuição dos sexos entre diferentes ocupações geram diferenças nas suas rendas médias. A distribuição de mulheres e homens em diversas profissões tem sido diferente há muito tempo, em parte em função de restrições impostas às mulheres e em parte em função de suas escolhas.

Em épocas e lugares onde as mulheres sofreram restrições para trabalhar fora de casa, na prática, esta limitação na variedade de cargos abertos a mulheres também gerou uma limitação nas suas perspectivas de ganhos — de novo, mesmo sem levar em conta qualquer discriminação por parte do empregador. Em outras palavras, até que ponto as diferenças de renda entre homens e mulheres se devem à discriminação por parte do empregador e até que ponto sua origem está em outras diferenças em função de restrições sociais ou outros fatores é uma pergunta, em vez de uma conclusão definitiva. Muitas restrições sociais, especialmente no passado, têm como base tentativas de evitar problemas derivados da atração entre os sexos.

Em épocas, lugares e classes sociais em que a castidade de uma moça era um pré-requisito para perspectivas de casamento favoráveis, os pais geralmente tinham grande preocupação de que a filha se mantivesse distante de ambientes de trabalho ou outros locais onde teria contato sem supervisão com rapazes não apenas para evitar até mesmo a aparência de uma vida que não fosse casta, mas sobretudo as tentações que poderiam resultar numa gravidez fora do casamento, o que poderia arruinar sua vida e desgraçar a família.

Restrições ao trabalho baseadas nessas preocupações são inerentemente assimétricas, uma vez que quaisquer que sejam os problemas que os rapazes possam encontrar ou criar enquanto trabalham fora de casa, jamais incluirão algo tão visível ou com tanto impacto social e econômico quanto uma gravidez. Em épocas e lugares onde o custo do sustento do filho de uma herdeira que não fosse casada caía apenas sobre a família da moça, a família tentava reduzir o risco de que isto acontecesse por meio de restrições muito mais rigorosas à liberdade das filhas e de muito mais monitoramento de tudo com que se associassem, e sob quais condições. No entanto, durante a época em que a agricultura era a ocupação predominante da maioria das pessoas, trabalhar em casa representava uma restrição menor do que em tempos posteriores, quando cada vez mais empregos estavam fora de casa, na indústria e no comércio.

À medida que mais sociedades se tornaram mais industriais e comerciais, as oportunidades assimétricas para que moças e rapazes trabalhassem fora de casa significavam perspectivas de renda diferentes. Mesmo antes disso, era mais provável que as famílias permitissem que os rapazes fossem trabalhar além da supervisão dos pais como aprendizes, marinheiros ou soldados.

Mesmo quando faziam trabalhos não agrícolas, as mulheres tinham uma tendência maior a exercer essas tarefas em casa, por exemplo, tecendo. A palavra *spinster*,* usada para designar mulheres que não fossem casadas, permanece em uso desde aquela época. Fermentar cerveja era outra função que podia ser desempenhada num empreendimento familiar, e as mulheres que faziam este trabalho eram conhecidas como *brewsters*, enquanto os homens eram chamados de *brewers*, palavras que acabaram se tornando sobrenomes, assim como outras ocupações, como carpinteiro, tecelão, cozinheiro e pastor.

---

* De acordo com o Dicionário Oxford: "a evolução da palavra *spinster* é um bom exemplo de termo que adquire significado tão forte que não pode mais ser usado com sentido neutro. A partir do século XVII este vocábulo passou a integrar nomes, como elemento oficial para descrever uma mulher solteira: Elizabeth Harris de Londres, Spinster. Este tipo de designação sobrevive até hoje em alguns contextos legais e religiosos. No inglês moderno, o termo não contém apenas o significado de 'mulher solteira'; assumiu uma conotação depreciativa, referindo-se ou aludindo a um estereótipo de mulher de meia-idade ou mais velha, solteira, sem filhos, que se ofende facilmente e reprimida". [*N. do E.*]

Apesar de as famílias terem incentivos para restringir o trabalho das mulheres feito fora de casa, os empregadores tinham bons motivos para tentar utilizar esta grande fonte potencial de mão de obra. Os primeiros donos de refinarias da Nova Inglaterra, por exemplo, tentaram acalmar os pais em relação à segurança e à respeitabilidade de permitir que suas filhas trabalhassem em empresas ao definir a mão de obra como exclusivamente feminina, muitas vezes supervisionada por mulheres mais velhas que, na prática, eram acompanhantes, especialmente quando as moças viviam fora de casa. Mesmo antes da era industrial, famílias altamente respeitadas e ricas também conseguiam atrair empregadas que dormiam no emprego, ou porque a supervisão ou a reputação destas famílias específicas eram consideradas alguma garantia de menores riscos de comportamento sexual impróprio ou porque as famílias mais pobres precisavam dos rendimentos da filha a ponto de ter pouca escolha além de correr riscos que outras famílias não correriam. O ataque sexual a empregadas pelos seus empregadores, pelos filhos dos empregadores ou por empregados estava entre estes perigos, assim como a possibilidade de as próprias moças sucumbirem à tentação.

Os empregadores tinham razões muito diferentes para separar as mulheres dos homens no trabalho, geralmente designando-os para funções diferentes. Se uma ocupação atraísse predominantemente homens, a distração de uma mulher trabalhadora em seu meio poderia prejudicar a produtividade, mesmo que a mulher fosse tão produtiva quanto os homens. Isto era análogo ao que também acontecia em épocas e lugares em que diferenças étnicas ou de outra natureza entre os trabalhadores prejudicavam a produtividade no emprego, apesar de neste último caso a distração dever-se geralmente a animosidades entre trabalhadores, irlandeses e italianos, por exemplo.

Portanto, todo um conjunto de profissões poderia estar além dos limites para as mulheres simplesmente porque havia uma maioria de homens naquelas ocupações e as poucas mulheres que poderiam querer esses cargos não eram consideradas pelos empregadores dignas do efeito adverso que suas presenças poderiam ter sobre a produtividade dos homens. Se houvesse uma grande quantidade mulheres em busca dessas ocupações, então o empregador tinha a opção de contratar tanto mulheres quanto homens e segregar os sexos no emprego, apesar de não ser fácil manter essa separação.* Era mais fácil contar com mão de obra totalmente masculina ou feminina.

Apesar de a força física não se mostrar mais um fator primordial como na época em que a agricultura era o maior setor econômico na maioria dos países, ou durante as épocas em que a indústria pesada ou a mineração dominavam as economias de diversas nações, atualmente ainda existem indústrias específicas em que uma força física considerável continua a ser exigida. Certamente é provável que mais homens do que mulheres trabalhem nessas áreas — e algumas delas oferecem empregos que pagam mais do que a média nacional. Enquanto as mulheres representam 74% do que o U.S. Census Bureau classifica como "trabalhadores de escritório e assemelhados", menos de 5% de "operadores de equipamento de transporte" são do sexo feminino. Em outras palavras, é muito mais provável que as mulheres se sentem atrás de uma escrivaninha do que ao volante de um caminhão com dezoito rodas. As mulheres também representam menos de 4% dos trabalhadores nas áreas de "construção, extração e manutenção". Também são menos de 3% dos trabalhadores na área de construção ou

---

* Um dos poucos empregadores modernos que conseguiram fazer isso com sucesso foi a American Telephone & Telegraph Company, quando trabalhei na sua sede em Nova York na década de 1960. Apesar de haver mulheres e homens nos mesmos grupos, de alguma forma a diretriz da empresa se tornou conhecida sem pronunciamentos públicos explícitos e os funcionários evitavam contatos sociais. A que ponto isso chegava foi encenado para mim no dia em que minha esposa foi do nosso apartamento, que ficava próximo do escritório, até a empresa, para almoçarmos juntos em uma das lanchonetes. Depois de observar aquele grande estabelecimento, minha esposa disse: "Você já percebeu que somos os únicos homem e mulher a almoçarem juntos neste lugar?" Quando voltei para o trabalho naquela tarde, a notícia de que eu tinha sido visto almoçando com uma mulher na lanchonete da empresa já havia se espalhado por todo o escritório!

madeireiros, menos de 2% dos construtores de telhados ou pedreiros e menos de 1% dos mecânicos e técnicos que consertam veículos pesados e equipamentos móveis.[19]

Essa distribuição ocupacional tem implicações econômicas evidentes, uma vez que os mineradores ganham quase o dobro da renda de auxiliares de escritório, quando ambos trabalham em período integral e o ano inteiro.[20] Ainda existe um bônus pago a trabalhadores que fazem serviço físico pesado ou insalubre, que costuma se sobrepor ao trabalho que exige força física. Enquanto 54% da mão de obra são compostos de homens, o sexo masculino responde por 92% das mortes relacionadas com o trabalho.[21]

Permanência no emprego

Dentro das limitações externas impostas à variedade de ocupações abertas a mulheres, há mais restrições em função de escolhas ocupacionais feitas por elas próprias. Além de evitar ocupações que exijam força física acima da média, as mulheres tenderam a fazer escolhas de carreira influenciadas pela probabilidade de em algum momento se tornarem mães. Como a maternidade geralmente requer um período de afastamento do trabalho em período integral, o custo da licença passa a ser um fator relevante em escolhas ocupacionais.

Quando uma função é sindicalizada e um afastamento significa perda de tempo de serviço, redução das perspectivas de conseguir uma promoção ou de manutenção durante demissões, na prática esse cargo impõe custos que tendem a ser maiores para as mulheres do que para os homens, além de serem mais altos do que em funções em que a experiência não represente um fator tão importante ou que não seja um fator. No entanto, até mesmo algumas empresas não sindicalizadas podem ter sistemas de progressão de carreira cujo efeito econômico é o mesmo, reduzindo as perspectivas de ganhos das mulheres mais do que as dos homens. Geralmente, a experiência no cargo também é um fator em empregos da administração pública, da mesma forma reduzindo mais as perspectivas de ganhos das mulheres do que as dos homens.

Bem longe de regras formais de tempo de serviço, interrupções na participação na força de trabalho para cuidar de filhos pequenos até alcançarem idade suficiente para serem colocados em creches enquanto a mãe volta ao trabalho significam que uma mulher poderá ter menos anos de experiência de trabalho do que um homem da mesma idade, uma vez que essas interrupções são mais incomuns para o sexo masculino. A diferença gerada na produtividade depende do tipo de trabalho; pode variar de considerável a trivial ou inexistente em determinadas ocupações. A partir do momento que promoções periódicas fazem parte de uma determinada carreira, não apenas existe uma probabilidade menor de que sejam concedidas a uma mulher que não tenha tanta experiência quanto um homem da mesma idade, como também são reduzidas as perspectivas até mesmo de uma mulher que nunca teve nenhuma interrupção na sua carreira, até o ponto em que a probabilidade de haver interrupções futuras em função da perspectiva do seu papel de mãe possa fazer com que colocá-la num cargo superior seja mais arriscado do que colocar um homem com capacidade semelhante nesse mesmo cargo.

Interrupções na participação no mercado de trabalho têm outros custos que recaem de maneira desproporcional sobre as mulheres. As habilidades ocupacionais exigidas mudam ao longo do tempo, em graus variáveis conforme a ocupação. A informática tem mudado rapidamente, por exemplo, e os programadores e engenheiros de computação devem atualizar constantemente suas habilidades para acompanhar os avanços da área. De maneira semelhante, os contadores devem se manter informados sobre mudanças nas leis tributárias, e os advogados devem acompanhar as transformações nas leis em geral para efetivamente atender à sua clientela — e, portanto, continuar a ter uma clientela. Afastar-se de uma dessas ocupações e retornar poucos anos depois, quando os filhos já podem ser colocados em creches, talvez signifique ter ficado muito para trás nos avanços dessas áreas e, portanto, ter menos capacidade de obter retorno financeiro, seja como praticante independente ou como funcionária de uma empresa.

Numa época de alta tecnologia, também é difícil abandonar uma carreira militar e voltar poucos anos mais tarde, uma vez que a tecnologia bélica muda rapidamente e de maneira contínua, de tal forma que um piloto de combate ou um oficial de submarino nuclear que volte à ativa depois de alguns anos afastado teria dificuldade para se manter atualizado com as mudanças tecnológicas ocorridas enquanto esteve fora, ao mesmo tempo que tentaria acompanhar as mudanças contínuas que acontecessem depois de seu retorno à ativa.

Do ponto de vista de uma moça que contempla escolhas de carreira, os índices relativos de obsolescência de determinado conhecimento e certas habilidades numa área passam a ser um importante critério na escolha de uma área de especialização. Estimou-se que um físico perca metade do valor do seu conhecimento em quatro anos, enquanto um professor de inglês levaria mais de 25 anos para perder metade do valor do conhecimento com o qual começou sua carreira.[22]

Considerando-se os efeitos assimétricos de obsolescência de carreira sobre mulheres e homens, é pouco surpreendente que as mulheres tendam a trabalhar em áreas com índices menores de obsolescência — como professoras e bibliotecárias, por exemplo, em vez de engenheiras de computação ou contadoras. Mesmo que a proporção de mulheres com títulos de doutorado tenha aumentado drasticamente a partir da década de 1970, as diferenças entre homens e mulheres nas áreas de especialização permaneceram grandes. Desde 2005, por exemplo, as mulheres receberam mais de 60% dos títulos de doutorado na área de educação, mas menos de 20% na área de engenharia.[23]

FATOS E FALÁCIAS MASCULINOS E FEMININOS

Jornada de trabalho regular e irregular

Enquanto muitos empregos têm horários regulares de 9h às 17h, muitos outros exigem que se façam tantas horas extras quantas forem necessárias, sempre ou em qualquer lugar. Quando um processo judicial de vários milhões de dólares está em tramitação ou quando se interpõe algum recurso num caso de pena de morte, os advogados envolvidos não podem simplesmente abandonar o trabalho às 17h e ir para casa. Se o caso exigir trabalhar à noite ou nos fins de semana, os advogados terão de trabalhar à noite ou nos fins de semana para desenvolver o argumento mais sólido possível antes da data agendada para comparecer ao tribunal.

Em princípio, não importa se se trata de um advogado ou de uma advogada, mas, na prática, como as mulheres, mais frequentemente do que os homens, carregam o ônus das responsabilidades pelos filhos e do cuidado com a casa, as carreiras que envolvem uma grande carga de trabalho à noite e aos fins de semana são menos atraentes para elas. *Ter tudo* — uma carreira, uma família e um estilo de vida elegante — é bom, mas *fazer tudo* costuma ser mais difícil para uma mulher, considerando-se a divisão comum de responsabilidades domésticas entre os sexos e as inevitáveis diferenças na criação dos filhos. As moças que pensam no futuro podem levar isso em consideração ao escolher uma carreira, enquanto profissionais de mais idade muitas vezes decidiram que o custo de "ter tudo" não compensa.

Isto não coloca toda uma profissão fora do alcance, mas pode restringir a possibilidade de exercer um trabalho dentro de uma determinada profissão. Portanto, as mulheres que queiram ser advogadas talvez achem que a profissão de defensora pública, com horários regulares, seja mais atraente do que trabalhar sob grande pressão num escritório de advocacia de ponta, em que a semana de trabalho tem uma média de 60 ou 70 horas, as quais talvez terão de ser cumpridas em qualquer horário exigido pelos casos dos clientes. Grandes firmas de advocacia com escritórios em várias cidades poderão exigir repentinamente que um advogado pegue um avião para algum lugar distante onde permaneça pelo tempo necessário para resolver algumas questões.

Em princípio, este problema é igual para homens e mulheres. Na prática, no entanto, uma mãe tende a ficar mais em casa com os filhos enquanto o pai está preso no escritório ou precisa viajar para algum lugar a fim de lidar com emergências jurídicas, sendo mais difícil que um pai fique em casa enquanto a mãe trabalha. Além disso, como os homens nunca engravidam, as mulheres ficam em desvantagem num trabalho desse tipo em função das restrições físicas da gestação, que podem representar limitações em cargos que exigem horários longos, irregulares e imprevisíveis, além de viagens repentinas a lugares distantes, assim como o maior estresse de casos jurídicos com muitos interesses em jogo. Uma pesquisa da *Harvard Business Review* realizada entre pessoas cujos rendimentos estavam entre os 6% mais altos mostrou que 62% dos entrevistados trabalhavam mais de 50 horas por semana e que 35% trabalhavam mais de 60 horas por semana. Entre aqueles que tinham empregos "extremos" — tanto em termos de horas quanto de estresse —, menos de um quinto eram mulheres. Além disso, até mesmo entre aquelas pessoas que trabalhavam sob muita pressão, apenas metade das mulheres dizia que gostaria de continuar nesse ritmo cinco anos depois.[24]

Essas pressões não são exclusivas de grandes empresas e de escritórios de advocacia. Um famoso professor de biologia observou o seguinte ao aconselhar seus alunos:

> Fui presunçoso o suficiente para dar o seguinte conselho aos novos doutores em biologia: se você escolher uma carreira acadêmica, precisará de 40 horas por semana para desempenhar tarefas docentes e administrativas, outras 20 para se dedicar a uma pesquisa respeitável e ainda mais 20 horas para realizar uma pesquisa realmente importante.[25]

Várias pesquisas mostram que mulheres têm muito menos tendência do que homens a escolher ocupações que exijam uma carga horária muito longa.[26] Um estudo de acompanhamento de jovens na faixa dos 30 anos e com aptidão para matemática encontrou uma proporção maior de mulheres do que de homens trabalhando menos de 40 horas por semana e uma proporção maior de homens trabalhando 50 horas ou mais.[27]

Em geral, tanto homens quanto mulheres tendem a preferir horários regulares e um trabalho menos estressante, de tal forma que funções com tais características atraem ambos os sexos e, por causa da oferta e da demanda, pagam menos do que empregos semelhantes em faixas de maior tributação. Uma vez que as ocupações menos tributadas se encaixam em responsabilidades domésticas destinadas de maneira desproporcional às mulheres, atraindo-as especialmente, as diferenças de renda podem ser consideráveis mesmo que homens e mulheres sejam pagos igualmente tanto no ambiente de trabalho tributado quanto no não tributado, se a distribuição entre os diferentes ambientes dentro da mesma profissão, assim como entre as diferentes ocupações, for desigual. A revista *The Economist* observou o seguinte:

> A principal razão pela qual as mulheres ainda têm menores salários do que os homens não é que se pague menos pelos mesmos empregos, mas que elas tendem a não chegar tão longe na carreira ou escolhem ocupações com menor remuneração, como enfermagem e educação.[28]

Isso é confirmado por outros estudos. Entre os empregos em que mulheres com formação universitária ganham pelo menos tanto quanto os homens estão o de engenheiro da computação, engenheiro de petróleo e diversas outras ocupações na área de engenharia, assim como a de jornalista, de gerente de portfólio e de tecnólogo médico.[29] Contudo, na maioria desses empregos, especialmente na área de engenharia, existem menos mulheres do que homens. A razão mais importante pela qual elas ganham menos do que os homens não é que recebam menos para fazer exatamente o mesmo trabalho, mas sim que são distribuídas de maneira diferente entre empregos, têm menos horas e menos continuidade no mercado de trabalho. Entre indivíduos que nunca foram casados, com ensino superior, sem filhos, que trabalhavam em período integral e tinham entre 40 e 64 anos de idade — ou seja, além da idade fértil feminina —, a renda dos homens era, em média, de 40 mil dólares por ano, enquanto a renda média das mulheres era de 47 mil dólares.[30] Mas, apesar de as mulheres ganharem mais nessa mesma categoria, as diferenças de renda bruta a favor dos homens continuam a refletir disparidades em padrões de trabalho entre os sexos, de tal forma que mulheres e homens não ocupam as mesmas posições na mesma proporção.

Até mesmo mulheres que se formaram em universidades conceituadas como Harvard e Yale não trabalharam em período integral — ou nem chegaram a trabalhar — até o mesmo ponto em que os homens formados nestas mesmas instituições. De acordo com o *New York Times*, entre os ex-alunos de Yale na casa dos 40 anos, "apenas 56% das mulheres ainda trabalhavam, em comparação com 90% dos homens".[31]

Ocorreu algo semelhante em Harvard:

> Uma pesquisa realizada com pessoas formadas pela Harvard Business School em 2001 descobriu que 31% das mulheres das turmas de 1981, 1985 e 1991 que responderam à pesquisa trabalhavam apenas meio período ou por contrato e 31% não trabalhavam, percentuais muito semelhantes aos das alunas de Yale entrevistadas que previram que ficariam em casa ou trabalhariam meio período na casa dos 30 e dos 40 anos de idade.[32]

Aqueles que conseguem alcançar os escalões mais altos em muitos setores e profissões tipicamente trabalharam não apenas muitas horas, mas também de maneira contínua durante uma longa carreira. Até mesmo as mulheres com alto nível de escolaridade geralmente escolheram não fazer isso, com óbvias implicações para sua renda. Apesar de essas mulheres serem as melhores pessoas para julgar o que é mais adequado às suas circunstâncias, suas prioridades e seu senso de bem-estar, pessoas de fora voltadas à análise de dados estatísticos observam apenas os efeitos da disparidade com base nos pagamentos. Essas diferenças de renda entre mulheres e homens são igualadas ou superadas por disparidades entre as próprias mulheres, entre aquelas que têm cargos de período integral e as que trabalham meio período. Constatou-se que as mulheres que trabalham meio período recebem 20% menos por hora trabalhada do que as demais, mesmo quando se comparam mulheres com os mesmos níveis de escolaridade e as mesmas circunstâncias familiares, como o fato de ser casada, divorciada ou de ter dependentes.[33]

Esta disparidade, inclusive, é pouco expressiva frente à forma pela qual profissionais são recompensados, uma vez que homens ou mulheres que trabalham meio período são incluídos com muito menos frequência nos planos de saúde ou de previdência dos empregadores. Trabalhar em turnos menores também limita a opção de setores e ocupações disponíveis, uma vez que nem todo trabalho pode ser facilmente feito em meio período. Metade de todas as mulheres que trabalham meio período estão distribuídas em apenas dez setores dos 236 pesquisados.[34]

Responsabilidades domésticas

Em princípio, as responsabilidades familiares podem ser divididas igualmente entre o marido e a mulher, entre o pai e a mãe. Na prática, no entanto, essa não é a regra na maioria dos lugares e dos períodos da história. Como as consequências econômicas são mais decorrentes de práticas do que de princípios, a divisão assimétrica de responsabilidades domésticas produz diferenças de renda entre homens e mulheres de várias maneiras além daquelas já mencionadas. Além disso, registros estatísticos de salários podem ser enganosos em relação a realidades econômicas. A renda familiar é uma renda conjunta, e a forma como é gasta, para o benefício de quem, não depende do nome que está no contracheque ou nos contracheques, ou ainda do fato de um contracheque ter um salário maior do que o outro. Em algumas famílias, por exemplo, a maior parte do orçamento familiar é comprometida com pessoas que não têm renda alguma, os filhos — especialmente quando frequentam faculdades caras.

Quem decide quanto da renda familiar se gasta, onde, para qual fim ou para quem não pode ser determinado por estatísticas de renda baseadas no nome impresso no contracheque. De acordo com a revista *The Economist*: "Pesquisas sugerem que as mulheres representam talvez 80% das decisões de compras dos consumidores — de assistência à saúde e casas a móveis e comida."[35] Um estudo governamental realizado nos Estados Unidos no começo do século XXI mostrou que a família média norte-americana gastava 70% a mais em roupas femininas do que masculinas.[36] Em algumas das culturas mais tradicionais, em que o predomínio masculino é mais visível, não é incomum que o homem seja o único a ter renda e a entregar a maior parte de seu salário para que a mulher cuide do orçamento e gaste da maneira que julgar adequada. Essas práticas foram comuns no sul da Itália e ainda ocorrem no Japão, assim como em muitas famílias norte-americanas da classe trabalhadora em tempos passados, até mesmo — se não especialmente — no que se descreveu como sociedades "dominadas por homens".

Receber essa renda também pode ser um empreendimento conjunto, independentemente do nome registrado no contracheque. O tempo que um solteiro gasta ao fazer compras, preparar refeições ou comer fora, deixar suas roupas na lavanderia ou na tinturaria, receber convidados ou arranjar encontros, para muitos homens casados está disponível para ser usado no crescimento da carreira, porque suas esposas os aliviam dessas preocupações. Levando-se em consideração essas e outras maneiras em que esposas tradicionais garantem tempo livre aos seus maridos, não é de se surpreender muito que os homens casados geralmente ganhem mais do que os solteiros da mesma faixa etária e do mesmo nível de escolaridade.

Levando-se em consideração os incentivos criados pelo fato de ter uma família para sustentar, também não é de se surpreender que homens casados e com filhos geralmente recebam os maiores salários, uma vez que os pais têm maior necessidade de ganhar mais, independentemente de que tais rendimentos adicionais sejam obtidos por meio de horas extras ou ao escolher empregos que pagam mais. Como as situações de maridos e esposas não têm sido simétricas em famílias tradicionais, também não é de se surpreender que o casamento tenha gerado efeitos *opostos* sobre as rendas de mulheres e de homens. Mulheres que nunca se casaram têm rendas médias mais altas do que as casadas, e mulheres sem filhos têm rendas maiores do que as com filhos.

Vista de outra perspectiva, a divisão tradicional de responsabilidades da família significou que as esposas sacrificaram suas possibilidades de ter a própria renda, mas melhoraram as dos seus maridos, e a renda familiar resultante é gasta em conjunto. Quando se consideram situações consensuais e estáveis, dados estatísticos baseados no nome impresso no contracheque são em grande parte irrelevantes. No entanto, índices cada vez maiores de divórcio tornam essas informações muito relevantes, e os arranjos tradicionais, mais problemáticos.

Com efeito, a esposa tradicional investe na carreira do marido, e um divórcio significa que o valor desse investimento — feito durante anos ou até mesmo décadas — pode ser perdido. As pensões alimentícias podem recuperá-lo ou não após o divórcio. Bem além do sacrifício do potencial de ganhos feito durante o casamento, a esposa também perde o valor econômico da experiência de trabalho, da permanência no cargo, da atualização de competências e da progressão na empresa, de tal maneira que sua capacidade de ganho quando voltar ao mercado de trabalho após um divórcio é menor do que se tivesse permanecido solteira, enquanto a capacidade de ganho do seu ex-marido é maior em função dos sacrifícios da mulher.

Aqueles que pensam em termos de princípios, em vez de práticas, não veem nenhum motivo pelo qual os ex-maridos não tenham tanto direito a pensão alimentícia quanto as ex-esposas, pelo menos em casos em que a mulher tenha uma renda maior, um potencial de ganhos maior ou um maior nível de riqueza. No entanto, na prática, pelo que o ex-marido seria remunerado?

DISCRIMINAÇÃO PELO EMPREGADOR

Tão importante quanto determinar até que ponto existe a discriminação é determinar em que situações ocorre e quais são seus incentivos e suas limitações econômicas. As pessoas que discriminam meninas no âmbito escolar não têm qualquer prejuízo, mas empregadores que discriminam trabalhadoras têm. Se os patrões pagam a uma mulher apenas três quartos do que pagariam a um homem com a mesma competência pelo mesmo trabalho, contratar uma equipe exclusivamente feminina pode ser equivalente a ter quatro trabalhadoras pelo que outros pagam a três homens. Diferenças no custo de produção ainda menores do que essa podem fazer com que algumas empresas prosperem enquanto outras saiam do mercado, uma vez que custos de produção elevados impedem que se mantenham o lucro e preços competitivos. Mesmo que os empregadores que discriminam as mulheres não analisem a situação desta maneira, a concorrência tende a expulsar do mercado os produtores com custos mais elevados, independentemente do motivo.

Boa parte da discussão sobre a discriminação de mulheres tem se concentrado nas crenças ou nas atitudes que poderiam levar o empregador a sustentar tal comportamento. No entanto, como no caso de minorias raciais e étnicas, as crenças ou atitudes do empregador não são o único fator, tampouco são necessariamente o mais importante para se determinar o que efetivamente acontece. Quanto mais competitivo for o mercado, no que diz respeito à mão de obra e à concorrência, maior será o custo pago pela discriminação e, consequentemente, menor será a margem do empregador para se satisfazer com seus preconceitos sem colocar em risco os próprios lucros e, em última instância, a sobrevivência financeira da empresa. Por outro lado, empresas que não estão sujeitas ao estresse de um mercado competitivo — monopólios, empresas sem fins lucrativos, órgãos governamentais — têm maior margem. A questão empírica de quanta discriminação existe por parte do empregador e até que ponto isso explica a diferença de renda entre homens e mulheres exige que se comparem pessoas comparáveis e situações comparáveis. Apesar de parecer simples, na prática essa atitude raramente o é.

Quando determinado emprego envolve contato com os clientes de um empregador, os preconceitos ou as tendências de tais pessoas podem se tornar incentivos para que o empregador adote posturas discriminatórias, o que depois deve ser considerado em relação aos custos que gera. Antigamente, algumas pessoas confiavam menos na capacidade profissional de uma advogada ou de uma médica, ou então simplesmente se sentiam mais confortáveis lidando com homens em papéis tradicionalmente masculinos. De qualquer maneira, a questão para o empregador não é se estes sentimentos podem ser justificados, mas até que ponto são difundidos e, portanto, se acrescentar uma funcionária ajudaria ou prejudicaria uma clínica médica ou um determinado escritório de advocacia, mesmo que a mulher fosse plenamente tão qualificada quanto os homens.

Em resumo, existem incentivos econômicos tanto a favor quanto contra a discriminação, e o saldo das suas implicações é uma questão empírica, da mesma maneira que os efeitos de outros fatores. Explicações alternativas de diferenças entre homens e mulheres podem ser testadas em comparação com evidências empíricas não apenas para o presente, mas também para o passado, especialmente quando se levam em consideração as mudanças tanto na disparidade de renda entre homens e mulheres ao longo do tempo quanto na representatividade feminina em diversas profissões.

Comparabilidade

Para determinar a existência ou a magnitude da discriminação sexual por empregadores, diferentemente da discriminação que possa ter acontecido na escola, ou ainda das diferenças domésticas entre os sexos que afetem as escolhas de emprego, devemos comparar mulheres e homens que tenham cultura, competência, experiência de trabalho e outras características relevantes semelhantes.

Muitas das estatísticas sobre diferenças de renda entre homens e mulheres não levam isso em consideração; simplesmente apresentam comparações de mulheres e homens como grupos, sem levar em conta a comparabilidade, ou recorrem a tentativas muito limitadas de manter constantes as variáveis diferentes. Um estudo realizado na Inglaterra descobriu que as mulheres ganhavam 17% a menos por hora do que os homens, ambos em período integral. No entanto, este mesmo estudo descobriu que a disparidade de renda não se devia ao fato de haver salários diferentes para o mesmo trabalho, e sim porque as mulheres aceitavam empregos que pagavam menos com mais frequência do que os homens, especialmente após retornar ao mercado de trabalho depois de ter filhos. Como jovens trabalhadoras iniciantes, as mulheres britânicas tinham renda equivalente a 91% do que os homens recebiam; como mães, seus salários representavam apenas 67% da renda dos homens que eram pais. A renda das mães caía em comparação com a masculina de maneira mais ou menos constante até aproximadamente doze anos depois de ter filhos, quando começava a crescer de novo, apesar de nunca alcançar novamente o nível em que estava antes de ser mãe, talvez indicando a redução permanente de renda em função de carreiras interrompidas.[37]

Nos Estados Unidos, um estudo de pessoas formadas em direito pela Universidade de Michigan encontrou um padrão semelhante:

> A lacuna entre os salários de mulheres e homens era relativamente pequena no começo das suas carreiras, mas, quinze anos mais tarde, os rendimentos das mulheres que se formavam eram apenas 60% do que os homens ganhavam. Parte desta diferença refletia escolhas que os trabalhadores tinham feito, incluindo a tendência de advogadas a trabalhar menos horas.[38]

Contrapondo emprego em meio período, em período integral e o efeito de filhos e responsabilidades domésticas, outro estudo descobriu "que a lacuna entre os pagamentos por gênero é de 5% para trabalhadores em meio período na faixa de 21 a 35 anos de idade e sem filhos; menos de 3% para trabalhadores em período integral com idade entre 21 e 35 anos e sem filhos; e que *não existe lacuna entre os salários* de trabalhadores em período integral na faixa de 21 a 35 anos de idade que vivem sozinhos".[39] Todas estas lacunas representam o limite máximo do efeito da discriminação pelo empregador *mais* quaisquer outros fatores que possam favorecer os homens, como diferenças educacionais e relacionadas a ocupações envolvendo força física ou perigos. O fato de as lacunas entre a renda de mulheres e homens serem tão pequenas mesmo sem levar estes outros fatores em consideração sugere que a discriminação pelo empregador em si tem muito menos influência sobre as diferenças de renda entre os sexos do que as estatísticas puras podem sugerir.

Se comparar indivíduos realmente comparáveis é algo que deve ser feito quando o objetivo é determinar a existência ou o efeito da discriminação contra grupos étnicos ou raciais, estabelecer uma comparabilidade semelhante entre mulheres e homens é mais desafiador. Isso ocorre porque, enquanto fatores como educação e experiência afetam grupos raciais ou étnicos da mesma maneira — ou seja, negros com mais educação ganham mais do que os com menos educação e o mesmo ocorre entre brancos, ainda que não no mesmo grau —, os mesmos fatores podem ter efeitos *opostos* sobre mulheres e homens: conforme já foi observado, o casamento e a concepção de filhos tendem a gerar aumento de renda para os homens e diminuição de renda para as mulheres.

Mulheres solteiras e homens solteiros também não são comparáveis, uma vez que o termo "solteiro" abrange pessoas que foram casadas durante vários anos e depois se divorciaram. Isso acontece porque os efeitos econômicos negativos de longo prazo que o casamento tem sobre mulheres, como a interrupção ou até mesmo o abandono do emprego em período integral, não desaparecem com a mudança de estado civil e o retorno ao mercado de trabalho com menos experiência do que um homem da mesma idade. De acordo com tal critério, para os homens, os efeitos econômicos *benéficos* do casamento não desaparecem completamente depois de um divórcio, uma vez que as promoções alcançadas e o aumento da competência para o emprego continuam a fazer com que esse funcionário ganhe mais do que um homem ou uma mulher que nunca tenham se casado.

Conseguir fazer uma comparação entre homens e mulheres que não tiveram suas rendas afetadas pelo casamento significa comparar aqueles que "nunca se casaram" em vez dos simplesmente "solteiros". Para que os efeitos do casamento e dos arranjos domésticos assimétricos consequentes sejam separados dos efeitos da discriminação pelo empregador, as mulheres e os homens mais comparáveis são aqueles que nunca se casaram. Se lacunas entre a renda de homens e de mulheres permanecerem grandes entre aqueles que nunca se casaram, então obviamente os efeitos econômicos do casamento não explicam as diferenças de renda entre os sexos. Mas, se essa diferença mudar substancialmente de acordo com o estado civil e com a concepção de filhos, então o empregador é, da mesma forma, um fator menor nas disparidades de renda entre mulheres e homens.

FATOS E FALÁCIAS MASCULINOS E FEMININOS

Quais são os fatos?

Conforme já se observou, comparar mulheres e homens que nunca se casaram, já passaram da idade de ter filhos e trabalham em período integral no século XXI mostra que, nessas circunstâncias, mulheres ganham *mais* do que os homens. Já em 1969, professoras universitárias que nunca tinham se casado ganhavam mais do que os professores que nunca tinham se casado, enquanto professoras casadas e sem filhos ganhavam menos, e as casadas e com filhos, menos ainda.[40] Para as mulheres em geral — ou seja, não apenas as acadêmicas —, as que tinham trabalhado sem interrupção desde o ensino médio ganhavam um pouco *mais* em 1971 do que os homens com a mesma descrição.[41] Tudo isso aconteceu *antes* que as ações afirmativas fossem definidas como "sub-representação" numa Ordem Executiva de 1971 que entrou em vigor em 1972, e representa as pressões que já ocorriam no mercado de trabalho competitivo antes de qualquer grande intervenção governamental para a promoção das mulheres.

A tendência observada ao longo do tempo e os estudos de uma determinada época indicam uma correlação negativa entre as responsabilidades conjugais (inclusive com relação aos filhos) e os níveis educacionais das mulheres, além de sua progressão na carreira. Tanto no passado quanto atualmente, as mulheres casadas e com filhos ficam mais para trás em relação aos homens em termos de renda, de progressão na carreira ou até mesmo de trabalho, em termos absolutos. Um estudo publicado em 1956 mostrou que a maioria das mulheres que haviam cursado doutorado na Radcliffe College não trabalhava em período integral, e que aquelas que o faziam tinham, em média, menos filhos do que as que trabalhavam meio período, de maneira intermitente ou que não trabalhavam.[42]

Em termos brutos — ou seja, ignorando as diferenças entre os sexos em empregos contínuos e não contínuos, nas escolhas de carreira, ou em empregos em meio período e em tempo integral etc. —, a razão mulheres-homens no que se refere à renda, em relação ao total da população, permaneceu relativamente estável em aproximadamente 60% durante as décadas de 1960 e 1970, e então começou a aumentar de maneira significativa a partir do começo da década de 1980, alcançando 70% em 1990 e 77% em 2004.[43] Dados mais detalhados de mulheres e de homens de idades, níveis educacionais e históricos de emprego comparáveis mostraram os dois sexos muito mais próximos em termos de ganhos. Ao se compararem funcionários que trabalham em turno integral durante todo o ano, observou-se que as mulheres receberam 81% do total dos salários dos homens em 2005.[44] As pessoas que trabalham meio período não apenas ganham menos no total, mas também por hora, e têm menor probabilidade de serem promovidas.[45] Não só existiam como continuam a existir mais mulheres do que homens trabalhando meio período.[46]

Diferenças de renda muito significativas entre mulheres e homens podem coexistir, em uma mesma área, com nenhuma diferença. Por exemplo, um estudo publicado no *The New England Journal of Medicine* descobriu o seguinte:

> Em 1990, jovens médicos ganhavam 41% a mais do que jovens médicas. [...] No entanto, quando se consideravam as diferenças de especialidade, ambiente de trabalho e outras características, nenhuma disparidade de ganhos ficava evidente.[47]

Os médicos desse estudo trabalhavam mais de 500 horas a mais por ano do que as médicas.[48]

Em geral, faz diferença se a comparação da renda entre homens e mulheres for compilada anualmente, mensalmente ou em termos do valor da hora trabalhada. Como as mulheres tendem a trabalhar menos horas do que os homens, a maior lacuna tende a ser na renda anual, e a menor, no pagamento por hora. Por exemplo, o Ministério do Trabalho dos Estados Unidos relatou semanalmente as diferenças salariais, mostrando que as mulheres ganhavam 76,5% dos rendimentos totais dos homens em 1999, por exemplo, mas que, por hora, o valor era de 83,8%. Entre mulheres e homens comparáveis em termos de ocupação, de setor e de outras variáveis, a diferença por hora era reduzida a 6,2 centavos.[49]

Apesar de haver fatores que tendam a reduzir a diferença de renda entre homens e mulheres ao longo do tempo, há outros que tendem a ampliá-la. Por exemplo, à medida que a experiência de trabalho passa a ser mais importante na economia e mais bem remunerada, há uma tendência a se ampliar a lacuna entre a renda de homens e a de mulheres, uma vez que as mulheres de uma determinada idade tendem a ter adquirido menos experiência de trabalho do que homens em sua faixa etária. Mudanças na demanda de um setor para outro e de uma ocupação para outra também afetam as diferenças de renda entre homens e mulheres, uma vez que a distribuição no mercado de trabalho se mantém discrepante.[50] Além disso, estas proporções mudaram ao longo do tempo: quase metade das mulheres que concluíram a graduação em 1960 viraram professoras, enquanto menos de 10% seguiram essa carreira em 1990.[51] O efeito de tendências conflitantes na diferença entre os ganhos de homens e mulheres torna as explicações da discrepância de renda longe de serem fáceis.

Apesar de a lacuna entre a renda de homens e a de mulheres em geral ter diminuído desde a década de 1960, ao longo de um determinado período na vida das mulheres essa lacuna tende a aumentar. Ou seja, moças tendem a ter ganhos mais próximos aos dos rapazes em comparação com mulheres e homens mais velhos. O que acontece nesse meio-tempo é que seus índices de participação no mercado de trabalho são afetados por responsabilidades domésticas, especialmente em relação aos filhos. Um estudo publicado na *American Economic Review* mostrou o seguinte:

> Em março de 2001, com idade entre 25 e 44 anos, período principal para o desenvolvimento da carreira, 34% das mulheres com filhos menores de 6 anos de idade estavam fora do mercado de trabalho, em comparação com 16% de mulheres sem filhos. Entre as mães empregadas, 30% trabalhavam meio período, em comparação aos

11% sem filhos. Entre os homens, no entanto, a presença de filhos está associada a um aumento no envolvimento com o trabalho. Apenas 4% de homens com filhos menores de 6 anos de idade estão fora do mercado de trabalho e, entre os pais empregados, apenas 2% trabalham meio período.[52]

Em resumo, filhos exercem grandes efeitos sobre os índices de participação no mercado de trabalho — e efeitos *opostos* sobre mulheres e homens. Apesar de mulheres mais novas obviamente terem maior probabilidade de engravidar, as mais velhas são as mais afetadas pelas diferenças acumuladas em termos de experiência de trabalho em relação aos homens de idade semelhante. Esta diferença se reflete na lacuna mais evidente entre ganhos de homens e mulheres com idade avançada. Tudo isso é especialmente relevante para a noção de que há uma "barreira invisível" restringindo quanto as mulheres podem crescer, especialmente nos principais cargos de gerência. Estas são posições geralmente alcançadas após muitos anos de experiência. Empiricamente, as lacunas entre mulheres e homens são imensas tanto em termos de representatividade entre executivos de alto nível quanto de renda nos níveis de gerência, mas se reduzem drasticamente quando se analisam mulheres e homens com experiência comparável, incluindo experiência contínua em uma determinada empresa.

Por exemplo, apenas cerca de 2,4% dos principais cargos de gerência eram preenchidos por mulheres, de acordo com um estudo publicado na *Industrial & Labor Relations Review*, e a "lacuna entre os gêneros na remuneração dos principais executivos era de pelo menos 45%". Parte da razão para a disparidade entre remunerações era a tendência de as mulheres trabalharem em empresas menores, cujos executivos geralmente têm menores salários do que os das maiores empresas — e parte da razão para que as mulheres sejam executivas em empresas menores é justamente sua menor experiência. Ao se levar em consideração estas e outras diferenças, diminui consideravelmente a lacuna entre a remuneração de homens e mulheres:

FATOS E FALÁCIAS MASCULINOS E FEMININOS

As mulheres na amostra eram muito mais jovens e tinham muito menos promoções acumuladas do que os homens. Parte do efeito da idade e da progressão na carreira sobre a diferença dos gêneros parece se refletir no tamanho das empresas que as mulheres gerenciavam. No geral, descobrimos que a lacuna não explicável entre a remuneração dos principais executivos é de menos de 5% depois que se leva em consideração todas as diferenças observáveis entre homens e mulheres.[53]

Apesar das complexidades reveladas por um exame mais detalhado dos dados estatísticos, processos judiciais continuam a ser abertos, sob alegação de discriminação, com base em diferenças meramente numéricas entre as situações econômicas de mulheres e homens. Conforme o *New York Times* noticiou em 2007:

> No processo judicial, a principal acusadora — uma ex-gerente assistente de loja incomodada por não ter sido promovida a gerente — afirma que a Costco preteria as promoções femininas porque 13% das gerentes de loja da empresa eram mulheres apesar de elas representarem quase a metade do seu quadro de funcionários.[54]

Este processo não foi de maneira alguma singular. Uma reclamação semelhante foi feita contra a rede Walmart em 2004, também baseada em disparidades estatísticas. Nos idos de 1973, a Comissão de Oportunidade Igual de Emprego registrou um processo judicial por discriminação de sexo contra a Sears, baseado exclusivamente em disparidades estatísticas, em vez de em qualquer mulher que tivesse alegado que um homem menos qualificado tivesse sido contratado ou promovido em seu lugar. Porém, este caso continuou em andamento durante vários anos até ser finalmente decidido em 1988 pelo Sétimo Circuito da Corte de Apelações, que observou que a Comissão de Oportunidade Igual de Emprego não tinha sequer conseguido produzir "evidências por meio de depoimentos informais de práticas de emprego discriminatórias" ou qualquer "vítima de discriminação em carne e osso". O tribunal observou ainda que a Comissão "não apresentou como evidência nem uma única instância específica de discriminação"[55] numa empresa com centenas de lojas de costa a costa.

A Sears venceu esse caso, mas é claro que sua vitória na justiça não conteve os processos por discriminação sexual contra outras empresas com base em disparidades estatísticas. Os empregadores que não eram tão grandes quanto a Sears não tinham condições financeiras para lutar contra um processo judicial federal durante quinze anos ou de gastar os 20 milhões de dólares que a Sears empregou na defesa deste caso, podendo muito bem ser obrigados a assinar um acordo que os marcaria na opinião pública como culpados de discriminação sexual. Além disso, a difusão de casos como esse, resolvidos por empregadores sem condições financeiras para lutar nos tribunais por vários anos, seria suficiente para convencer os observadores de que a discriminação sexual estava disseminada e representava a principal fonte de diferenças econômicas entre homens e mulheres.

A analogia da minoria

Muitas pessoas já fizeram analogias entre a situação das mulheres e a de minorias pobres, diante do argumento de que as disparidades de renda nos dois casos se devem à discriminação por parte do empregador, e tentando desenvolver economicamente esses grupos através de leis antidiscriminação e de ações afirmativas. Mas existem diferenças fundamentais entre as circunstâncias das mulheres e as de minorias, que afetam tanto a análise quanto as políticas públicas.

Conforme já se observou, quando se analisa a situação econômica de minorias, é possível ter alguma ideia de como as disparidades de renda entre esses grupos e a população em geral são explicadas por fatores além da discriminação por parte do empregador ao se confrontarem indivíduos comparáveis em termos de idade, educação e outras características relevantes. Enquanto um nível mais avançado de educação, por exemplo, gera um aumento da renda tanto de negros quanto de brancos — mesmo que não seja na mesma proporção —, um dos mais importantes fatores atuantes na diferença de rendimentos entre mulheres e homens, a maternidade e a paternidade, tem efeitos *opostos* sobre as suas rendas. Comparar mulheres casadas com homens casados não significa estabelecer uma relação entre indivíduos afetados de maneira comparável. Apenas as mulheres e os homens que nunca se casaram estão em circunstâncias comparáveis, e, nesse caso, as mulheres têm rendas equivalentes ou maiores do que as dos homens, desde épocas anteriores às leis ou políticas governamentais contra a discriminação sexual.

Mulheres e minorias são diferentes num sentido histórico mais fundamental. Minorias pobres costumam ser descendentes de pessoas mais pobres e pouco instruídas, de tal forma que herdam um histórico cultural e econômico menos favorável para o crescimento econômico e social do que o de outros membros da sociedade. As mulheres, no entanto, não descendem apenas de mulheres. Quaisquer que tenham sido as vantagens educacionais ou econômicas dos homens no passado, esses homens são pais e avôs exatamente como as mulheres são mães e avós. A geração atual de mulheres herdou quaisquer vantagens de seus antepassados masculinos da mesma maneira que as de seus antepassados femininos — assim como os irmãos das mulheres de hoje. Apesar de parecer óbvio, isso muitas vezes é ignorado pelas pessoas que fazem analogias entre mulheres e minorias. Um sinal da diferença é que há muito tempo as mulheres com doutorado são provenientes de históricos socioeconômicos mais elevados do que os homens com doutorado, e seu desempenho nos exames tem sido melhor,[56] exatamente o oposto da situação entre negros e outras minorias pobres.

No mundo acadêmico, as circunstâncias históricas e atuais de mulheres e minorias são especialmente diferentes. Em primeiro lugar, as mulheres estão presentes nesses espaços há muito mais tempo do que os negros, tendo alcançado um pico de proporção entre todos os acadêmicos nos idos de 1879, que não voltou a ser igualado nos noventa anos seguintes.[57] Professores e administradores negros eram raros no século XIX, até mesmo em faculdades voltadas para alunos negros.[58] Apesar de um conjunto de políticas federais precoces sobre a ação afirmativa assegurar que "mulheres e minorias não costumam fazer parte de recrutamento boca a boca" para os cargos acadêmicos,[59] isso certamente não é aplicável ao caso feminino. Mulheres com doutorado durante muitos anos receberam esses títulos de instituições conceituadas mais ou menos com a mesma frequência que os homens,[60] de tal forma que há muito tempo estão no chamado "clube do bolinha" de recrutamento acadêmico da mesma maneira que os homens com título de doutor.

RESUMO E IMPLICAÇÕES

Entre os vários fatores que influenciam as diferenças econômicas entre os sexos, o mais ardiloso é a discriminação pelo empregador. Como provavelmente ninguém confessará que discrimina mulheres, o que é tanto ilegal quanto socialmente estigmatizado, em princípio a discriminação só pode ser indiretamente inferida a partir das disparidades entre mulheres e homens que permaneçam depois de serem considerados todos os outros fatores. Na prática, no entanto, não existe uma forma de analisar todos esses elementos, uma vez que ninguém sabe quais são e nem sempre há estatísticas disponíveis a respeito de todos os que nós efetivamente conhecemos. O que nos restam, depois de levar em consideração todos os fatores que conhecemos e para os quais existem estatísticas disponíveis, são diferenças residuais que medem o limite superior do efeito *combinado* da discriminação pelo empregador *mais* quaisquer outros fatores que tenham sido negligenciados ou que não tenham sido especificados de maneira precisa. Esse residual costuma ser bem menor do que as diferenças de rendas brutas entre mulheres e homens; às vezes, é zero; e em poucas ocasiões as mulheres ganham mais do que os homens cujas características medidas são semelhantes.

O fato empírico de que a maior parte das diferenças econômicas entre homens e mulheres é contabilizada por outros fatores além da discriminação pelo empregador não significa que não tenha havido ocasiões de discriminação, incluindo ocasiões notórias. Mas evidências esparsas sobre esses eventos não conseguem explicar o padrão geral da disparidade econômica entre homens e mulheres e das suas mudanças ao longo do tempo. Essas mudanças continuam em curso. Enquanto no período entre 2000 e 2005 a maioria das mulheres ainda ocupava empregos que pagavam menos do que os salários semanais médios, a força de trabalho feminina, por outro lado, representava 1,7 milhão de 1,9 milhão de novos trabalhadores com salários *acima* da média.[61]

Enquanto dados sólidos são preferíveis a evidências esparsas, até mesmo esses têm suas limitações. Pode não haver estatísticas disponíveis a respeito de todos os fatores que determinam contratação, pagamento ou promoções. Também não é possível determinar o sentido de causalidade sempre que os dados estão disponíveis. Por exemplo, o efeito do casamento sobre as oportunidades e recompensas econômicas das mulheres pode ser estimado pela comparação daquelas em aspectos que podem ser medidos; mas e se as mulheres mais inclinadas a seguir uma carreira tiverem uma probabilidade menor de se casar cedo ou talvez nem se casar? Isso não é mensurável, o que não quer dizer que não seja importante. Disparidades entre a renda de mulheres menos e mais determinadas podem ser falsamente atribuídas ao casamento, quando talvez sejam um efeito em vez de uma causa. Em outras palavras, o casamento não é necessariamente o fator responsável por diferenças de renda entre mulheres casadas e não casadas.

Às vezes pode ser difícil distinguir as disparidades de renda entre os sexos causadas por barreiras externas que confrontam mulheres daquelas geradas por escolhas. Além de opções de especialidades educacionais, ocupações e entre emprego contínuo ou não, muitas mulheres casadas escolheram permitir que as melhores oportunidades de emprego dos seus maridos determinassem onde o casal iria morar, mesmo que houvesse opções melhores para a esposa em outro lugar. As oportunidades ocupacionais reduzidas das esposas nesses casos são, na prática, um investimento nas dos seus maridos.

Esta é uma desvantagem especial para as mulheres no mundo acadêmico, em que a esposa de um homem que dê aulas na Universidade de Cornell, por exemplo, não terá uma instituição acadêmica comparável em que possa desenvolver a própria carreira num raio de menos de 160 quilômetros. Seria uma feliz coincidência se uma vaga em sua área surgisse ao mesmo tempo que um posto para a área de seu marido. Em alguns lugares, políticas contra o nepotismo impediriam que a mulher fosse contratada, mesmo que de fato houvesse tal vaga. Enquanto alguns professores têm influência suficiente para tornar a contratação de um cônjuge uma precondição para aceitar um cargo acadêmico numa determinada instituição, essa precondição pode reduzir tanto a quantidade quanto a qualidade das instituições que farão propostas de emprego ao marido e à esposa.

Um indicador mais geral dos investimentos das esposas na capacidade de ganho dos maridos é a mudança no índice de renda destes em relação ao das esposas ao longo do tempo. Nos idos de 1981, um terço de todas as esposas na faixa entre os 25 e os 34 anos de idade ganhava mais do que o marido — mas essa porcentagem diminuía sucessivamente à medida que a idade das mulheres avançava, de tal forma que menos de 10% das esposas com pelo menos 65 anos de idade ganhavam mais do que seus maridos.[62] Em outras palavras, a passagem do tempo aumentou mais os ganhos dos maridos do que os das esposas, outra indicação do investimento das mulheres na capacidade de ganho dos companheiros.

Considerando-se os diversos fatores que causam impacto sobre a renda e o emprego das mulheres, e a maneira como diferem daquilo que causa impacto sobre a renda e o emprego dos homens, não é de se surpreender que existam disparidades substanciais de renda entre os sexos. Também não se pode supor que todas essas diferenças sejam negativas no saldo final para as mulheres — ou seja, levando-se em consideração outros fatores além da renda. Por exemplo, as esposas de homens ricos e abastados tendem a trabalhar menos e, portanto, a ganhar menos. Mas a esposa de um homem rico não é pobre, não importa quão pouca seja a sua renda. Em domicílios em que a renda do marido é maior do que a da esposa, o gasto efetivo não pode ser determinado pelo nome presente no contracheque, e pesquisas indicam que a esposa costuma tomar uma parte maior das decisões sobre como o orçamento da família será gasto.[63] Essas realidades estão além do alcance da maioria das estatísticas — quaisquer arranjos com os quais esposas e maridos concordem certamente não são menos importantes do que observadores externos possam considerar.

Apesar de muitas inferências falaciosas se basearem em dados sobre a renda bruta, a falácia não está no fato inquestionável de haver diferenças de renda entre homens e mulheres, mas na explicação desse fato. Muita coisa também depende do fato de a meta social estar em oportunidades iguais ou em renda igual. Conforme afirma a professora Claudia Goldin, economista de Harvard:

> Será que o que nós realmente queremos é igualdade de renda? Será que queremos que todo mundo tenha uma chance igual de trabalhar 80 horas no auge de sua fertilidade? Sim, mas não esperamos que aceitem essa chance com a mesma frequência.[64]

Uma pesquisa realizada por outra economista fornece suporte empírico a essa conclusão. Sylvia Ann Hewlett entrevistou mais de 2 mil mulheres e mais de seiscentos homens. Suas conclusões são as seguintes:

> Aproximadamente 37% das mulheres fazem um desvio em algum ponto nas suas carreiras, o que significa que largam seus empregos — mas apenas por 2,2 anos, em média. Várias outras tomam rotas

pitorescas durante um tempo — intencionalmente deixando de completar suas tarefas. Por exemplo, 36% das mulheres altamente qualificadas buscaram empregos em meio período durante algum tempo, enquanto outras recusaram promoções ou deliberadamente escolheram empregos que exigissem menos responsabilidades. [...] Os dados mostram que as mulheres altamente qualificadas não têm medo de trabalho duro e de responsabilidade. Mas é difícil sustentar uma semana de 73 horas de trabalho se você tiver responsabilidades sérias em outras partes da sua vida.[65]

4.
Fatos e Falácias Acadêmicos

> A maioria das universidades não tem fins lucrativos. Não apresentam resultados. Yale teve um ano bom em 2004? Quem pode saber? Suas ações não são negociadas. Os administradores e os professores não são remunerados por aumentar os lucros ao reduzir custos ou melhorar a qualidade do produto.
>
> *Richard Vedder*[1]

Faculdades e universidades funcionam com incentivos e limitações diferentes daqueles comuns às empresas que precisam ganhar, a partir da venda dos seus bens e serviços, o suficiente para se sustentar e gerar uma renda para seus investidores. Apenas parte da renda que mantém instituições acadêmicas é proveniente dos valores cobrados dos seus alunos. Para uma grande universidade voltada para a pesquisa, a renda de projetos de pesquisa e de dotação pode ser maior do que a obtida com as anuidades dos alunos. A renda que Harvard recolhe da sua dotação de mais de 25 bilhões de dólares é certamente bem maior do que a das anuidades dos alunos. Instituições de ensino superior que se sustentam e ganham um retorno sobre o seu investimento a partir das anuidades, como a Universidade de Phoenix, são fenômenos recentes e muito excepcionais numa área em que as faculdades e universidades são, em sua maioria, empreendimentos sem fins lucrativos.

As universidades norte-americanas costumam estar classificadas entre as melhores do mundo, principalmente em função de seus corpos docentes, compostos por alguns dos acadêmicos mais bem conceituados nacional e internacionalmente — muitos desses professores, inclusive, sendo estrangeiros. Conforme afirma a revista britânica *The Economist*, "muitas universidades norte-americanas têm grandes dotações" que "permitem que "atraiam os melhores acadêmicos do mundo". Apesar de Oxford e Cambridge serem as universidades com os maiores fundos patrimoniais da Inglaterra, suas dotações são superadas pelas de seis instituições norte-americanas, sendo que a de Yale é superior ao dobro e a de Harvard é maior que o triplo da dotação de Oxford ou Cambridge. O resultado líquido é o seguinte: "Os principais acadêmicos britânicos ganham aproximadamente metade do salário de seus colegas norte-americanos. Suas cargas horárias são mais pesadas e as tarefas administrativas são mais árduas."[2]

Diferenças na maneira como as instituições funcionam e nas condições para sua sobrevivência financeira criam diferenças nos incentivos que influenciam seu comportamento. Muitas pessoas pensam em organizações sem fins lucrativos como livres de motivações egoístas e, portanto, dedicadas ao bem-estar dos demais, inclusive da sociedade em geral. No entanto, esse pressuposto é raramente sujeito a testes empíricos e, quando testado, também não resiste muito bem. Nos idos do século XVIII, Adam Smith, ele próprio um professor, observou que, em instituições acadêmicas que recebem dotações, o corpo docente pode se satisfazer de modos não permitidos num empreendimento que dependa do desempenho de seus professores para sobreviver. Ter uma dotação significa que uma instituição não precisa se sustentar com a venda de bens ou serviços a uma clientela satisfeita.

Fatores econômicos especiais em instituições acadêmicas afetam não apenas o corpo docente, mas também a maneira pela qual as faculdades e universidades lidam com os seus custos e com a educação dos seus alunos.

O CORPO DOCENTE

O corpo docente tanto de faculdades quanto de universidades representa ao mesmo tempo mão de obra e gerência. Esses professores tanto trabalham para a instituição acadêmica quanto determinam a maioria das suas políticas no que diz respeito ao programa de estudo, à contratação e às regras do *campus*. Poucos presidentes de universidades conseguem permanecer no cargo se a maior parte do corpo docente for da oposição. O general Dwight D. Eisenhower, que se tornou presidente da Universidade de Columbia depois da Segunda Guerra Mundial, uma vez se referiu ao corpo docente como composto por "empregados" da universidade, mas um professor se levantou para informá-lo: "Nós *somos* a Universidade de Columbia."[3]

Os altos níveis de especialização exigidos em muitas áreas acadêmicas significam que as únicas pessoas competentes para tomar decisões fundamentais nesses campos são os professores. Nenhum presidente ou reitor poderia ter competência para decidir quais cursos ou conteúdos deveriam ser ensinados nas áreas de Química, Matemática, Economia, Física e em muitas outras. Também é verdade que nenhum administrador acadêmico poderia saber como avaliar o conhecimento específico dos participantes de uma seleção de professores em cada uma das várias disciplinas de uma faculdade pequena e muito menos de uma grande.

O princípio da autonomia do corpo docente é, portanto, central para o funcionamento de uma instituição acadêmica. Esse princípio foi ainda ampliado ao longo dos anos para se aplicar a muitos aspectos externos às áreas em que os professores podem reivindicar perícia especial, de tal maneira que a opinião do corpo docente influencia ou controla políticas institucionais sobre questões que vão desde se os alunos terão permissão para se matricular no ROTC (Reserve Officers' Training Corps, subdivisão de treinamento de oficiais da reserva) até quem pode ser convidado para pronunciar discursos inaugurais. Nestas áreas extrínsecas à competência dos professores, incluindo aquelas em que não existe qualquer especialidade, os professores podem simplesmente satisfazer seus preconceitos pessoais sem nenhum custo para si próprios. Nesse contexto, o reitor da Universidade de Stanford relata a pressão de membros do corpo docente para que a universidade não aceite doações de empresas de petróleo ou outras empresas ou órgãos governamentais dos quais determinados professores não gostem.[4]

Legalmente, a autoridade máxima numa faculdade ou universidade é exercida pelo conselho de administração. No entanto, seus membros costumam ter cargos de período integral em outras áreas e se reunir apenas periodicamente para supervisionar o funcionamento do *campus* e votar sobre as principais decisões, inclusive contratação e demissão de presidentes. Uma pesquisa realizada pelo periódico *Chronicle of Higher Education* descobriu que 42% dos administradores gastam, por mês, cinco horas ou menos nas suas tarefas no conselho de administração, e que apenas 23% gastam dezesseis horas ou mais. Aproximadamente a metade desses membros vem do mundo dos negócios e menos de um quinto trabalha com educação.[5] Em resumo, a maioria dos administradores não tem o tempo ou a experiência pessoal necessários para monitorar ou avaliar de perto as atividades do *campus*. Em virtude do direito de estabilidade, os administradores não podem contratar nem demitir os professores, mas precisam lidar com esses profissionais em seu cotidiano. Considerando-se essas circunstâncias, não é de se surpreender que, ao longo dos anos, os conselhos de administradores geralmente tenham sido cada vez mais orientados por aquilo que o corpo docente quer. Este é o caminho de menor resistência e existem poucos incentivos opostos para que se faça algo de diferente.

FATOS E FALÁCIAS ACADÊMICOS

Os professores universitários são singulares por dispor de autoridade gerencial e de autonomia individual não apenas nas suas tarefas, mas também na natureza dos arranjos para suas carreiras. Arranjos como a estabilidade vitalícia tornam-se possíveis pelo fato de a maioria das faculdades e universidades serem organizações sem fins lucrativos. Além de a estabilidade ser praticamente desconhecida no comércio e na indústria, faculdades e universidades com fins lucrativos, como a Universidade de Phoenix ou a Universidade de Strayer, raramente oferecem essa vantagem.

A razão fundamental para a estabilidade é proporcionar aos professores a segurança de permanecer em seu emprego, e, portanto, permitir que tenham liberdade acadêmica para ensinar e fazer pesquisas sem medo de serem retaliados por expressar suas opiniões ou abordagens. No entanto, o verdadeiro efeito da estabilidade depende dos incentivos e das limitações criados para a instituição e para cada um dos membros do corpo docente.

Ensino

As proteções e prerrogativas extraordinárias de membros do corpo docente permitem não apenas a satisfação pessoal, mas até mesmo a corrupção. Por exemplo, espera-se que os professores selecionem livros didáticos para as suas turmas com base naquilo que seria melhor para promover a educação dos alunos. Na realidade, alguns professores em diversas faculdades e universidades já admitiram abertamente que os escolhem de acordo com os bônus que algumas editoras de livros didáticos lhes pagam. De acordo com o *Chronicle of Higher Education*:

> O universitário comum gasta 450 dólares por ano em livros didáticos. Esse aluno desembolsa seu dinheiro pressupondo que os títulos listados como "leitura exigida" tenham sido selecionados por um professor preocupado com o que é melhor para a turma.

Ainda assim, o que acontece nos bastidores entre professores e editores pode fazer com que os alunos questionem se alguém se preocupa com os interesses alheios. Entrevistas com os principais executivos de editoras, representantes de vendas de livros didáticos e professores no país inteiro revelam um padrão de arranjos financeiros eticamente questionáveis entre reitores e editoras, de propinas disfarçadas como royalties e até mesmo de professores que recebem milhares de dólares para adotar um livro.

"Para ser franco, é preciso encontrar uma forma de comprar o professor", afirma um representante de vendas de uma grande editora de livros didáticos.[6]

A posição singular de membros do corpo docente de faculdades e universidades como, ao mesmo tempo, mão de obra e gerência oferece muitos tipos de oportunidades diferentes para atender a interesses próprios em vez dos interesses dos alunos ou da instituição acadêmica. Isso pode se estender de aspectos aparentemente pequenos, como o horário das aulas, até a seleção da ementa. Quando os professores adaptam a grade de horários para atender à própria conveniência — por exemplo, para chegar ao *campus* depois do horário de rush da manhã e sair depois do horário de rush da noite —, muitas turmas passam a se reunir nas mesmas horas, o que cria, para muitos alunos, conflitos de horário que poderão tornar difícil ou impossível conciliar as disciplinas que são pré-requisito para a conclusão do curso em quatro anos. Portanto, os alunos terão de gastar pelo menos um ano a mais para se formar, e seus pais terão de pagar a anuidade e as demais despesas pelo tempo adicional, para que os professores possam evitar o trânsito ou praticar tênis ou natação antes do jantar.

Se as pessoas que administram um empreendimento com fins lucrativos como a Ford Motor Company buscassem realizar seus desejos pessoais a ponto de com isso gerar uma diminuição da qualidade dos seus produtos ou um aumento substancial dos custos a serem pagos pelos seus clientes, correriam o risco de perder a venda de carros para a Toyota, a Honda ou outros fabricantes de automóvel. No fim das contas, colocariam em risco a própria Ford Motor Company. Mas professores com estabilidade não arriscam nada ao programar seus horários de acordo com a própria conveniência em detrimento dos riscos de um atraso na formatura dos alunos, e instituições acadêmicas privadas que recebem dotações ou faculdades e universidades estaduais pagas com dinheiro dos contribuintes não correm qualquer risco sério de fechar.

A concentração de aulas num intervalo de horas restrito também significa que a faculdade terá de construir e manter mais salas de aula do que seria necessário se as disciplinas fossem distribuídas do começo da manhã até o fim do dia. Tudo isto aumenta o custo da educação. O reitor da Universidade de Stanford, por exemplo, reclamou de "desperdícios de espaço" e de "salas de aula ociosas" e disse: "Dê uma volta e veja todas as salas de aula que ficam vazias na maior parte do tempo. Mas a maneira pela qual nós programamos as aulas atualmente torna difícil encaixar todas as turmas nas salas de aula disponíveis."[7]

Esses custos desnecessários poderiam ser fatais para quem operasse num mercado competitivo porque empresas concorrentes poderiam evitá-los e assim conquistar seus clientes ao vender o mesmo produto ou serviço por um valor menor. Mas faculdades e universidades estão isoladas dessas consequências de diversas maneiras. Instituições acadêmicas particulares contam com dotações cujos dividendos e juros são capazes de subsidiar a ineficiência; faculdades e universidades estaduais dispõem dos contribuintes para este fim. Em qualquer um dos casos, aqueles cujo dinheiro fornece o subsídio raramente estão em uma posição que permita monitorar a eficiência com a qual esse dinheiro é utilizado. Além disso, organizações como a American Association of University Professors (Associação Americana de Professores Universitários) e as agências de credenciamento garantem a perpetuação dessas práticas e as protegem da ação da concorrência ao condenar as alternativas mais baratas como uma deterioração da qualidade da educação.

Os cursos específicos oferecidos em faculdades e universidades também costumam refletir mais a conveniência dos professores do que as necessidades educacionais dos alunos. Por exemplo, um departamento de História pode oferecer um curso sobre a história do cinema ou da produção de vinhos e deixar de fora uma disciplina sobre a história do Império Romano ou da Europa medieval, apesar do fato de que cursos mais amplos ofereceriam muito mais ideias sobre a maneira pela qual a civilização ocidental se desenvolveu e o mundo atual evoluiu. Como os professores precisam de pesquisas para avançar nas suas carreiras, a começar com suas teses de doutorado, seu foco deve estar voltado para algum tema sobre o qual não se escreveu com muita profundidade antes. Então, a partir de uma pesquisa ou de uma análise original sobre assuntos como a história do cinema ou da produção de vinhos, um professor acharia muito mais fácil lecionar uma disciplina sobre um assunto tão restrito do que fazer a grande quantidade de pesquisa necessária para estar à frente de um curso tão amplo quanto a história do Império Romano ou da Europa medieval — pesquisa que provavelmente não terá um retorno em termos de publicação, uma vez que os dois assuntos já foram amplamente pesquisados e já se escreveu muito sobre esses temas por várias gerações.

Em muitos *campi*, inclusive alguns dos de maior prestígio, o desaparecimento de um programa de estudo significativo, voltado para o desenvolvimento educacional de estudantes, e não para a conveniência ou para o avanço nas carreiras dos professores, é uma consequência de uma proliferação de cursos sobre assuntos restritos. Um determinado programa de estudos pode ser oferecido pela faculdade, mas isso talvez tenha pouco significado se houver muitas opções para se alcançar uma exigência específica do currículo — se, por exemplo, uma disciplina sobre a história do cinema puder ser usada para atender a uma exigência na área de estudos sociais no lugar de um curso sobre as principais nações ou impérios do mundo. Assim, um aluno poderá se formar em algumas das faculdades de maior prestígio do país basicamente tendo ignorado todas as ideias e implicações da área de história.

Devido ao fato de haver fatores semelhantes em outros departamentos — independentemente de ser da área de humanidades, ciências ou ciências sociais —, o conhecimento que um diploma deve representar pode, na verdade, ser composto apenas de fragmentos isolados de quaisquer assuntos restritos que os alunos de determinados professores por acaso escreveram nas suas teses de doutorado, em seus livros ou artigos de periódicos acadêmicos, em vez de ser fruto de uma educação que ofereça conhecimento amplo e coordenado, bem como a compreensão de diversas disciplinas intelectuais. Por mais desejáveis que cursos mais amplos possam ser, do ponto de vista da educação dos alunos, o ex-presidente de Harvard, Derek Bok, apontou para "a dificuldade de se encontrar uma quantidade suficiente de professores dispostos a ministrar esses cursos".[8] Para Harvard, insistir que os professores ofereçam essas disciplinas seria arriscar um êxodo dos seus principais docentes para Yale, Stanford e outras universidades de ponta que ficariam felizes em recebê-los de braços abertos, junto dos milhões de dólares em subsídios para pesquisas que trariam. "Todos poderiam encontrar empregos em outros lugares rapidamente", de acordo com um ex-reitor de Harvard. Ele também afirmou: "O velho ideal de uma educação liberal permanece apenas nominalmente."[9]

Apesar de Harvard ser livre para escolher entre manter sua posição prestigiada, como uma universidade voltada para a pesquisa, ou oferecer uma educação mais expressiva para os alunos da graduação, sua opção precisa ser compreendida pelos alunos e por seus pais. A importante classificação de Harvard como uma universidade voltada para a pesquisa costuma ser confundida com a classificação de um lugar que oferece uma qualidade superior de educação, confusão promovida inclusive pelo sistema de classificação utilizado, por exemplo, pela revista *U.S. News and World Report* na sua publicação anual, *America's Best Colleges*. Além disso, apesar de Harvard ter a liberdade de fazer as próprias escolhas, universidades estaduais, sustentadas por contribuintes, costumam alegar que precisam de mais verba para educar os alunos, quando, na verdade, também nestas universidades a pesquisa continua a ser uma prioridade tão grande dos professores quanto em Berkeley ou Ann Arbor, assim como em instituições da Ivy League. Essas reivindicações sobre o dinheiro dos contribuintes são parecidas com táticas para atração e troca utilizadas por empresas inescrupulosas.

Finalmente, existem muitas faculdades e universidades públicas ou particulares — talvez a maioria — que não desenvolvem pesquisas em quantidade ou qualidade suficiente para justificar o descaso pela educação em nível de graduação ou os custos elevados das aulas, de carga horária geralmente reduzida. Essas considerações levaram o presidente da Universidade de Fort Hays, localizada no Kansas, a aumentar a quantidade de aulas oferecidas por cada professor, permitindo que a instituição tenha uma anuidade de nível moderado o suficiente para atrair mais alunos, apesar de irritar os professores. No entanto, conforme observou um estudo, "nunca houve a presença de uma pesquisa séria, de ponta, em faculdades como Fort Hays, e pode-se argumentar que a única coisa que o Dr. Hammond fez foi reduzir muito o tempo ocioso do corpo docente durante o ano letivo".[10]

A inflação das notas é outra prática que atende à conveniência dos professores em vez dos interesses dos alunos. Apesar de os alunos que não queiram estudar muito gostarem do inchaço das notas, descobriu-se que aqueles que se inscrevem em disciplinas de menor nível com professores que dão notas fáceis não têm um desempenho tão bom em matérias de nível mais elevado quanto os que fizeram cursos preparatórios com professores cujos padrões de avaliação eram mais exigentes.[11] Em resumo, os interesses de longo prazo dos alunos são sacrificados pela inflação das notas. No entanto, esta prática facilita a vida de professores que não precisam gastar seu tempo enfrentando reclamações de alunos a respeito das notas baixas ou da repetência, nem precisam lidar com a natureza desagradável dessas reclamações. Além disso, a pouca popularidade daqueles que dão notas baixas também pode se refletir em avaliações negativas por parte dos alunos no fim de um curso, o que, por sua vez, poderá afetar negativamente o desenvolvimento profissional dos professores, especialmente no caso dos mais jovens, que ainda não alcançaram a estabilidade.

Apesar de os interesses educacionais poderem ser atendidos quando os alunos são expostos a visões diferentes sobre questões ideológicas, os professores conseguem confinar o espectro ideológico àqueles pontos de vista compatíveis com os seus, não apenas na escolha de material de leitura para as próprias turmas, mas ainda mais na seleção para contratação de novos colegas professores, o que gera situações como a não incomum proporção de dez democratas para cada republicano em alguns departamentos, apesar de haver um equilíbrio relativo de pessoas que apoiam cada um desses partidos na maior parte do país.* Apesar de as razões para esta situação poderem ser ideológicas, as consequências são educacionais. Os alunos que atravessam a faculdade sem nunca ter confrontado uma visão de mundo muito diferente daquela do conjunto restrito de seus professores têm pouca oportunidade de desenvolver a própria capacidade de analisar argumentos conflitantes — como terão de fazer quando deixarem o mundo enclausurado do *campus*.

Não importa sequer se o espectro limitado de visões às quais foram expostos era válido ou inválido, se os alunos não aprenderam a analisar outras visões. Conforme afirmou John Stuart Mill:

> Aquele que conhece apenas seu lado do argumento saberá pouca coisa. [...] Também não é suficiente que ouça os argumentos de adversários quando proferidos pelos seus professores, apresentados

---

* Um efeito colateral disso é que muitas das principais instituições de pesquisa (*think tanks*) são predominantemente conservadoras, uma vez que podem recrutar os principais acadêmicos com visões conservadoras sem enfrentar tanta concorrência quanto os *think tanks* liberais que tentam recrutar os principais acadêmicos com visões liberais.

da forma em que eles os pronunciam e acompanhados do que eles oferecem como contestações. Essa não é a maneira de se fazer justiça aos argumentos ou trazê-los a um contato real com a própria maneira de pensar. Ele deve ser capaz de ouvi-los de pessoas que efetivamente acreditem neles, que os defendem de maneira sincera e que fazem absolutamente seu melhor por eles. Deve conhecê-los na sua forma mais plausível e convincente [...].[12]

É isso que os alunos raramente recebem, até mesmo nas principais faculdades e universidades porque nisto, assim como em muitos outros aspectos, os interesses dos professores superam as necessidades educacionais dos alunos.

Qualidade da educação

Em transações comerciais comuns, atender aos interesses do vendedor e desvalorizar o comprador seria correr o risco de perder esse cliente para outra pessoa. Porém, na academia, quase por definição, o aluno não compreende plenamente a natureza do produto vendido. Se um aluno já soubesse tudo sobre o conteúdo de um curso, não faria sentido cursá-lo. O que pode ser julgado é até que ponto o professor transmitiu bem as informações contidas no curso — com que grau de clareza o material foi apresentado e até que ponto pareceu interessante —, mas o aluno não é capaz de julgar quais informações contrárias e quais análises conflitantes foram deixadas de fora.

Apesar de os consumidores de produtos comerciais serem incapazes, de maneira semelhante, de determinar a qualidade da mercadoria que compram, existem incontáveis organizações capazes de testar estes produtos e divulgar tais resultados para o público. Entre estas, estão não apenas as que testam e divulgam suas descobertas sobre uma grande variedade de produtos, como as revistas *Consumer Reports* e *Good Housekeeping*, mas também organizações especializadas que avaliam equipamentos de som, automóveis, câmeras, hotéis, cruzeiros e incontáveis outros produtos e serviços. A analogia mais próxima para a avaliação da qualidade do ensino acadêmico está nas classificações anuais de faculdades e universidades realizadas pela revista *U.S. News and World Report*, mas não apenas estas classificações têm sido ampla e rigorosamente criticadas, como também uma quantidade cada vez maior de faculdades tem se recusado a fornecer os dados necessários para a sua realização, o que em si já compromete sua validade, independentemente dos méritos das críticas.[13] Existem tentativas semelhantes, por parte de jornalistas, de classificar instituições acadêmicas na Inglaterra, na Alemanha e em outros países, e o mesmo ocorre por parte da Universidade de Shanghai Jiao Tong na China, mas a mesma universidade pode ter classificações radicalmente diferentes nestes diversos sistemas,[14] o que gera um questionamento sobre todas estas classificações.

Uma avaliação mais oficial, com consequências que incluem elegibilidade ou inelegibilidade para receber dinheiro do governo, é fornecida pelas diversas agências de credenciamento que aprovam ou reprovam as faculdades e universidades, após realizar visitas em todo o território dos Estados Unidos. No entanto, estas agências raramente têm tempo ou recursos para dedicar a estudos aprofundados do que acontece nas salas de aula de milhares de instituições acadêmicas ou dos tipos de desfechos educacionais realizados. Ainda assim, poucas instituições têm condições de questionar o tipo de crítica aberta apresentado por essas agências de credenciamento, ou de se recusar pura e simplesmente a cooperar com seus esforços, o que é cada vez mais frequente com as classificações da revista *U.S. News and World Report*. Ainda assim, não está claro que os métodos das agências de credenciamento para avaliar a qualidade da educação sejam melhores em qualquer grau do que os da *U.S. News and World Report*, apesar de as consequências das suas decisões terem um peso maior.

As agências de credenciamento devem contar com indicadores gerais dos recursos presentes no *campus*, como o número de livros em bibliotecas e os quocientes entre alunos e professores — em resumo, os mesmos tipos de critérios de *insumo*, em vez de medidas de produção educacional, pelos quais a revista *U.S. News and World Report* já foi criticada. Porém, longe de fornecer dados confiáveis sobre qualidade ou eficiência educacionais, a utilização desses indicadores pode se tornar uma barreira para a adoção de maneiras mais novas e mais baratas de educar alunos que poderiam se refletir em anuidades mais baixas. Por exemplo, materiais disponíveis on-line ou em DVDs podem substituir livros e volumes de capa dura de periódicos acadêmicos e outros periódicos que seriam mais caros tanto para compra quanto para armazenamento em prateleiras de biblioteca. Mas, ao utilizar a quantidade de livros na biblioteca de uma faculdade ou universidade como um dos critérios para aprovação, a agência de credenciamento negará as vantagens das instituições recém-criadas e mais baratas que, se levadas em consideração, poderiam competir de maneira mais eficaz com as faculdades tradicionais ao oferecer aos alunos e às suas famílias uma anuidade mais viável.

Também existem maneiras de economizar no número de membros do corpo docente, mas também neste caso os critérios de credenciamento podem proteger as instituições caras da concorrência com instituições mais baratas. Se o quociente entre alunos e professores estiver entre os critérios utilizados para o credenciamento, então uma universidade que tenha muitos professores envolvidos principalmente em pesquisa, enquanto os alunos dos cursos de pós-graduação lecionam a maioria das disciplinas introdutórias, contará com uma chance melhor de ser credenciada do que uma instituição nova direcionada especificamente para seus cursos, cujos professores tenham maiores cargas horárias em sala de aula e não gastem muito tempo fazendo pesquisa. Assim, uma instituição na qual os cursos introdutórios fundamentais são lecionados por professores, em vez de por alunos de pós-graduação, parecerá pior em termos de quociente entre alunos e professores, uma vez que seu corpo docente terá cargas horárias mais intensas, mesmo que as turmas não sejam maiores do que em instituições com um menor quociente. Existem outras maneiras inovadoras de economizar no uso de um corpo docente e reduzir custos, mas estas talvez diminuam também as perspectivas de credenciamento de uma instituição.

Algumas faculdades de direito, por exemplo, contratam vários advogados e juízes ainda praticantes para lecionar em meio período nas suas respectivas especialidades, como direito imobiliário ou antitruste, tendo ao mesmo tempo um número reduzido de professores em período integral e com estabilidade voltados a cursos mais amplos e fundamentais, como direito constitucional. Alguns juízes e advogados estão dispostos a lecionar em um curso noturno nas suas especialidades específicas por um salário baixo e podem ser bem versados e atualizados em sua área, diferentemente do tipo de acadêmico que publica em periódicos e se torna professor em faculdades conceituadas. Um corpo docente barato e instalações físicas modestas de *campi* permitem que essas instituições tenham uma anuidade muito menor do que as cobradas por faculdades de direito mais tradicionais e credenciadas.

No entanto, a American Bar Association (Ordem dos Advogados Americanos) se recusou a credenciar diversas faculdades de direito administradas desta maneira, até mesmo quando a maioria dos alunos dessas instituições conseguiu passar no seu Exame de Ordem na primeira tentativa. O credenciamento já concedido à faculdade de direito da Universidade do Colorado foi ameaçado, apesar de 92% das pessoas que se formaram nessa instituição terem passado no Exame de Ordem na primeira tentativa — um número não apenas maior do que a média nacional, mas também maior do que o percentual de alunos de faculdades de direito renomadas, como Harvard e Yale, aprovados na primeira tentativa.[15] De acordo com o *Denver Post*:

> Uma associação para credenciamento de faculdades de direito renovou suas preocupações em relação à incapacidade da Universidade do Colorado de construir um novo prédio para a faculdade de direito devido à falta de financiamento estadual.

A American Bar Association, com sede em Chicago, exige que a presidente da Universidade do Colorado, Betsy Hoffman, e o novo diretor da faculdade de direito, David Getches, se apresentem ao seu comitê de credenciamento em janeiro para mostrar por que a faculdade não deve ser colocada em período probatório ou retirada da lista de faculdades de direito aprovadas. [...]

A ABA também pede que a Universidade do Colorado explique a falta de minorias e mulheres entre os membros do seu corpo docente e diz que está preocupada com a quantidade de cursos lecionados por professores adjuntos (advogados que lecionam em meio período), de acordo com uma carta enviada pela associação à Universidade do Colorado [...].

Além disso, a Universidade do Colorado tem uma classificação baixa em termos de despesas anuais em materiais voltados para bibliotecas de direito — seu orçamento de 1,7 milhão de dólares está 1 milhão de dólares abaixo da média, de acordo com a ABA.[16]

Como costuma acontecer com organizações de credenciamento, todos os fatores citados como critérios da American Bar Association são *insumos* do processo educacional, em vez de *resultados* na formação de pessoas qualificadas. Mas a eficiência consiste exatamente em transformar determinados insumos em mais ou melhores resultados. No caso de uma faculdade de direito, existe uma medida externa e objetiva para a qualidade dos resultados, a capacidade das pessoas que se formaram nessa instituição de passar no Exame de Ordem. Apesar de esta não ser a única medida de qualidade possível, trata-se de uma aferição fundamental porque, sem passar no Exame de Ordem, os alunos não poderão se tornar advogados. Alunos que ambicionem objetivos mais acadêmicos, mais prestigiados ou mais voltados para políticas públicas poderão escolher entre diversas faculdades de direito, mas alunos cujos orçamentos limitem sua capacidade de arcar com uma anuidade elevada para cursar uma faculdade de direito só poderão pagar por aquelas que mantenham anuidades viáveis gastando menos com o corpo docente, bibliotecas e prédios.

No caso da faculdade de direito da Universidade do Colorado, cumprir com as exigências da ABA envolveu gastar mais de 40 milhões de dólares em um prédio novo, e este e outros custos fizeram a anuidade da faculdade de direito aumentar de 6.700 para 16.738 dólares, no caso de residentes do Colorado; e para 30.814 dólares, no caso de alunos provenientes de outros estados. Este aumento de mais de 100% na anuidade, em poucos anos, sem dúvida coloca a faculdade de direito da Universidade do Colorado fora do alcance de alguns alunos com poucos recursos. Essa mudança também protegeu as faculdades de direito mais caras da concorrência representada pela anuidade, antigamente baixa, da Universidade do Colorado e tornou mais difícil o surgimento de outras faculdades de direito baratas que pudessem criar uma concorrência. Em resumo, os padrões de credenciamento e as práticas da ABA fizeram em grande parte o papel de uma tarifa protetora, isolando produtores caros da concorrência com produtores baratos.

O relatório de uma comissão para o Ministério da Educação dos Estados Unidos criticou as práticas de credenciamento da ABA por "continuar a tentar ditar políticas operacionais, tais como termos e condições de emprego não relacionados com a qualidade do aprendizado, a eficácia ou a integridade institucional, por acrescentar um custo desnecessário para o estudante e para o público e por se intrometer na autonomia institucional".[17]

Poucas faculdades de direito poderiam se arriscar a funcionar sem credenciamento, como tem feito a faculdade de direito de Nashville, que depende da baixa anuidade para atrair alunos e da capacidade de aprovação dos seus alunos no Exame de Ordem estadual para manter sua reputação. Apesar de aqueles que se formaram na faculdade de direito de Nashville e passaram no Exame de Ordem estadual terem conseguido licença para exercer a advocacia no estado do Tennessee, onde muitos foram bem-sucedidos em suas carreiras, os diplomas emitidos por uma instituição não credenciada poderão não ser aceitos em outros lugares.

Um estudo acadêmico das práticas de credenciamento da ABA em geral concluiu o seguinte:

> Os impactos econômicos do credenciamento de uma faculdade de direito são moldados tanto pelo processo de credenciamento quanto pelos padrões da ABA. Ambos poderão gerar ou não um aumento na qualidade da educação jurídica. No entanto, seu principal impacto é o aumento dos salários e dos benefícios para os membros do corpo docente da faculdade de direito. O processo e as exigências proporcionam benefícios diretos para os professores, uma vez que exigem altos salários, poucas horas de trabalho e vários benefícios. Além disso, proporcionam indiretamente outros benefícios ao levantar barreiras desanimadoras à participação de novas faculdades de direito e de novos professores, reduzindo assim as pressões da concorrência.[18]

Apesar de os padrões da ABA se voltarem explicitamente para a manutenção da qualidade da educação, seu verdadeiro efeito nesse sentido não é de forma alguma óbvio, enquanto o de garantia de proteção para faculdades de direito tradicionais existentes, especialmente para professores destas instituições, é bem mais visível. O mesmo estudo observou:

> A Association of American Law Schools [Associação de Faculdades de Direito Americanas] (AALS) administra a cada ano uma conferência sobre contratação de professores para faculdades de direito. Ao longo dos últimos cinco anos, 5.642 pessoas se cadastraram no processo de recrutamento da AALS para cargos de professor em faculdades de direito. Apenas 638, ou 11,3% do total, conseguiram empregos. Muitas destas pessoas podem estar dispostas a trabalhar por menos do que aquelas já empregadas. Como os membros de comitês de recrutamento costumam observar, muitos

dos candidatos que não conseguiram uma vaga são mais qualificados do que os professores já contratados, formados em instituições de maior prestígio, com notas mais altas na faculdade de direito e mais publicações.[19]

Enquanto as faculdades de direito propõem, de forma atípica, um teste independente, objetivo e relevante para avaliar a educação de seus formandos — e realizam, portanto, uma verificação da relevância dos critérios da agência de credenciamento —, outras agências para credenciamento de faculdades e universidades tendem a utilizar critérios de *insumo* muito semelhantes aos da ABA, com pouca ou nenhuma consideração pela qualidade dos *resultados* e com indulgências semelhantes pelos preconceitos comuns aos membros da agência de credenciamento. Conforme relataram os administradores associados ao American Council of Trustees and Alumni (Conselho Americano de Administradores e Ex-Alunos):

> Algumas vezes os credenciadores insistem que as metas acadêmicas da faculdade sejam subordinadas à própria visão social do credenciador. Várias das associações de credenciamento escolheram incluir entre seus padrões uma exigência de que faculdades e universidades aceitem estudantes e contratem professores e outros funcionários com base na raça e em outras características demográficas.[20]

Muito frequentemente o foco arbitrário sobre insumos produz tanto custos mais elevados quanto menor qualidade da educação. Conforme o mesmo relatório observou:

> Às vezes os credenciadores aplicam receitas para insumos educacionais que resultam em recursos alocados de maneira errônea ou que até mesmo prejudicam resultados educacionais. Por exemplo, alguns credenciadores já exigiram que os professores tivessem uma

carga pequena de aulas. A Universidade de Campbell, na Carolina do Norte, foi colocada em período probatório porque o padrão de carga horária dos seus professores era de quinze horas semanais. O credenciador insistiu que doze horas fosse a carga máxima aceitável, então a faculdade resolveu o problema ao consolidar seções de aula. No lugar das turmas relativamente pequenas que os alunos tinham esperado, especialmente em cursos dos dois anos iniciais, depois da visita do credenciamento os alunos muitas vezes passaram a integrar turmas com pelo menos sessenta alunos.[21]

Nem todas as agências credenciam instituições particulares e com fins lucrativos como a Universidade de Phoenix, e algumas faculdades se recusam a aceitar créditos que os alunos tenham feito nessas instituições — independentemente da sua qualidade. Como as faculdades particulares costumam ser credenciadas por agências nacionais em vez de regionais, algumas faculdades recusam créditos das instituições cujo credenciamento é diferente do seu.[22] Essas práticas reforçam as barreiras erguidas contra formas mais baratas de ensino superior. Assim, instituições acadêmicas tradicionais, que herdaram custos elevados do passado, como a estabilidade para vários professores ou grandes bibliotecas com manutenção cara, são protegidas da concorrência de instituições novatas mais baratas que podem evitar os custos dessas práticas por intermédio da utilização de livros e periódicos disponíveis por meio eletrônico e de uma grande proporção de professores sem estabilidade. O resultado líquido é que existem menos pressões competitivas para que as anuidades sejam reduzidas ou até mesmo para inibir aumentos contínuos em seu valor.

Apesar dos usos impróprios do processo de credenciamento, alguns padrões de controle de qualidade são obviamente necessários. Ninguém deve pressupor que instituições com ou sem fins lucrativos automaticamente cumpram os padrões de qualidade, ou até mesmo de honestidade.

FATOS E FALÁCIAS ACADÊMICOS

Vários processos judiciais alegam que instituições sem credenciamento e com fins lucrativos induziram os alunos a acreditar erroneamente que seus créditos seriam transferíveis automaticamente para outras instituições e que seus títulos seriam reconhecidos, quando na verdade nenhum dos dois pressupostos era verdadeiro.

Carreiras acadêmicas

As políticas trabalhistas em faculdades e universidades norte-americanas têm suas consequências peculiares, muitas vezes bem diferentes das metas previstas. Acadêmicos empregados por um determinado número de anos numa determinada faculdade ou universidade deverão ser promovidos a um cargo com estabilidade permanente ou liberados. Esse sistema é chamado de "promoção ou rua". Significa que há uma segurança maior para aqueles que são promovidos, mas menor para quem é forçado a sair — segurança menor em comparação não apenas com seus colegas acadêmicos que tiveram mais sorte, mas também com pessoas de idades semelhantes em outros setores da economia que não contem com esses sistemas de segurança no emprego.

Como os sistemas trabalhistas acadêmicos atribuem a faculdades e universidades compromissos de longo prazo que podem superar facilmente um milhão de dólares para cada professor com estabilidade, pode haver exigências mais rigorosas para um emprego contínuo do que se não existisse qualquer compromisso. Professores sem estabilidade cujo trabalho em curso é perfeitamente satisfatório frequentemente serão dispensados — não terão seus contratos renovados — quando chegar o momento da decisão entre "promoção ou rua" sempre que não houver evidências suficientes para se ter confiança de que esta pessoa avançará em anos futuros até os níveis de desempenho mais elevados esperados de professores mais antigos, especialmente na área de pesquisa acadêmica.

Quando esse sistema de "promoção ou rua" não é adotado, pessoas que são perfeitamente satisfatórias como professores assistentes podem continuar empregadas como professores assistentes, enquanto outras podem avançar a ponto de se tornar professores associados ou professores titulares a qualquer tempo em que seu trabalho for digno dessas promoções — independentemente de que isso ocorra antes ou depois do número de anos que seriam estabelecidos para se tomarem decisões do tipo "promoção ou rua". Aqueles que nunca alcançassem os níveis mais elevados de desempenho exigidos para essas promoções ainda assim poderiam continuar empregados no seu nível desde que seu trabalho fosse satisfatório.

Em outras palavras, na ausência do atual sistema acadêmico de segurança no emprego, as pessoas seriam capazes de permanecer em seus cargos ao invés de perdê-los graças a compromissos de longo prazo que faculdades e universidades buscam minimizar ao manter apenas aqueles professores cuja promessa parece grande e clara o bastante, num período suficientemente breve. Também não há qualquer razão para acreditar que a safra seguinte de professores assistentes será melhor do que aqueles que foram dispensados, apesar de a rotatividade ter custos para a instituição assim como para os indivíduos envolvidos. A razão para a rotatividade é cumprir os padrões da American Association of University Professors sem que haja necessidade de arcar com os custos de pelo menos 1 milhão de dólares por professor.

Nas universidades mais bem classificadas, é comum que a *maioria* dos professores assistentes seja demitida antes da época de sua promoção a professores associados, uma vez que raramente terá havido tempo suficiente para que tenham produzido os altos níveis de quantidade e qualidade de pesquisa exigidos para cargos seniores nessas instituições. Em resumo, a meta de uma política — neste caso, garantir maior segurança — é bem diferente de seu verdadeiro desfecho, que é o de que os professores tenham menos segurança do que a maioria das pessoas de idades semelhantes em outros setores da economia em que não existem essas políticas de estabilidade acadêmica.

Este sistema de promoções acadêmicas também ajuda a explicar um fenômeno paradoxal mas comum em várias universidades: a demissão de um excelente jovem professor, para a consternação dos seus alunos, que podem até mesmo fazer protestos organizados, geralmente em vão. Um ex-reitor de Harvard observou que "a opinião amplamente aceita entre os alunos de graduação é de que seus professores favoritos têm a estabilidade sistematicamente negada".[23] Em alguns *campi* é até mesmo comum ouvir que o prêmio "professor do ano" seria "o beijo da morte" para professores jovens. Isso ocorre porque um ensino de alto nível consome muito tempo, seja para criar cursos de alta qualidade e preparar aulas excelentes, seja para dar atenção individual a alunos que enfrentem dificuldades de compreensão do conteúdo. Isso costuma não deixar tempo suficiente para que um professor iniciante realize a quantidade e a qualidade de pesquisa necessária para conseguir estabilidade numa universidade de ponta. Essas instituições costumam preencher seus cargos seniores contratando aquelas pessoas que já produziram um bom volume de publicações em outro lugar.

As universidades de primeiro nível em termos de prestígio — com base principalmente em pesquisa — também costumam ser de primeiro nível em termos de salários dos professores. Professores titulares em Stanford, Princeton e na Universidade de Chicago receberam em média mais de 160 mil dólares no ano acadêmico 2006-2007 em cada uma das instituições, e os professores titulares em Harvard ganharam em média mais de 177 mil dólares. Enquanto isso, professores titulares em Birmingham--Southern ou na Kalamazoo College ganharam em média menos de 80 mil dólares.[24] No entanto, nada disso indica onde um aluno terá maior probabilidade de receber o melhor ensino na graduação.

OS ALUNOS

Estudantes escolhem faculdades e faculdades escolhem estudantes — e existem fatos e falácias envolvidos nas duas escolhas.

Escolhas entre faculdades

Como o prestígio acadêmico de uma faculdade ou de uma universidade depende principalmente das pesquisas e das publicações dos seus professores, os alunos não necessariamente receberão um ensino melhor nas instituições de maior prestígio com os professores mais bem pagos. Diversos estudos já mostraram que alunos de pequenas faculdades de artes liberais têm um desempenho tão bom quanto o daqueles que estudaram em prestigiadas universidades voltadas para a pesquisa, e às vezes até melhor em exames como os feitos para faculdades de medicina, e que um percentual maior dos alunos de faculdades de artes liberais tendem a continuar os estudos até receber títulos de doutorado.[25] Isso não é muito surpreendente quando se considera um estudo indicando que o ato de lecionar consome menos da metade do tempo de trabalho de professores de universidades voltadas para a pesquisa e quase dois terços do tempo daqueles que trabalham em faculdades de artes liberais.[26]

As quatro instituições que apresentam o maior percentual de alunos que concluem a graduação e continuam nos estudos até receber títulos de doutorado são faculdades pequenas, com menos de 2 mil alunos de graduação cada uma: Cal Tech, Harvey Mudd, Swarthmore e Reed. A Cal Tech e a Harvey Mudd têm, cada uma, menos de mil alunos de graduação. Na verdade, as faculdades pequenas estão entre as dez melhores. Em Grinnell College, o percentual de pessoas que se formam e continuam nos estudos até receber o título de doutorado é maior do que em Harvard ou Yale.[27] Dos presidentes das cinquenta maiores empresas norte-americanas pesquisados em 2006, apenas quatro tinham títulos da Ivy League e pouco mais da metade se formou em faculdades estaduais, municipais ou numa faculdade comunitária.[28] Alguns deles, inclusive Michael Dell, dos computadores Dell, e Bill Gates, da Microsoft, sequer chegaram a se formar.

Uma das maiores falácias sobre instituições acadêmicas consiste na crença de que frequentar faculdades e universidades famosas é praticamente fundamental para, posteriormente, chegar ao topo. Não é fácil determinar até que ponto as faculdades no geral influenciam no sucesso econômico, ou de outra natureza, alcançado na vida futura; e os métodos que costumam ser utilizados com essa finalidade podem facilmente exagerar nos efeitos da faculdade, especialmente das faculdades de maior prestígio. Estes métodos seriam válidos se as pessoas que frequentassem essas instituições fossem comparáveis entre si, para começar, de tal maneira que a diferença entre suas rendas e suas profissões posteriores à formatura pudesse ser atribuída ao que tivesse acontecido na faculdade. Mas se pessoas prósperas ou ricas tiverem maior probabilidade de enviar seus filhos para faculdades e universidades de prestígio, a renda futura desses alunos poderá refletir que as maiores oportunidades em suas carreiras são resultantes de conexões familiares ou que a renda superior é proveniente de ganhos herdados, e não resultado do que tenham aprendido em faculdades ou universidades de maior prestígio.

Não se pode pressupor que os próprios estudantes sejam comparáveis entre si. Se aqueles que ingressarem em Harvard, por exemplo, tiverem qualificações maiores do que os de Podunk State, então as diferenças posteriores entre os formandos das duas instituições não podem ser atribuídas de maneira arbitrária a diferenças na educação recebida nesses dois lugares. Se as pessoas que se formam em Harvard tiverem maior probabilidade de continuar em um curso de pós-graduação como o da escola de medicina ou da escola de direito, então sua renda futura provavelmente será ainda maior que a dos formandos em Podunk State. O ideal seria que a comparação fosse feita entre pessoas que frequentaram

Harvard e aquelas que foram aceitas em Harvard, mas que em vez disso escolheram estudar em Podunk State. Infelizmente, isso provavelmente produzirá amostras pequenas demais para uma análise estatística, e aqueles que fizerem essas escolhas poderão não ser alunos típicos em qualquer uma das instituições.

Já foram feitos estudos com pessoas que frequentaram faculdades e universidades de maior ou menor prestígio e que obtiveram pontuações comparáveis em exames cujo objetivo era determinar o "valor agregado" pelas instituições. Alguns estudos indicam que as instituições de maior prestígio efetivamente agregam valor, e outros indicam que isso não acontece. Mas raramente se indica que o valor agregado corresponde ao que os dados puros sugerem sem levar em consideração as diferenças entre os próprios alunos.

O "valor agregado" por uma faculdade

Problemas semelhantes surgem quando se tenta determinar em termos absolutos o valor de cursar uma graduação, em comparação com começar a trabalhar depois de acabar o ensino médio — ou não acabar o ensino médio. É comum comparar a renda de pessoas com curso universitário com a daquelas que têm ensino médio completo, ou abandonaram o ensino médio ou ainda com outros casos e então atribuir a renda muito maior de quem tem curso superior à educação recebida na faculdade. Mas não se pode pressupor que as pessoas cuja educação foi interrompida antes da faculdade sejam iguais, em termos de orientação, valores, prioridades ou capacidade, àquelas que continuam seus estudos. Portanto, as diferenças de renda não podem ser automaticamente atribuídas ao que foi ensinado na faculdade. Uma complicação a mais é que muitas pessoas — se não a maioria delas — que abandonam o ensino médio retomam algum tipo de ensino, seja em instituições acadêmicas ou no aprendizado de um ofício ou pela certificação a partir de cursos oferecidos pela Microsoft, pela Oracle, pela Adobe ou por outras empresas de computação.

Será que a renda de pessoas que abandonaram e depois retomaram os estudos em outro lugar deve ser contada nas estatísticas das pessoas que abandonaram o ensino? Será que a renda de pessoas que abandonaram e depois continuaram os estudos até receber o título de doutorado sem nunca obter um diploma de ensino médio (como o autor deste livro) deve ser incluída nas estatísticas sobre as pessoas que abandonaram os estudos? Ou será que o termo "abandono" deve ser reservado apenas para aquelas que nunca mais se dedicaram a qualquer ensino? Como guia prático para aqueles que pensam sobre quando devem interromper sua trajetória acadêmica, pelo menos temporariamente, faz uma grande diferença se dados específicos fazem essa distinção ou não. Considerando-se a maior dificuldade e os custos mais elevados de acompanhar indivíduos específicos ao longo do tempo, é muito duvidoso que a maioria das análises estatísticas — ou talvez qualquer uma — faça esse tipo de distinção. Isso significa que a renda das pessoas que abandonaram o ensino médio e depois receberam um título acadêmico sem se preocupar em voltar atrás e conseguir esse diploma tem muito pouca probabilidade de ser incluída em estatísticas sobre pessoas com ensino médio incompleto.

O custo da faculdade

Até mesmo numa época de anuidades altas e com tendência a aumentar ainda mais, o maior custo de se frequentar uma faculdade em muitos casos não está nesses valores crescentes, mas no custo de abrir mão de oportunidades para ter uma renda por meio de empregos em período integral. A anuidade média em faculdades e universidades estaduais costuma ser menor do que a renda obtida com um emprego de nível inicial, e em faculdades comunitárias é quase sempre menor ainda. O custo de se frequentar uma faculdade também inclui os preços cada vez mais altos de livros, mas *não* leva em conta os gastos plenos de hospedagem, uma vez que os alunos precisariam ter um lugar para morar e teriam de se alimentar independentemente de frequentar a faculdade ou não. Essas despesas, por sua vez, só poderão ser consideradas parte do custo de um ensino superior se os alunos dispuserem dos serviços oferecidos no *campus* por valores mais altos. Em resumo, os cálculos dos gastos não medem os custos totais de se frequentar uma faculdade, que podem ser maiores ou menores, dependendo da instituição e das circunstâncias.

Muitas pessoas lamentam que os custos de frequentar uma faculdade deixem aos alunos dívidas substanciais para serem pagas em anos posteriores — e que estas dívidas podem ser especialmente onerosas para aqueles que optarem por profissões que paguem pouco. Os políticos tendem a ser receptivos a esses lamentos, especialmente em anos eleitorais. No entanto, muitas das discussões sobre essas questões, ou a sua maioria delas, ignoram o papel mais importante de custos e de preços em geral e agem como se qualquer pessoa cujos desejos sejam limitados pela economia devesse ter essas barreiras retiradas pelo governo — o que significa transferir os custos em questão para outra pessoa, especificamente para os contribuintes.

A dívida média dos estudantes que se formam com financiamento estudantil é de 19.300 dólares[29] — basicamente o custo de um automóvel de preço modesto, e ninguém acha que a dívida na qual se incorreu para ter um automóvel seja tão esmagadora que os contribuintes devam subsidiar a compra de carros. Além disso, os gastos com um curso superior são pagos apenas uma vez na vida, enquanto a maioria dos norte-americanos compra mais de um automóvel ao longo dos anos. Finalmente, não é de forma alguma certo que um contribuinte qualquer ganhe mais dinheiro do que alguém que tenha curso superior, então o argumento para obrigá-lo a subsidiar aqueles com perspectivas econômicas melhores do que as suas não pode invocar os argumentos de costume sobre ajuda aos menos afortunados.

FATOS E FALÁCIAS ACADÊMICOS

O argumento de que o ônus da dívida é mais pesado para aqueles que escolhem profissões de menor remuneração ignora todo o papel dos preços na destinação dos recursos escassos, inclusive na dispendiosa educação de seres humanos. Seria um exercício de futilidade imprimir dinheiro se as decisões das pessoas não fossem influenciadas por isso. Afinal de contas, o dinheiro em si não é riqueza — caso contrário, o governo poderia tornar todos nós ricos apenas ao imprimir mais notas. O dinheiro é apenas um dispositivo artificial cujo objetivo é incentivar um comportamento econômico que afete a produção da verdadeira riqueza. Se as pessoas estiverem automaticamente capacitadas para fazer suas escolhas independentemente de considerações monetárias, então imprimir dinheiro será um imenso desperdício de papel e tinta.

Raramente se argumenta que as pessoas não devem levar em consideração os índices de remuneração para escolher suas profissões. É mais comum haver o pressuposto de que terceiros, especialmente clarividentes, podem determinar quais profissões especiais "realmente" atendem às "necessidades" da sociedade e, portanto, devem ser subsidiadas através de exigências compulsórias de outras pessoas. Essas escolhas arbitrárias feitas por quem não paga qualquer preço por estar errado são consideradas econômica ou moralmente superiores àquelas feitas por aqueles que pagam do próprio bolso pelo que querem e, assim, determinam quais produtos, setores e ocupações serão remunerados e até que ponto.

FINANÇAS ACADÊMICAS

Em discussões financeiras, custos e preços às vezes são confundidos. Os custos são o que as universidades pagam para que seus funcionários ou fornecedores de tudo, desde eletricidade até material de escritório, exerçam suas diversas atividades. Os preços são o que essas instituições cobram de outras pessoas, independentemente se a finalidade for ensinar aos alunos, fazer pesquisa para o governo ou para o setor privado, ou realizar outras atividades, como apresentar eventos esportivos ou publicar livros e periódicos acadêmicos. O preço de mais destaque entre estes é a anuidade paga pelos alunos, que se tornou um dos principais itens no orçamento de muitas famílias, juntamente com as outras despesas para se manter um aluno na faculdade. Como afirma um ex-reitor de Harvard: "O preço de um único ano na maioria das universidades particulares, não apenas naquelas de primeiro nível, agora é quase igual à renda do domicílio norte-americano médio."[30]

Apesar de a renda de instituições acadêmicas ter de cobrir seus custos, como ocorre com outras instituições, independentemente de serem empresas com fins lucrativos ou organizações sem fins lucrativos, existem alguns fatores financeiros que funcionam de maneira peculiar para faculdades e universidades.

Custos

Apesar de "custo" ser uma palavra curta e aparentemente simples, esse termo esconde uma ampla variedade de complicações, seja num contexto acadêmico ou não. Os custos costumam ser confundidos com preços, mas são muito diferentes. Os custos referem-se às despesas em que se incorre para a produção de bens e serviços; os preços referem-se ao que se cobra dos consumidores por esses bens e serviços. Certas leis de regulação, por exemplo, podem reduzir os preços sem interferir nos custos — um dos efeitos adversos dessas leis.* Até mesmo quando temos certeza de que o que queremos considerar são os custos de produção, talvez não exista "um" custo para se produzir um determinado bem ou serviço. A produção em massa reduz o custo unitário de muitos bens, então o custo unitário de muitas coisas depende de quantas unidades são produzidas.

Na economia, os "custos" costumam se referir ao custo inerente ou ao menor custo para se produzir uma determinada quantidade e uma deter-

---

* Ver o capítulo 3 do meu livro *Basic Economics*.

minada qualidade de bens e serviços. Caso contrário, quaisquer despesas, fossem causadas por ineficiência, irresponsabilidade ou corrupção, estariam incluídas nos custos de produção. Mas, conforme já foi observado, existem políticas e práticas acadêmicas que inflacionam as verdadeiras despesas de faculdades e universidades, fazendo com que seu valor total esteja bem acima dos custos inerentes, não importando se estas políticas e práticas tiveram origem dentro de instituições acadêmicas ou foram impostas pela ação de agências de credenciamento, pela American Association of University Professors ou por outras. Uma investigação federal em 1990 desvendou um caso em que dinheiro proveniente de concessões governamentais foi utilizado em Stanford para cobrir parte do custo de 17.500 dólares pela recepção de casamento do presidente da universidade, e de 2 mil dólares por mês para o envio de flores à sua casa. E Stanford não foi um caso isolado. Outras universidades começaram a fazer "correções" nas respectivas contabilidades e a devolver dinheiro para o governo à medida que a notícia da investigação federal se espalhava.

Isso significa que qualquer coisa com a qual as faculdades e universidades gastem dinheiro será chamada de "custo" e será usada para justificar tanto o aumento da anuidade quanto as solicitações para que o governo e outros doadores ajudem a cobrir o "aumento dos custos". Estes "custos" incluíram a construção de um centro de alta tecnologia a pouco menos de 10 quilômetros do *campus* da Universidade do Texas, em Austin, a criação de *campi* pela Universidade de Evansville, na Inglaterra, e pela Universidade de Dallas, em Roma, bem como a criação de centros estudantis na Europa e na América do Sul por Stanford. Quando se chama o aumento dos gastos voluntários de "aumento dos custos" e isso se torna um motivo para aumentar a anuidade, a busca por mais dinheiro do contribuinte ou até mesmo as dotações principais, então as limitações econômicas impostas às empresas que precisam enfrentar a concorrência claramente não funcionam no mundo acadêmico.

Com base nesse cenário, é possível compreender a proliferação de serviços nos *campi*, como pistas de boliche e salas elegantes, tudo contado como parte dos custos de ensino. Considerando-se as inibições à ação da concorrência criadas por agências de credenciamento e pela American Association of University Professors, assim como a disponibilidade de verba dos contribuintes para cobrir o "aumento dos custos" e a capacidade de se utilizar dinheiro de dotação quando "necessário", as faculdades exibem uma concorrência não baseada no preço, de tipo semelhante ao da época em que o setor de aviação era isolado da concorrência devido à regulamentação do governo. Depois da desregulamentação, a entrada de empresas aéreas novas e mais baratas acabou rapidamente com muitas amenidades no setor aéreo. Mas instituições acadêmicas contam com a proteção, entre outras, das agências de credenciamento, que tratam os níveis existentes de serviços e de mordomias como custos que as universidades recém-criadas devem assumir para conseguir o credenciamento necessário para atrair tanto o dinheiro dos estudantes quanto o do governo.

Os custos são especialmente indefiníveis no caso de instituições acadêmicas porque a maioria está produzindo produtos conjuntos, inclusive aulas e pesquisas. *Não existe custo médio para um produto conjunto.* Existe um custo médio para a criação de um porco, mas não existe um custo médio para a produção de bacon, que é produzido juntamente com o presunto, as costeletas de porco e o couro de porco. No mundo acadêmico, em que os mesmos professores, as mesmas bibliotecas e as mesmas instalações de informática são utilizados tanto para aulas quanto para pesquisas, qualquer divisão dos custos totais entre essas duas atividades será arbitrária.

Existe outra razão para que seja difícil determinar os custos de ensino e de pesquisa: quando, em muitas universidades, ao longo dos anos, a carga horária média das aulas sofreu uma redução de 12 para 6 horas por semestre, foi necessário contratar o dobro de professores para lecionar uma determinada quantidade de cursos. Apesar de os custos adicionais poderem ser atribuídos às aulas nos registros contábeis da instituição, na verdade uma razão fundamental para a redução das cargas horárias das aulas foi proporcionar aos professores mais tempo para pesquisa.

FATOS E FALÁCIAS ACADÊMICOS

Apesar de não ser possível determinar o custo médio de um produto conjunto, podem-se determinar os custos *adicionais*. Em outras palavras, quando o legislativo destina mais dinheiro à universidade de seu estado, é possível ver quanto desse dinheiro adicional vai para aulas e quanto vai para pesquisa. Muitas vezes tenta-se convencer tanto os legisladores quanto a população de um estado de que os estudantes merecem um ensino melhor, mas, depois que a verba é destinada, a maior parte dessa quantia poderá ser usada para aumentar os salários dos professores, reduzir as cargas horárias em sala de aula ou financiar mais projetos de pesquisa.

Instituições acadêmicas costumam argumentar que os custos da educação de um aluno são maiores do que o preço cobrado pela anuidade, o que alguns consideram um sinal do altruísmo de uma instituição sem fins lucrativos. Mas, como o ato de dar aulas é um dos produtos conjuntos de uma instituição acadêmica, juntamente com pesquisa e outras atividades auxiliares, o significado dessa afirmação é pouco claro.

Ninguém levaria a sério o dono do New York Yankees se ele dissesse que os torcedores que vão ao Yankee Stadium não pagam todo o custo da administração de um time de beisebol, e deixasse a impressão de que sua organização seria uma instituição altruísta. Os produtos conjuntos vendidos pelos donos do clube incluem as partidas de beisebol que ocorrem no Yankee Stadium, transmissões televisionadas desses jogos, venda de espaço publicitário no estádio e aluguel do local para outras formas de entretenimento quando o time não estiver na cidade ou durante o intervalo entre temporadas. Considerando-se as múltiplas fontes de receita representadas por todas estas atividades, não há absolutamente qualquer razão pela qual os torcedores que compram ingressos para ir ao estádio devam cobrir todos os custos da administração de uma organização que toma a dianteira de uma equipe de beisebol no Yankee Stadium.*

---

* Além disso, a presença de torcedores na arquibancada torna o espetáculo televisionado melhor do que seria se o jogo fosse disputado num estádio silencioso e vazio. Os espectadores são como figurantes em filmes, exceto pelo fato de que, em vez de receberem como figurantes, eles pagam para estarem presentes.

De maneira semelhante, não existe razão para que os alunos paguem todos os custos de todas as atividades numa universidade. Ainda assim, há quem leve a sério afirmações como as feitas pelo reitor da Universidade de Stanford, de que a anuidade cobre apenas 58% do custo da educação de um aluno,[31] apesar de não haver uma forma definitiva de determinar quanto das despesas de Stanford ou de qualquer outra instituição de fins múltiplos pode ser atribuído ao ensino de estudantes. O que está claro é que a participação das anuidades nas receitas das faculdades e universidades estaduais no país todo vem aumentando ao longo dos anos.

A anuidade representava pouco mais de 21% dessas receitas em 1981, mas era de mais de 36% em 2005.[32] Seria difícil, se não impossível, argumentar que o tempo em sala de aula tenha aumentado de forma proporcional às demais atividades ou recebido mais ênfase nas faculdades e universidades estaduais nesse mesmo período. Enquanto isso, os orçamentos dos governos estaduais por aluno foram menores em dólares constantes em 2005 do que nos idos de 1981.

Se tomarmos literalmente o argumento de que faculdades e universidades perdem dinheiro com cada aluno, seria difícil explicar por que estas instituições gastam tanto tempo e dinheiro com o recrutamento de alunos e por que o número de alunos aceitos numa determinada instituição tende a aumentar com o tempo.* Mas isso faz sentido quando levamos em consideração o fato de que os custos *adicionais* do aumento do número de alunos podem ser bem pequenos. Uma vez que dormitórios, bibliotecas, ginásios esportivos e outras instalações para os alunos tenham sido construídos, o custo de haver mais alunos para utilizá-los pode ser muito modesto. Em outras palavras, quando não houver, em uma faculdade, uma quantidade suficiente de alunos que queiram preencher os dormitórios, o custo da manutenção dos quartos vazios não sofrerá uma redução comparável

---

* Harvard tinha mais de duzentos anos quando formou uma turma com pelo menos cem alunos. Harry R. Lewis, *Excellence Without a Soul*, p. 27.

ao impacto causado, nas receitas da faculdade, pela falta de anuidades. Portanto, os diretores de admissão de faculdades estão sob grande pressão para garantir não apenas um número amplo de solicitações, mas também — como muitos alunos se candidatam a várias faculdades — para garantir que um percentual substancial dos alunos aceitos efetivamente se matricule em vez de ir para uma das outras faculdades que os aceitaram. Como o *Chronicle of Higher Education* afirmou certa vez:

> À medida que a concorrência por novos alunos fica mais acirrada, os presidentes de faculdades têm tratado os diretores de admissão como técnicos de futebol, demitindo aqueles que não conseguem obter um bom resultado.[33]

Este não é o tipo de comportamento que se pode esperar se as faculdades estiverem realmente perdendo dinheiro com seus alunos. As faculdades estão pelo menos tão ansiosas para recrutar alunos quanto os New York Yankees estão para fazer com que os torcedores assistam a uma partida no Yankee Stadium, ainda que nos dois casos o preço do ingresso não cubra todos os custos das organizações.

Um dos maiores custos para faculdades e universidades é a estabilidade dos professores. Quando combinada com leis contra a "discriminação por idade", a estabilidade significa praticamente uma garantia de emprego vitalícia, até mesmo para aqueles que não se mantenham atualizados em relação aos avanços nas suas respectivas áreas ou que se tornem menos eficazes como professores ou acadêmicos com o passar do tempo. Geralmente essas pessoas podem ser substituídas apenas se lhes ressarcirem uma quantia substancial de dinheiro para que se aposentem. Outra alternativa seria contratar outra pessoa para ministrar as mesmas matérias lecionadas por um professor que não tenha acompanhado os desenvolvimentos mais recentes na sua área. Essa duplicação dos cursos é evidentemente cara, mas poderá ser a única maneira para que uma universidade com departamentos bem classificados possa manter sua reputação elevada, em vez de entregar ao mundo estudantes menos qualificados porque tiveram aulas com professores cujo conhecimento está atrasado em relação ao de colegas de profissão em outros lugares.

Apesar de as faculdades e universidades não poderem fazer muito em relação aos professores que possuem estabilidade, depois que estes se aposentarem ou falecerem, as instituições acadêmicas que os empregaram poderão optar entre substitutos que terão estabilidade ou por aqueles que não a terão, nem serão nomeados para os tipos de cargos que as pessoas ocupam enquanto esperam pela estabilidade, garantida após a decisão entre "promoção ou rua". Estes cargos que não levam à estabilidade podem ser de professor em meio período ou de instrutor adjunto, ou ainda de palestrantes que poderão trabalhar em período integral, mas sem qualquer expectativa de se tornar permanentes. Com o passar dos anos, uma quantidade cada vez maior de instituições tem contratado uma quantidade cada vez maior de professores sem estabilidade ou qualquer expectativa de obtê-la. Em 1975, 37% dos professores universitários trabalhavam em período integral e tinham estabilidade, e mais 20% estavam a caminho de conquistá-la. Em resumo, a estabilidade era a regra, e mais da metade dos professores estavam entre os que a tinham garantido ou ocupavam cargos, como o de professores assistentes, em que havia a perspectiva de alcançá-la.

No entanto, em 2003, apenas 35% de todos os professores tinham estabilidade ou estavam em vias de alcançá-la, enquanto 46% ocupavam cargos em meio período, sem estabilidade e outros 19% trabalhavam em período integral também sem essa garantia.[34] Em resumo, a estabilidade não fazia parte das perspectivas de aproximadamente dois terços de todos os professores. Apesar de a quantidade e a proporção cada vez maiores de nomeações de professores sem estabilidade terem tanto aliviado as pressões financeiras sobre as faculdades e universidades quanto permitido mais flexibilidade para equiparar a quantidade e os tipos de professores à mudança nas demandas em diversas áreas, estas nomeações certamente não eram tão desejáveis para os profissionais. Essas instituições de elite que buscavam atrair os principais acadêmicos para seu corpo docente não tinham, portanto, tanta liberdade para contratar uma grande quantidade de profissionais para cargos que não estivessem a caminho da estabilidade. Assim, em Stanford apenas 9% dos professores estavam fora do sistema de estabilidade, enquanto 73% não contavam com essa garantia na Universidade do Colorado, em Boulder.[35]

Essas quantidades e proporções também são afetadas por quantos cursos de nível introdutório e mais baixo são fornecidos, tais como inglês para estudantes do primeiro ano ou matemática para iniciantes, uma vez que seria especialmente provável que os professores sem estabilidade lecionassem estes tipos de cursos, enquanto os professores mais antigos que tivessem estabilidade estivessem à frente de disciplinas mais avançadas no nível da graduação ou da pós-graduação. Apesar de algumas instituições com classificação alta poderem ter várias dessas cadeiras, poderíamos esperar que estes tipos de cursos constituíssem uma proporção especialmente elevada daquilo que é oferecido em faculdades comunitárias. Numa faculdade desse tipo em Illinois, a College of Dupage, a quantidade de professores adjuntos superava a de professores em tempo integral numa proporção de mais de três para um. Numa instituição com fins lucrativos, como a Universidade de Phoenix, quase todos os professores trabalham meio período.

No entanto, esse disseminado emprego de professores que não estejam a caminho da estabilidade não se limita, de forma alguma, às instituições de menor prestígio. Também pode haver uma ampla utilização desse tipo de cargo naquelas instituições conceituadas em que muitos dos principais acadêmicos preferem não dar aulas, mas se concentrar num trabalho mais avançado e que seja mais gratificante tanto em termos intelectuais quanto financeiros. Certa vez, um professor de ciências na Universidade de Michigan expôs a situação de maneira muito franca ao afirmar: "Cada minuto que gasto numa sala de aula da graduação tem me custado tanto dinheiro quanto prestígio."[36] Além disso, nem esse profissional nem a

Universidade de Michigan eram singulares nesse sentido. Em Harvard, por exemplo, um estudo descobriu que havia 1.291 professores com estabilidade e no caminho da estabilidade, superados pelo total de professores que não estavam no caminho da estabilidade, tanto em período integral (1.072) quanto em meio período (611).[37] Uma das implicações dessas estatísticas é que os estudantes poderão se sentir atraídos para se matricular em algumas instituições de renome cujo prestígio se deve àqueles que provavelmente não serão seus professores, especialmente no primeiro ano, e que, em alguns casos, talvez não lhes darão aulas a não ser que tais alunos cheguem à pós-graduação.

Receitas

O fato de uma instituição não ter fins lucrativos não implica de forma alguma que seja indiferente ao dinheiro ou menos assídua na busca por dinheiro em comparação com empresas estabelecidas para obter lucro. Em muitas faculdades e universidades, professores iniciantes não têm direito a uma promoção a um cargo estável a menos, ou até, que tragam consigo bolsas para pesquisa, das quais a instituição toma uma grande parte com cobranças gerais — em média aproximadamente 44% sobre bolsas do Ministério da Saúde e Serviços Humanos, por exemplo.[38]

No que diz respeito aos estudantes, não apenas a anuidade tem aumentado, há várias décadas, mais rapidamente do que o índice de inflação; faculdades e universidades se envolvem rotineiramente em discriminação de preços, o que faria com que uma empresa privada fosse processada de acordo com as leis antitruste.

Apesar de a anuidade oficial ser igual para todo mundo, em muitas das faculdades e universidades mais caras, a maioria dos estudantes recebe o que se chama de "auxílio financeiro" na forma de descontos em relação aos preços fixados. O que, na academia, se chama de anuidade, no setor privado seria chamado de preço de tabela, e o ato de oferecer descontos diferentes de acordo com a renda seria chamado de "cobrar o que o volume será capaz de sustentar". Além disso, durante mais de trinta anos, as principais instituições acadêmicas — incluindo as faculdades da Ivy League, o MIT, a Amherst e uma dúzia de outras faculdades e universidades — formaram um cartel que se reunia anualmente para coordenar os preços líquidos que seriam cobrados de estudantes específicos que tinham se candidatado a mais de uma das instituições deste cartel. Dessa forma, se um estudante específico, proveniente de uma família com uma determinada renda, um determinado saldo bancário, um determinado saldo de hipoteca, entre outros critérios, tivesse se candidatado a Harvard, Yale e ao MIT, estas instituições decidiriam de maneira conjunta como coordenar os descontos de "auxílio financeiro" de tal maneira que o estudante ficaria diante do mesmo preço líquido a ser pago nos três lugares.[39]

Qualquer empresa que exigisse informações financeiras tão detalhadas dos clientes antes de estabelecer um preço para seus bens e serviços, para então fazer um conluio com seus concorrentes com o objetivo de estabelecer um preço uniforme para cada cliente específico, seria processada de acordo com as leis antitruste, e seus executivos enfrentariam uma grande chance de serem presos. Mas, quando o Ministério da Justiça dos Estados Unidos começou a investigar tardiamente esta prática entre instituições acadêmicas, em 1989, as instituições envolvidas tiveram permissão para evitar quaisquer penalidades jurídicas simplesmente ao interromper a prática, em 1991. Ainda assim, as ações deste cartel mostraram que ser uma instituição sem fins lucrativos não significa ter menos empenho na busca por dinheiro.

Os contribuintes são uma fonte de receita que não é desprezada sequer por faculdades e universidades particulares. Subsídios do governo para estudantes cuja renda familiar não seja suficiente para tornar uma faculdade "viável" em termos financeiros se tornam um incentivo para que essas instituições mantenham a anuidade alta o suficiente para ser inviável, em termos financeiros, para uma grande quantidade de estudantes. Quando a fórmula do governo para conceder auxílio a estudantes subtrai dos preços cobrados por faculdades a "contribuição esperada" para o ensino superior de um estudante, de acordo com a renda familiar, e só então determina qual será o valor do subsídio, até mesmo uma faculdade pequena perderia milhões de dólares por ano em dinheiro do governo se mantivesse sua anuidade baixa, dentro da faixa que a maioria das famílias poderia pagar. Do ponto de vista dos interesses financeiros da faculdade, faz mais sentido manter a anuidade inviável para a maioria dos estudantes e utilizar o dinheiro adicional, subsidiado pelo governo, para realizar as melhorias nas instalações do *campus* que lhe permitirão concorrer com outras faculdades. A falácia que faz com que esta anuidade continue sempre a aumentar é ignorar o fato de que subsidiar os "custos" existentes proporciona incentivos para o aumento desses "custos".

Instituições acadêmicas pressionam o Congresso para que se gaste dinheiro tanto no ensino superior em geral quanto em sua própria instituição. Como a destinação de fundos pela legislação a instituições específicas é uma forma de evitar o processo de revisão por pares através do qual as agências federais pesam os pedidos concorrentes de dinheiro, esses direcionamentos são procurados especialmente por instituições com menores chances de conseguirem subsídios pelos próprios méritos quando concorrem com instituições de maior prestígio. Conforme um estudo observou, "a maior parte do lobby das universidades e praticamente 100% daquele feito pelas que não estão entre as dez principais instituições de pesquisa são dedicados à busca de subsídios".[40] O mesmo estudo descreveu o processo de lobby:

> Em janeiro, os administradores de uma universidade se reúnem com seu lobista para formular uma estratégia de pressão para o ano fiscal que vai começar. Eles priorizam solicitações de subsídios potenciais de acordo com a probabilidade de sucesso e identificam os representantes que serão pressionados. Geralmente terão como alvo

o deputado e/ou senadores do distrito e do estado da universidade. Em março, a universidade começa a pressionar os deputados estabelecidos como alvo para que incluam sua solicitação na legislação voltada a apropriações. Depois do recesso de agosto, se exerce uma pressão para que a solicitação seja incluída em um dos treze projetos de lei para apropriações. O ciclo se encerra no fim do outono, quando esses projetos de lei são enviados para o presidente.[41]

A pioneira dessas campanhas organizadas de lobby por subsídio federal foi a da Universidade de Tufts, que, na década de 1970, contratou lobistas profissionais, uma prática depois seguida por outras instituições. O retorno sobre estes investimentos em lobby pode ser indicado pelo aumento de fundos federais direcionados para instituições acadêmicas, de 17 milhões de dólares em 1980, para aproximadamente 1,7 bilhão de dólares em 2001.

Até mesmo levando-se em conta a inflação, este aumento de cem vezes no valor absoluto ainda representa cinquenta vezes em termos reais.[42] Universidades envolvidas em lobby por dinheiro federal gastam nesse processo, em média, mais de 100 mil dólares por ano, cada uma, e recebem de volta em dinheiro federal mais de 1 milhão de dólares cada uma. Universidades localizadas no distrito ou no estado de um deputado ou senador que seja membro do comitê orçamentário da Câmara dos Deputados ou do Senado têm índices de retorno sobre seus investimentos de lobby ainda maiores do que o retorno de oito vezes recebido por outras universidades. De novo, o fato de ser uma instituição sem fins lucrativos não significa que se busque dinheiro de maneira menos intensa do que empresas cuja renda é chamada de lucro.

Dinheiro proveniente de fontes externas — governo, indústria, fundações e doadores individuais — é crucial para pesquisa, que, por sua vez, é imprescindível para a prosperidade e o prestígio tanto individuais quanto institucionais. Até mesmo universidades com grandes fundos patrimoniais como Harvard e Yale, que recebem milhões de dólares por ano em dotações nos mercados financeiros, não financiam a maior parte das suas pesquisas com dinheiro próprio, mas com verbas provenientes do governo e de outras fontes externas. No ano fiscal de 2004, por exemplo, a Universidade de Yale gastou dez vezes mais dinheiro do governo do que verbas próprias para financiar pesquisa e desenvolvimento — e Harvard não usou nada do próprio dinheiro para essa finalidade, enquanto gastou 399 milhões de dólares do governo.[43]

Os esportes universitários — especialmente o futebol americano e o basquete — são outra fonte de receita considerável para algumas faculdades e universidades, apesar de esta receita raramente contribuir para as atividades educacionais destas instituições. Um ex-presidente da Universidade de Yale resumiu a situação sucintamente: "Eu nunca vi um laboratório ou uma biblioteca ou um dormitório construídos com receitas do futebol americano ou do basquete."[44] Ao contrário, é mais comum que estes e outros esportes custem mais do que arrecadam, mesmo que os principais esportes universitários possam ganhar milhões de dólares em bilheteria, direitos de televisão e outras fontes de receita. Em 2006, a Universidade do Estado de Ohio tornou-se a primeira instituição acadêmica a gastar mais de 100 milhões de dólares em seus vários programas esportivos. No entanto, com um time de futebol americano classificado em primeiro lugar e disputando a partida final do campeonato, seus 101,8 milhões de dólares em despesas foram cobertos por 104,7 milhões de dólares em receitas.[45]

No entanto, na maioria das faculdades e universidades, as perdas financeiras são a regra para programas esportivos. Apesar de certa contabilidade "criativa" utilizada para esconder quanto alguns esportes universitários custam, o chefe da National Collegiate Athletic Association (NCAA) "reconheceu que, quando contabilizados corretamente, menos de dez dos mais de mil departamentos esportivos universitários registram superávit", de acordo com o *New York Times*.[46] A NCAA é um cartel de âmbito nacional, cujo princípio orientador é que nenhuma parcela das grandes quantias de dinheiro envolvidas em esportes universitários deve ser paga aos jogadores que colocam seu corpo em risco. Enquanto isso, aqueles que dirigem essas competições esportivas da linha lateral podem ser muito bem remunerados.

Mais de cem anos atrás, quando Harvard contratou seu primeiro técnico pago de futebol americano, o salário "era 30% maior do que o que o professor mais bem pago de Harvard ganhava e era comparável ao salário de Eliot depois dos seus quase quarenta anos como presidente."[47] Esses padrões ainda são comuns, exceto pelo fato de que atualmente é normal que os técnicos de futebol americano ganhem *mais* do que os presidentes das respectivas universidades.[48] Apesar de ainda ser raro que a remuneração total do presidente de uma universidade — salário mais benefícios — seja de 1 milhão de dólares por ano, diversos técnicos de futebol americano tiveram remuneração superior a 1 milhão por ano cada um, e dez técnicos de faculdades têm remunerações de mais de 2 milhões de dólares. Nenhum dos presidentes destas dez instituições teve uma remuneração anual que chegasse a 800 mil dólares.[49] Até mesmo os principais recrutadores que fazem a seleção dos jogadores de futebol americano de ensino médio para uma faculdade podem ganhar mais de 200 mil dólares por ano, que é mais do que o salário médio de um professor titular em Harvard.[50]

Pode parecer estranho, se não irracional, que uma faculdade ou universidade pague um altíssimo salário imenso para alguém no comando de uma atividade que geralmente perde dinheiro no saldo líquido. Mas, de novo, é necessário distinguir o que é benéfico do ponto de vista da instituição daquilo que é benéfico do ponto de vista dos responsáveis por tomar decisões específicas dentro dessa instituição. Além disso, a economia de curto prazo é diferente da economia de longo prazo.

Em curto prazo, um estádio e outras instalações esportivas já foram construídos, então os únicos custos que importam são os *adicionais*, referentes a manutenção e funcionamento, podendo ser uma pequena fração dos custos totais, que incluem o que foi gasto com a construção dessas instalações. As receitas que um programa esportivo bem-sucedido pode trazer — em bilheteria, direitos de televisão, dinheiro recolhido com a final do campeonato etc. — podem facilmente superar os custos adicionais para a sua manutenção. Por outro lado, se a equipe de futebol americano ou de basquete perder quase todos os jogos, todas essas fontes de receita podem cair drasticamente e não ser suficientes para cobrir nem mesmo os custos adicionais da administração de um programa esportivo. Considerando-se esses incentivos e as limitações, vale a pena contratar um técnico que provavelmente conseguirá uma temporada vencedora por um salário muito alto.

E quanto ao longo prazo?

Em longo prazo, o estádio e as demais instalações atléticas precisarão de uma reforma ou uma reconstrução dispendiosa. De um ponto de vista meramente acadêmico, a faculdade ou universidade pode estar melhor naquele momento, de forma a interromper os programas atléticos universitários que gastam mais do que arrecadam. No entanto, do ponto de vista do presidente de uma faculdade ou universidade, será que vale a pena mexer no vespeiro que será ultrajar estudantes, ex-alunos e talvez até mesmo alguns professores, interrompendo um programa de futebol americano ou basquete autorizado continuamente por vários anos? O presidente de uma faculdade ou universidade tem poucos incentivos para pensar em termos de longo prazo além do próprio mandato — que pode ser interrompido exatamente ao se ultrajarem diversos eleitorados da instituição.*

Como universidades que têm times de esportes universitários são organizações sem fins lucrativos, não existem acionistas para reclamar

---

* Quando a Birmingham-Southern College caiu da 1ª para a 3ª divisão da competição esportiva, na qual competiria contra outras faculdades pequenas, de artes liberais com orientação acadêmica, houve protestos estudantis e jornais locais criticaram a decisão, apesar de o orçamento esportivo de 6,5 milhões de dólares representar 15% do orçamento total da faculdade." Audrey Williams June, "After Costly Foray Into Big-Time Sports, a College Returns to Its Roots", *Chronicle of Higher Education*, p. A33-A34.

quanto à ineficiência de subsidiar atividades que percam dinheiro, e menos ainda para organizar uma campanha com o objetivo de se livrar de um CEO que esteja reduzindo o retorno sobre o seu investimento. Numa empresa baseada no lucro, qualquer operação que tenha como consequência a perda de dinheiro é uma ameaça à posição econômica de longo prazo da instituição — e essa ameaça é refletida *imediatamente* no preço da sua ação, na classificação inferior dos seus títulos e na relutância cada vez maior de bancos ou outras instituições financeiras para deixá-las ter dinheiro. É significativo que as relativamente poucas instituições acadêmicas administradas para obter lucro, incluindo a Universidade de Phoenix, que tem mais estudantes do que qualquer universidade sem fins lucrativos, não disponham de equipes de futebol americano ou estádios.

Poucas pessoas, se houver alguma, têm algum interesse pessoal direto nas consequências econômicas ou educacionais, em longo prazo, de decisões tomadas por funcionários da maioria das faculdades e universidades. Alunos vão embora em poucos anos, professores mudam facilmente de uma instituição para outra e poucos presidentes de faculdades ou universidades permanecem na mesma instituição por várias décadas, como Charles Eliot em Harvard, Nicholas Murray Butler em Columbia e Robert Hutchins na Universidade de Chicago. Os presidentes de faculdades ou universidades não tão bem classificadas podem aspirar a virar presidentes de instituições mais bem classificadas, e os presidentes destas podem aspirar a altos cargos no mundo político ou empresarial. Mas raramente existe um compromisso de longo prazo que proporcione incentivos para que estudantes, professores ou administradores adotem uma visão duradoura das consequências de suas decisões para a instituição, seja em esportes universitários ou em outros aspectos no ensino superior.

RESUMO E CONCLUSÕES

Muitas das decisões econômicas e educacionais tomadas pelas faculdades e universidades parecem inexplicáveis como medidas que buscam atender aos interesses dos estudantes ou da própria instituição. No entanto, essas medidas são compreendidas de maneira muito mais imediata como reações aos incentivos e às coações de pessoas com poderes de decisão específicos, como professores, administradores, provedores, técnicos esportivos e outros que buscam satisfazer os próprios interesses. Esses conflitos internos entre interesses pessoais e as finalidades gerais da instituição são reprimidos de maneira muito mais imediata numa empresa com fins lucrativos, em que a diferença entre lucro e perda é a diferença entre sobrevivência e extinção — e em que acionistas e instituições financeiras externas reagem às implicações, seja em curto ou longo prazo, das decisões tomadas pela empresa. Sempre que o teste final é satisfazer tanto os consumidores quanto os investidores, existem limites inerentes em relação a até que ponto se podem tolerar mordomias entre as pessoas que estão dentro da organização.

As instituições sem fins lucrativos se diferenciam mais daquelas com fins lucrativos não na busca ou arrecadação de dinheiro, mas na variedade das suas opções quanto ao que fazer com ele. Essa variedade é muito mais restrita no caso de empresas com fins lucrativos, que, se pretenderem continuar funcionando, devem atender aos desejos tanto dos seus clientes quanto de investidores que as financiam. Mas organizações sem fins lucrativos, como faculdades e universidades, recebem muito dinheiro de pessoas cujos desejos não contam — não apenas contribuintes, mas também doadores mortos que contribuíram para a dotação da instituição ou em programas acadêmicos específicos.

Na mesma proporção em que podem buscar fundos do governo, as instituições acadêmicas desencorajam o direcionamento de fundos provenientes de doadores e, em alguns casos, gastam esse dinheiro com objetivos muito diferentes daqueles que os doadores especificaram. Conforme já se observou, o amplo espectro da autonomia orçamentária por parte de instituições acadêmicas inclui mordomias por parte de professores que aumentam, direta ou indiretamente, os custos que os estudantes pagam, ou pioram a qualidade da sua educação ao entregar os cursos para que sejam ministrados pelos seus alunos da pós-graduação ou limitar a variedade de visões apresentadas nos cursos, ministrados pelo corpo docente tradicional ou por novos contratados, escolhidos por esses mesmos professores.

Numa época anterior, instituições sem fins lucrativos, como universidades, hospitais ou fundações se envolviam em mais discriminação racial e étnica do que empresas com fins lucrativos, que tinham uma variedade mais restrita de opções economicamente viáveis. Por exemplo, centenas de químicos negros foram empregados no setor privado antes da Segunda Guerra Mundial, quando nenhuma das principais universidades tinha sequer um professor de química negro — ou de qualquer outra matéria. A Universidade de Columbia levou mais de 150 anos para ter seu primeiro professor titular judeu. Padrões semelhantes podiam ser encontrados em muitos hospitais sem fins lucrativos que não tinham médicos nem negros nem judeus, apesar de muitos desses serem médicos com práticas particulares bem-sucedidas. A discriminação gera custos para aqueles que discriminam, assim como para quem é discriminado, mas esses custos recaem sobre outras pessoas — não sobre aquelas que tomam decisões discriminatórias — no caso de organizações sem fins lucrativos. De acordo com essa lógica, os custos de preferências raciais ou étnicas numa época posterior também recairão sobre outras pessoas, de tal maneira que as mesmas organizações sem fins lucrativos que certa vez discriminaram os negros, por exemplo, agora podem se dar ao luxo de mostrar preferências por negros como estudantes ou como professores porque os custos destas opções também são pagos por outras pessoas.

5.
Fatos e Falácias Relacionados à Renda

> Medir o crescimento ou a desigualdade de renda é um pouco parecido com patinação artística nas Olimpíadas — cheio de saltos e rodopios perigosos e nem de perto tão fácil quanto parece.
>
> *Alan Reynolds*[1]

Mark Twain disse que existem três tipos de mentiras — "as mentiras, as grandes mentiras e as estatísticas". Estatísticas sobre renda são exemplos clássicos de números que podem ser ordenados de maneiras diversas para sugerir conclusões não simplesmente diferentes, mas totalmente opostas. Entre o abundante estoque de falácias sobre renda e riqueza, estão as seguintes:

1. Exceto pelos ricos, a renda dos norte-americanos se estagnou por vários anos.
2. A classe média norte-americana tem diminuído.

3. Ao longo dos anos, os pobres têm ficado mais pobres.
4. Os executivos ganham muito em detrimento tanto dos acionistas quanto dos consumidores.

Existem estatísticas que podem ser citadas para sustentar cada uma destas proposições — e outras, ou até mesmo as mesmas, observadas de outro ponto de vista, que podem fazer com que estas proposições desabem como um castelo de cartas.

Os fatos mais simples sobre renda nos Estados Unidos são contestados, apesar de haver um grande número de dados estatísticos coletados pelo Bureau of the Census, por outros órgãos governamentais e por diversas empresas privadas de pesquisa. Os números em si não costumam ser contestados. O que está em questão são as análises ou as falácias.

ESTAGNAÇÃO DA RENDA

O que pode parecer uma das perguntas mais fáceis — se a renda da maioria dos norte-americanos tem crescido ou não — é, na verdade, uma das que causam as controvérsias mais acirradas.

Renda domiciliar

Muitas vezes se alegou que houve pouquíssima mudança na renda real média dos domicílios norte-americanos ao longo de várias décadas. Não se pode contestar o fato de que essa renda real média — ou seja, a renda monetária corrigida pela inflação — tenha aumentado em apenas 6% ao longo de todo o período entre 1969 e 1996. Isso pode muito bem ser qualificado como estagnação. Mas também não se pode contestar o fato de que a renda real média por pessoa nos Estados Unidos tenha aumentado 51% ao longo exatamente desse mesmo período.² Como esses dois dados podem ser verdadeiros? Porque a média da quantidade de pessoas por domicílio diminuiu durante aqueles anos.

A média da quantidade de pessoas por domicílio varia ao longo do tempo, assim como há variação de um grupo racial ou étnico para outro num determinado momento e há variação de um nível de renda para outro. As comparações que utilizam dados sobre a renda domiciliar são indicadores muito menos confiáveis de padrões de vida do que os dados sobre renda individual, porque os domicílios variam em tamanho, enquanto um indivíduo sempre significa uma pessoa. Estudos sobre o que as pessoas efetivamente consomem — ou seja, sobre seu padrão de vida — mostram aumentos substanciais ao longo dos anos, até mesmo entre os pobres,³ que estão mais de acordo com o crescimento de 51% na renda per capita real do que com o de 6% no rendimento domiciliar real. Mas as estatísticas apresentam oportunidades de ouro para as falácias florescerem, e essas oportunidades foram aproveitadas por muitos na imprensa, na política e no mundo acadêmico.

Um articulista do *Washington Post*, por exemplo, afirmou que "a renda da maioria dos domicílios norte-americanos permaneceu teimosamente fixa ao longo das três últimas décadas",⁴ sugerindo que tenha havido pouca mudança no padrão de vida. Um colunista do *New York Times* declarou, da mesma maneira: "A renda da maioria dos domicílios norte-americanos não aumentou em relação à inflação desde 1973."⁵

O chefe de um *think tank* de Washington foi citado no *Christian Science Monitor* por ter declarado: "A economia está crescendo sem aumentar os padrões de vida médios."⁶ Algumas vezes essas conclusões são decorrentes de uma ingenuidade em relação às estatísticas, mas outras vezes a inconsistência com a qual os dados são citados sugere um preconceito. Tom Wicker, colunista do *New York Times* há muitos anos, por exemplo, utilizou um dado referente à renda per capita quando retratou o sucesso das políticas econômicas da administração de Lyndon Johnson e dados sobre renda familiar para ilustrar o fracasso das políticas de Ronald Reagan e George H.W. Bush. As famílias, assim como os domicílios, variam ao longo do tempo, seja em tamanho, entre os diferentes grupos ou de um nível de renda para outro.[8]

O aumento do padrão de vida é um dos fatores por trás da diminuição do tamanho do domicílio ao longo do tempo. Uma maior renda real per capita permite que mais pessoas vivam separadas em unidades residenciais próprias, em vez de com os pais, colegas de quarto ou estranhos numa pensão. No entanto, uma redução no número de pessoas que moram sob o mesmo teto como resultado do aumento da prosperidade pode gerar dados que costumam ser citados como prova da estagnação econômica. Num domicílio de baixa renda, o aumento desta pode fazer com que se ultrapasse o nível de pobreza ou que se alivie o excesso de pessoas a partir da saída de alguns membros para formar seus domicílios — o que, por sua vez, pode levar a um dado que mostre dois domicílios abaixo do nível da pobreza, quando antes havia apenas um. Esses dados não são imprecisos, mas a conclusão a que se chega pode ser falaciosa.

Diferenças no tamanho dos domicílios são muito marcantes entre um nível de renda e outro. Dados do U.S. Census mostram 39 milhões de pessoas cuja renda domiciliar está na faixa das 20% mais baixas e 64 milhões de pessoas na faixa das 20% mais altas.[9] Nessas circunstâncias, medir a desigualdade entre diferentes domicílios ou o aumento e a queda da renda em um mesmo núcleo pode gerar resultados completamente diferentes daqueles obtidos com dados sobre indivíduos. Comparar domicílios de tamanhos muito variados pode significar comparar alhos e bugalhos. Não apenas os domicílios são muito distintos em termos do número de pessoas que abrigam conforme o nível de renda, como também o número de pessoas *que trabalham* varia de maneira ainda mais ampla.

No ano 2000, os domicílios classificados entre os 20% com maior renda continham 19 milhões de chefes de família que trabalhavam, em comparação com menos de 8 milhões naqueles que compunham os 20%

FATOS E FALÁCIAS RELACIONADOS À RENDA

mais pobres. Essas diferenças são ainda mais extremas quando se compararam pessoas que têm trabalhos fixos em tempo integral. Existem quase seis vezes mais pessoas nessas condições entre os 20% do primeiro grupo do que nos do segundo.[10] Até mesmo os domicílios que representam os 5% com a mais alta renda somavam mais chefes de família que trabalhavam em período integral por pelo menos cinquenta semanas por ano do que os 20% com renda mais baixa. Em números absolutos, havia 3,9 milhões de chefes de família trabalhando em período integral durante todo o ano nos 5% formados pelos domicílios de alta renda e apenas 3,3 milhões nos 20% representados pelos domicílios de renda mais baixa.[11]

Houve uma época em que era significativo falar do "rico ocioso" e do "pobre que trabalha duro", mas isso é passado. Na maioria dos domicílios na faixa dos 20% de renda mais baixa, não há *ninguém* que trabalhe em período integral durante todo o ano, e em 56% destes domicílios não há ninguém que trabalhe mesmo meio período.[12] Alguns destes são habitados por mães solteiras e seus filhos, sob benefício da assistência social. Alguns consistem em aposentados que vivem da Previdência Social, outros ainda em pessoas que não trabalham, ou que têm empregos esporádicos ou de meio período por causa de incapacidades ou por outras razões.

Portanto, dados sobre renda domiciliar podem ser muito enganosos, seja pela comparação entre diferenças de renda a partir de um determinado momento, seja pelo acompanhamento de mudanças ao longo dos anos. Por exemplo, um estudo que dividiu o país em "cinco camadas iguais" por renda chegou a conclusões terríveis sobre o grau de desigualdade entre os 20% de domicílios com a mais alta e os com a mais baixa faixa de renda.[13] Esses percentuais iguais de *domicílios*, no entanto, não eram de forma alguma percentuais iguais de *pessoas*, uma vez que o grupo de domicílios mais pobres contém 25 milhões de pessoas a menos do que o dos mais ricos. Um aumento da desigualdade de renda ao longo do tempo também se torna muito menos misterioso numa época em que as pessoas ganham mais pelos seus trabalhos, porque isso significa que as pessoas que não trabalham tanto, ou que não trabalham, perdem oportunidades para fazer parte deste aumento de renda. Além de haver diferenças entre níveis de renda em decorrência de quantos chefes de domicílio trabalham, existem disparidades ainda maiores relacionadas a quantos membros dos domicílios trabalham no total. Os 20% de domicílios com renda mais alta têm quatro vezes mais trabalhadores do que os 20% com renda mais baixa, e mais de cinco vezes mais pessoas que trabalham em tempo integral e o ano todo.[14]

Não há dúvida de que a quantidade de contracheques por domicílio tenha algo a ver com as diferenças de renda, apesar de esses fatos geralmente serem omitidos em debates sobre "disparidades" de renda e "desigualdades" causadas pela "sociedade". Raramente se menciona, e ainda menos se verifica, a própria possibilidade de que o problema não esteja na sociedade, mas sim nas pessoas que contribuem menos do que outras para a economia e são proporcionalmente mais mal remuneradas. Mas os domicílios que compõem os 20% localizados na faixa de renda inferior não apenas contribuem com menos trabalho; eles também dispõem de muito menos habilidades, baseadas na educação. Apesar de quase 60% dos norte-americanos nos 20% superiores terem se formado na faculdade, apenas 6% daqueles nos 20% inferiores têm curso universitário.[15] Esses fatos tão notórios costumam ser omitidos de debates que se concentram no que é chamado de fracassos da "sociedade" e ignoram de maneira firme os fatos contrários a essa visão.

A maioria das estatísticas sobre a desigualdade de renda é muito enganosa ainda em outro sentido. Quase invariavelmente se deixa de fora o dinheiro recebido por meio de diversos programas governamentais que proporcionam benefícios de valor substancial para pessoas pobres, pelos quais aqueles que os recebem não pagam nada. Como mais de dois terços das receitas de pessoas na faixa dos 20% com renda mais baixa são provenientes destas transferências, o ato de deixar esses pagamentos fora dos dados analisados aumenta muito os índices de pobreza — deixar de fora transferências em espécie, como os subsídios para habitação, distorce

FATOS E FALÁCIAS RELACIONADOS À RENDA

ainda mais a situação. Em 2001, por exemplo, transferências em dinheiro e em espécie foram responsáveis por 77,8% dos recursos econômicos de pessoas que compõem os 20% inferiores.[16] Em outras palavras, as estatísticas alarmantes sobre sua renda, citadas com tanta frequência na imprensa e por políticos, levam em conta *apenas 22% dos recursos econômicos efetivos à disposição dessas pessoas.*

Considerando-se essas disparidades entre a realidade econômica e as estatísticas alarmantes, é muito mais fácil compreender incongruências tais como os dados de que os norte-americanos abaixo do nível oficial de pobreza gastam US$ 1,75 para cada dólar de renda[17] — conforme definido em estudos estatísticos. No que diz respeito à estagnação, em 2001 a maioria das pessoas definidas como pobres tinham bens outrora considerados parte de um estilo de vida de classe média. Três quartos destas tinham aparelhos de ar-condicionado, o que apenas um terço de todos os norte-americanos tinha em 1971. Os que tinham televisões em cores somavam 97%; em 1971, o número dos que as tinham era menos da metade de todos os norte-americanos. Setenta e três por cento tinham um micro-ondas, que menos de 1% dos norte-americanos possuía em 1971; e 98% dos "pobres" tinham um aparelho de videocassete ou de DVD, que ninguém tinha em 1971. Além disso, 72% dos "pobres" tinham um carro ou um caminhão.[18] Ainda assim, a retórica do "ter" e do "não ter" continua, mesmo numa sociedade na qual poderá ser mais exato se referir a "ter" e a "ter muito".

Não há dúvida de que ainda existam algumas pessoas verdadeiramente pobres e realmente prejudicadas. Mas estas guardam pouca semelhança com a maioria das milhões de pessoas que compõem a faixa dos 20% inferiores. Boa parte da pobreza é importada pela fronteira sul dos Estados Unidos, que os imigrantes cruzam, legal ou ilegalmente, vindos do México. Pessoas desabrigadas, algumas incapacitadas em função das drogas ou de problemas mentais, são muitas das que vivem na pobreza. No entanto, a imagem do "pobre trabalhador" que é "deixado para trás" como resultado das "iniquidades" da sociedade guarda pouca semelhança com a situação dos que fazem parte da faixa dos 20% de renda mais baixa nos Estados Unidos, e, apesar disso, essa retórica pode estar em evidência na imprensa e em outros lugares.[19] O problema não está em uma estagnação da economia nacional, mas em questões econômicas e sociais específicas de grupos específicos de pessoas.

Renda dos trabalhadores

Algumas pessoas negam que a renda dos trabalhadores norte-americanos tenha aumentado em termos absolutos recentemente. Essas alegações exigem um escrutínio cuidadoso dos dados. Aqui, de novo, existem disputas intensas sobre fatos muito básicos constantemente documentados na estatística. Um editorial do *Washington Post*, por exemplo, afirmou que nos 25 anos entre 1980 e 2004, "os salários do trabalhador típico efetivamente caíram um pouco". Muitos outros, tanto em publicações semelhantemente importantes quanto em livros, já repetiram afirmações parecidas ao longo dos anos. Mas o economista Alan Reynolds afirmou, exatamente sobre este mesmo período, que o "consumo real por pessoa aumentou 74%" — e, da mesma maneira, outras pessoas rejeitaram categoricamente as afirmações de que a renda dos trabalhadores não aumentou. Esses contrastes e contradições têm sido comuns nesta questão,[20] mesmo que os dois lados citem dados oficiais.

Aqui, como em outros momentos, não podemos simplesmente aceitar afirmações gerais de que "dados provam" uma ou outra coisa, sem analisar as definições utilizadas e observar quais fatores foram incluídos e omitidos na compilação dos números.

No caso de estatísticas que afirmam que a renda dos trabalhadores não aumentou de maneira significativa — ou em termos absolutos — ao longo dos anos, estes dados excluem o valor de benefícios trabalhistas, como seguro-saúde, benefícios de aposentadoria, entre outros, que têm representado uma parte cada vez maior da remuneração de empregados ao longo dos anos.[21]

Além disso, o termo "trabalhadores" amontoa empregados que trabalham tanto em período integral quanto meio período — e os que trabalham meio período têm sido uma proporção cada vez maior do total. Estes ganham menos por semana do que os trabalhadores em período integral, tanto porque trabalham menos horas quanto porque costumam ganhar menos por hora.

Em resumo, os ganhos semanais daqueles que têm cargos de meio período empurram para baixo a média estatística de trabalhadores como um grupo, ainda que seu trabalho acrescente tanto para a produção nacional quanto para as rendas das suas famílias. A questão não é que os trabalhadores em período integral ganhem menos do que antes, mas que os ganhos de mais trabalhadores em meio período façam parte do cálculo da média estatística. Dessa forma, o aumento da prosperidade econômica pode estar nas estatísticas como uma estagnação da remuneração do trabalhador, uma vez que o pagamento semanal médio a partir de 2003 é muito semelhante ao de trinta anos atrás. A diferença é que a média de horas por semana diminuiu ao longo desse período de tempo, em função tanto da inclusão de mais trabalhadores em meio período na estatística quanto por haver uma parte maior da remuneração dos trabalhadores na forma de seguro-saúde, benefícios de aposentadoria e similares. Ainda assim, a renda de trabalhadores assalariados e em período integral aumentou entre 1980 e 2004, assim como a renda real — 13% ou 17%, dependendo do índice de preço usado.[22] Levando-se em consideração benefícios de saúde e de aposentadoria, a remuneração do trabalhador aumentou quase um terço entre 1980 e 2004, apesar de esse número ainda excluir "os retornos estatisticamente invisíveis dentro dos planos IRA e 401(k)".[23]

A maneira pela qual a renda real é computada tende a subestimar seu crescimento ao longo do tempo. Como seu cálculo é feito simplesmente com a divisão da renda monetária por algum índice de preços para levar em conta a inflação, tudo depende da precisão e da validade desses índices. A construção e o uso destes índices não constituem, de forma alguma, uma ciência exata. Muitos dos principais economistas consideram que o índice de preços ao consumidor, por exemplo, inerentemente — mesmo que de maneira não intencional — exagera a inflação. Na medida em que o índice de preços superestima a inflação, subestima a renda real.

O viés inflacionário do índice de preços ao consumidor resulta do fato de que se consideram os preços de uma determinada coleção de bens ao longo do tempo, enquanto os próprios bens mudam ao longo desse tempo. Por exemplo, o preço de automóveis tem aumentado, mas também são mais caras as características destes automóveis, rotineiramente incluindo ar-condicionado, sistema de som e muitas outras características que antigamente eram restritas a veículos de luxo. Portanto, nem todo aumento no preço de automóveis se deve simplesmente à inflação. Se hoje em dia os Chevrolets contêm vários recursos antigamente restritos aos Cadillacs, o fato de seu preço ao longo dos anos se tornar semelhante ao dos carros de luxo no passado não se deve apenas à inflação. Quando carros semelhantes têm preços semelhantes, o simples fato de seus nomes serem diferentes em tempos distintos não se trata de inflação.

Outro viés inflacionário ao índice de preços para o consumidor está no fato de seu cálculo ser feito apenas para os artigos que, provavelmente, a maioria das pessoas irá comprar. Apesar de isto parecer sensato, o que as pessoas compram obviamente depende do preço, então novos produtos que custam caro não são incluídos nesse índice até o momento em que seus preços caiam a um valor pelo qual a maioria das pessoas possa comprá-los, como costuma acontecer ao longo do tempo, de tal forma que itens como laptops, que já foram luxo dos ricos, se tornaram facilmente viáveis a uma quantidade muito maior de pessoas. O que isso significa em termos estatísticos é que o aumento e a redução de preços ao longo do tempo não são refletidos de maneira igual no índice de preços ao consumidor.

FATOS E FALÁCIAS RELACIONADOS À RENDA

Quanta diferença isso faz para se estimarem rendas reais ao longo do tempo? Se um índice de preços apontar uma inflação de 3% e as estatísticas sobre a renda forem reduzidas proporcionalmente para obter a renda real, então, em uma estimativa realista de 2%, essa diferença de 1% pode ter efeitos muito sérios sobre as estatísticas da renda real. Estimou-se que o efeito cumulativo de uma diferença de 1% ao ano, ao longo de um período de 25 anos, reduz estatisticamente a renda anual real de um norte-americano médio em quase 9 mil dólares.[24] Essa é mais uma contribuição para a falácia da estagnação da renda real, mesmo quando esta renda aumenta.

Uma das falácias perenes é que os empregos perdidos na economia norte-americana — seja para a concorrência estrangeira, seja para a mudança tecnológica — pagam altos salários e os novos empregos pagam baixos salários, dos quais um exemplo frequente é o cargo daqueles que fritam hambúrgueres. Mas sete de dez novos empregos criados entre 1993 e 1996 pagavam salários acima da média nacional.[25] O economista Alan Reynolds utilizou dados sobre consumo como o indicador mais realista dos padrões de vida — e descobriu que o consumo em termos reais tinha aumentado 74% ao longo do período durante o qual o pagamento dos trabalhadores tinha supostamente estagnado.[26]

Outras falácias, mais técnicas e amplamente citadas, envolvidas na geração de análises estatísticas sustentam que os salários dos trabalhadores tenham estagnado.[27] Mas já vimos o suficiente para ter uma ideia geral do que está errado com essas estatísticas. Por que razão tantas pessoas têm ficado tão ansiosas para aceitar e repetir as conclusões terríveis a que se chegou é outra questão, e vai além do âmbito da economia.

DESIGUALDADE DE RENDA

No fim das contas, estamos preocupados com pessoas, principalmente com o padrão de vida delas, em vez de com categorias estatísticas. Como os prósperos e os ricos podem cuidar de si, há um foco especial nas pessoas com renda modesta ou baixa. Apesar de tudo isso parecer óbvio, houve muita habilidade para tramar escândalos estatísticos que têm pouco ou nada a ver com o padrão de vida de seres humanos reais, de carne e osso.

Um estudo amplamente citado, por exemplo, utilizou dados do imposto de renda para mostrar um aumento dramático na desigualdade de renda entre "unidades tributárias", deixando a impressão de que tenha havido um aumento semelhantemente intenso na desigualdade de renda entre os seres humanos. Algumas unidades tributárias coincidem com indivíduos, algumas coincidem com casais e algumas não coincidem com nenhum dos dois, por se tratar de empresas. Comparações entre categorias tão heterogêneas são equivalentes a comparar maçãs e laranjas. Em algumas das traduções desses estudos feitas pela mídia, é comum a referência a essas unidades tributárias aproximadamente como "famílias".[28] Mas um casal que vive na mesma casa e preenche declarações de imposto de renda separadas não constitui duas famílias, e registrar sua renda como renda familiar significa artificialmente criar duas "famílias" estatísticas com metade da renda da família real.

As leis tributárias mudaram significativamente durante o período em que este aumento dramático em desigualdade estatística ocorreu, de tal maneira que alguma renda tributada anteriormente como empresarial poderia passar a ser tributada como pessoal, especialmente nos maiores níveis, em que a renda empresarial representa uma parcela especialmente grande da renda total. Em outras palavras, quantias que não teriam sido contadas como renda pessoal entre as maiores unidades de imposto de renda foram incluídas nessa categoria, criando a impressão estatística de que tenha havido uma transformação dramática na renda real entre pessoas reais, quando na verdade houve uma mudança das definições utilizadas ao se compilarem os dados. Este estudo mencionou essas advertências fundamentais numa nota de pé de página, raramente citada, se tiver sido citada alguma vez, nos vários relatos alarmantes feitos pela mídia.[29]

FATOS E FALÁCIAS RELACIONADOS À RENDA

Da mesma maneira que os dados sobre renda subestimam muito os recursos econômicos disponíveis para os níveis de renda mais baixos, impostos de renda intensamente progressivos superestimam os verdadeiros recursos econômicos à disposição dos níveis de renda mais elevados. A maioria das estatísticas considera a renda antes dos impostos e deixa de fora tanto os pagamentos em espécie quanto as transferências feitas pelo governo. Como a maioria dos impostos é paga por pessoas que têm renda acima da média e a maior parte do dinheiro de pessoas no nível de renda mais baixo vem de transferências feitas pelo governo, os dados sobre renda exageram as diferenças entre padrões de vida reais. As disparidades entre A e B sempre serão maiores ao exagerar o que A tem e minimizar o que B tem. Ainda assim, essa simples falácia é a base de boa parte do alarme político, da mídia e até mesmo da academia em relação a "disparidades" e "iniquidades."

A preocupação em relação à pobreza costuma ser confundida com a preocupação sobre diferenças de renda, como se a riqueza dos ricos se originasse da pobreza dos pobres e fosse a razão da sua existência. Mas esta é apenas uma das várias formas da falácia de soma zero. Como os Estados Unidos contêm muito mais vezes a quantidade de bilionários de qualquer outro país, os norte-americanos comuns seriam, entre a população de todo o mundo, as pessoas mais afetadas pela pobreza, se a riqueza dos ricos tivesse como origem a pobreza dos pobres. Ao contrário, os bilionários são muito mais raros nos locais mais afetados pela pobreza em todo o planeta. Algumas pessoas tentaram salvar essa visão da soma zero com a afirmativa de que pessoas ricas em países ricos exploram pessoas pobres em países pobres. Essa falácia será examinada na discussão sobre países do Terceiro Mundo no capítulo 7. Mas, antes disso, a pobreza e a desigualdade exigem uma análise separada, bem como definições cuidadosas.

"Os ricos" e "os pobres"

Até mesmo termos usados de maneira tão ampla quanto "ricos" e "pobres" são raramente definidos e costumam ser usados de maneira inconsistente. Por "ricos", por exemplo, geralmente nos referimos às pessoas com grandes acúmulos de riqueza. Mas a maioria das estatísticas utilizadas em debates sobre os ricos não é sobre acúmulo de riqueza, e sim sobre o fluxo de renda corrente durante um determinado ano. De maneira semelhante, os pobres costumam ser definidos em termos de renda corrente, em vez de em termos de quanta riqueza tenham acumulado ou não. Renda e riqueza não são diferentes apenas no conceito, mas também em termos de quem tem mais de ambas. Entre as pessoas com baixa renda que *não* são pobres estão as seguintes:

1. Esposas de homens abastados ou ricos, e maridos de mulheres abastadas ou ricas.
2. Especuladores, investidores e donos de empresa abastados ou ricos cujas empresas estejam em um ano ruim e podem até perder dinheiro.
3. Pessoas que se formam no meio do ano nas escolas do ensino médio, nas faculdades ou nas instituições de pós-graduação e que, portanto, ganham apenas metade ou menos do que ganharão no ano seguinte.
4. Médicos, dentistas e outros profissionais autônomos em início de carreira, que ainda não tenham uma clientela suficiente para cobrir despesas de escritório e de outra natureza com sobra suficiente para criar uma renda comparável à que terão em poucos anos.
5. Jovens adultos que ainda moram nas casas de pais prósperos ou ricos sem pagar aluguel, ou que moram em outro lugar pago pelos pais enquanto exploram suas possibilidades em trabalhos

esporádicos, empregos de nível inicial mal remunerados ou como voluntários em empresas filantrópicas ou políticas.
6. Aposentados que não tenham nenhum aluguel ou hipoteca para pagar porque são donos das suas casas e têm mais ativos em geral do que pessoas mais jovens, mesmo que sua renda corrente seja baixa.

Nenhum desses casos é o que a maioria das pessoas tem em mente ao falar dos "pobres". Mas os dados não fazem distinção entre pessoas cuja renda seja baixa no momento e aquelas genuinamente pobres no sentido de serem parte de uma classe de pessoas perseverantes, cujos padrões de vida permanecerão baixos por muitos anos, ou até mesmo pela vida toda, porque lhes falta a renda ou a riqueza para obter qualquer melhora de vida. De maneira semelhante, a maioria das pessoas na faixa dos 10% ou 20% com maior renda não é rica no sentido de ter feito parte dos níveis superiores de renda e riqueza durante a maior parte das suas vidas. A maioria das estatísticas sobre renda apresenta um retrato a partir de um determinado momento — e seus resultados são radicalmente diferentes dos obtidos ao acompanhar os mesmos indivíduos específicos ao longo de um período de vários anos. Por exemplo, três quartos dos norte-americanos cuja renda estava entre as 20% mais baixas em 1975 também estiveram entre as 40% *mais altas* em algum ponto durante os dezesseis anos seguintes.[30]

Em outras palavras, a grande maioria das pessoas que seriam consideradas "pobres" de acordo com sua renda em determinada época, a partir de um determinado ano passaram para a metade superior dos recipientes de renda no país. Este padrão também não é exclusivo dos Estados Unidos. Um estudo realizado na Inglaterra acompanhou milhares de indivíduos durante seis anos e descobriu que, no fim desse período, quase dois terços daqueles cuja renda estava inicialmente entre o grupo das 10% mais baixas tinham saído desse nível. Outros estudos mostraram que metade das pessoas na Grécia e dois terços das pessoas na Holanda que estavam abaixo da linha da pobreza num determinado ano tinham ultrapassado essa linha dentro de dois anos. Estudos realizados no Canadá e na Nova Zelândia mostraram resultados semelhantes.[31]

Pesquisas que acompanham indivíduos específicos ao longo de um período de vários anos não devem ser confundidas com a reunião de dados sobre renda da sociedade como um todo ao longo de vários anos, ou até mesmo com a obtenção de dados sobre níveis específicos de renda num período de vários anos. A diferença fundamental é que a maioria das pessoas muda de um nível de renda para outro com o passar do tempo. Isso torna completamente enganosa a afirmação, por exemplo, de que "pessoas que ganham salário mínimo esperaram dez longos anos por um aumento", porque não são as mesmas pessoas que ganham os mesmos salários durante dez anos, mesmo quando o nível do salário mínimo não sofreu qualquer mudança ao longo de uma década. Longe de fazer parte de uma classe perseverante, a maioria dos norte-americanos entre os 10% ou 20% de recebedores de renda mais alta é transitória nesses níveis — assim como pessoas em outros níveis de renda.

Da mesma maneira que muitos alcançam níveis de renda mais altos, algumas pessoas mudam para níveis mais baixos, ainda que apenas temporariamente, em função de anos não lucrativos para empresas ou profissões específicas. Considerando-se a natureza transitória de níveis de renda baixos, torna-se mais fácil compreender certas anomalias, tais como centenas de milhares de famílias com rendas anuais abaixo de 20 mil dólares vivendo em casas que valem pelo menos 300 mil dólares.[32] Além dessas pessoas excepcionais, a pessoa *média* dos 20% de renda inferior gasta por ano o dobro da sua renda anual.[33] Claramente deve haver alguma fonte suplementar de poder aquisitivo — seja uma poupança de anos anteriores e mais prósperos, crédito baseado em renda passada e perspectivas futuras, renda ilegal não declarada ou dinheiro fornecido por um cônjuge, pelos pais, pelo governo ou outros benfeitores.

FATOS E FALÁCIAS RELACIONADOS À RENDA

Apesar das muitas representações dos idosos como pessoas que lutam para sobreviver, os domicílios chefiados por pessoas entre 70 e 74 anos de idade apresentam a maior riqueza média de qualquer faixa etária na sociedade norte-americana. Enquanto a *renda* média de residências chefiadas por alguém com pelo menos 65 anos de idade é inferior à metade da renda dos domicílios chefiados por alguém entre 35 e 44 anos de idade, a *riqueza* média dos domicílios de moradores mais velhos é quase o triplo da riqueza daqueles chefiados por pessoas na faixa etária entre 35 e 44 anos de idade — e mais de quinze vezes maior que a de domicílios chefiados por pessoas abaixo dos 35 anos de idade.[34] Da renda de pessoas com pelo menos 65 anos de idade, apenas 24% vem de ganhos, enquanto 57% vem da Previdência Social ou de outras pensões.[35] Isso significa que as estatísticas sobre a "distribuição de renda" baseadas em *ganhos* minimizam muito a renda dos idosos, quatro vezes maior que seus ganhos.

Essas estatísticas não levam em conta nem mesmo o dinheiro que proprietários mais idosos obtêm com "hipotecas reversas". O dinheiro recebido através de empréstimo mediante o uso do valor já quitado de suas casas como garantia não é contado como renda, uma vez que estes empréstimos serão pagos postumamente por meio de suas propriedades. Mas a realidade econômica é que o dinheiro disponível ao se transferir o patrimônio imobiliário para um fluxo corrente de dólares atende às mesmas finalidades que a renda, mesmo que não seja incluído em suas estatísticas.

Muitos dos idosos que podem ser estatisticamente "pobres", de acordo com seus ganhos, estão longe de serem pobres em outros sentidos. Entre as pessoas com pelo menos 65 anos de idade, 80% possuem casa própria ou estão se preparando para comprar um imóvel. Em 2001, estes 80% tinham gastos mensais médios de apenas 339 dólares em habitação. Esse custo inclui impostos sobre propriedade, serviços públicos, custos de manutenção, condomínio e de associação para pessoas com esses arranjos de vida, além de pagamentos de hipoteca para aqueles que não são completamente donos dos imóveis onde vivem. Oitenta e cinco por cento das suas casas têm aparelhos de ar-condicionado.[36] Não apenas os custos com habitação são menores nesta faixa etária, mas obviamente os aposentados também não recorrem a transporte diário e outros custos de deslocamento para o trabalho. Os idosos tendem a ter custos médicos mais altos, mas o custo líquido desse serviço depende da natureza da cobertura do seu seguro-saúde, inclusive Medicare. Quaisquer que sejam os custos de vida, sua situação econômica, em comparação com a de grupos mais jovens, não pode ser determinada simplesmente pela comparação de seus ganhos médios ou até mesmo de suas rendas médias.

Se os "pobres" são mal definidos por estatísticas sobre renda corrente, os "ricos" também o são. Raramente se usa qualquer quantia específica de dinheiro — seja como riqueza, seja mesmo como renda — para se definir quem é rico. Mais frequentemente, algum nível *percentual* — os 10% ou 20% superiores, por exemplo — é utilizado para rotular as pessoas como ricas. Além disso, leis destinadas a aumentar impostos sobre "ricos" são quase sempre leis para aumentar os impostos sobre níveis específicos, sem tocar nos acúmulos ou na riqueza. Mas a renda daqueles que são declarados ricos, seja por políticos ou na mídia, costuma estar bem abaixo do que a maioria das pessoas consideraria riqueza.

Por exemplo, a partir de 2001, a renda domiciliar de 84 mil dólares passou a ser suficiente para colocar aqueles que ganhavam esse valor entre os 20% dos norte-americanos mais ricos. Se cada um dos cônjuges ganha 42 mil dólares, esse casal dificilmente seria considerado rico pela maioria das pessoas. Até mesmo para ficar entre os 5% mais ricos, seria preciso ter uma renda domiciliar de pouco mais de 150 mil dólares — ou seja, aproximadamente 75 mil dólares cada um, no caso de um casal que trabalhe.[37] No que diz respeito a indivíduos, alcançar os 10% mais ricos em termos de renda individual exigia uma renda de 87.300 dólares em 2004.[38] Estas são rendas confortáveis, mas dificilmente são do tipo que permitiriam que as pessoas morassem em Beverly Hills ou fossem donas de um iate ou de um avião particular.

FATOS E FALÁCIAS RELACIONADOS À RENDA

As diferentes idades de pessoas em níveis diferentes de renda — com as maiores rendas médias entre as pessoas na faixa dos 45 aos 54 anos de idade — sugerem fortemente que a maioria das pessoas nos maiores níveis de renda tenha alcançado essa posição apenas depois de passar por níveis de renda menores ao longo de muitos anos. Em outras palavras, não são mais uma classe perpétua do que os "pobres". Apesar de haver uma retórica estonteante sobre disparidades econômicas entre classes, a maioria dessas diferenças reflete o fato banal de que a maior parte das pessoas começa em empregos que pagam menos para aqueles que estão no nível iniciante, e depois se passa a ganhar mais à medida que se adquirem mais habilidades e experiência ao longo dos anos. Essas pessoas transitam em níveis de renda específicos em vez de fazer parte de uma classe perseverante de ricos ou de pobres, apesar de as mesmas pessoas geralmente receberem cada um desses rótulos em épocas diferentes das suas vidas.

Existem diversas maneiras de medir a desigualdade de renda, mas uma distinção mais fundamental é entre a desigualdade num determinado momento — independente de como isso possa ser medido — e ao longo de toda uma vida, que é o que fica implícito em debates sobre "classes" dos "ricos" e dos "pobres" ou dos que "têm" e dos que "não têm". Considerando-se o amplo movimento de indivíduos de um nível de renda para outro ao longo de uma vida, não é muito surpreendente que a desigualdade medida em longo prazo seja menor do que em qualquer momento específico.[39] Além disso, os residentes sabem muito bem que estão prestes a se tornar médicos, da mesma maneira que as pessoas em outros empregos de nível iniciante não esperam ficar nesse nível por toda a vida. Ainda assim, medidas de desigualdade de renda a partir de um determinado momento dominam os debates sobre "disparidades" ou "iniquidades" de renda, seja na imprensa, na política ou na academia. Além disso, mesmo que essas formas de medir a desigualdade na população sejam usadas ao longo de um período de vários anos, ainda se perde a progressão de indivíduos para níveis de renda mais altos ao longo do tempo.

Dizer que os 20% dos domicílios que compõem a faixa inferior estão "caindo mais em relação" àqueles dos níveis de renda mais altos — como se costuma afirmar na imprensa, na política e entre a *intelligentsia* — não significa que a distância entre quaisquer indivíduos específicos de carne e osso esteja em crescimento, uma vez que a maioria das pessoas entre os 20% do último nível segue adiante ao longo do tempo e passa a fazer parte de níveis de renda mais altos. Além disso, até mesmo quando uma categoria estatística abstrata se torna defasada em relação às demais, essa redução não representa necessariamente uma queda na renda per capita real, até mesmo entre pessoas que estão nessa categoria transitoriamente. O fato de a participação dos 20% dos domicílios do nível inferior na renda total ter diminuído de 4%, em 1985, para 3,5%, em 2001, não impediu que a renda real desses domicílios aumentasse — muito além do movimento de pessoas reais para fora dos 20% inferiores entre os dois anos.[40]

O "desaparecimento" da classe média

Um dos constantes alertas baseados nas estatísticas sobre renda é o de que a classe média norte-americana tem diminuído, presumivelmente deixando apenas o pequeno grupo dos ricos e as massas dos pobres. Mas, na verdade, o que tem acontecido com a classe média?

Uma das ilusões estatísticas mais simples foi criada ao se definir a classe média de acordo com algum intervalo fixo de renda — como entre 35 mil e 50 mil dólares — e depois contar quantas pessoas se encaixam nesse intervalo ao longo dos anos. Se o intervalo escolhido estiver no meio de uma distribuição de renda estatística, essa poderá ser uma definição válida *desde que o ponto médio dessa distribuição de renda não mude.* Mas, conforme já se observou, a renda dos norte-americanos tem aumentado ao longo dos anos, apesar de árduos esforços estatísticos para causar a impressão de que está estagnada. À medida que a distribuição estatística de renda se desloca para a direita ao longo dos anos (veja os gráficos a seguir), o número de pessoas na faixa de renda originalmente no centro dessa distribuição diminui. Em outras palavras, há uma redução do número de pessoas da classe média quando existe uma definição fixa de "classe média" num país com níveis crescentes de renda.

A situação simples ilustrada nestes gráficos — um aumento geral de renda — gerou ondas grandes e recorrentes de uma retórica jornalística e política que deplorava uma redução preocupante da classe média, implicitamente definida como redução do número de pessoas entre os níveis de renda representados pelas linhas perpendiculares *a* e *b* dos gráficos.

O gráfico a seguir ilustra a distribuição de renda inicial, sendo o espaço entre as linhas *a* e *b* definido como a renda da "classe média":

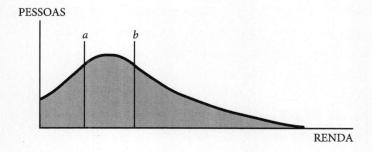

Já o gráfico a seguir ilustra um aumento da renda média:

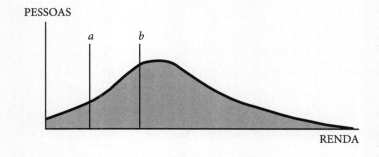

O fato de agora haver menos pessoas dentro dos níveis de renda fixos entre *a* e *b*, que *anteriormente* definiram a classe média, não significa que a classe média vai desaparecer quando a média da renda aumentar. Apesar da simplicidade desta falácia, as pessoas que deveriam saber mais (e talvez realmente saibam) têm retratado esta redução no número de pessoas dentro de níveis fixos de renda como algo terrível. O economista Paul Krugman, por exemplo, afirmou:

> De acordo com quase qualquer medida, a classe média está menor hoje em dia do que em 1973. [...] Agora existe uma ideia generalizada de que o Sonho Americano acabou, de que os filhos podem esperar viver pior do que seus pais.[41]

A insinuação é de que a distribuição estatística de renda tenha se deslocado para a esquerda, quando na verdade todas as evidências mostram que o deslocamento foi para a direita. Por exemplo, ao longo das décadas, o percentual de famílias norte-americanas com rendas acima de 75 mil dólares triplicou.[42] Ainda assim, o professor Krugman não estava de forma alguma sozinho ao ilustrar uma redução da classe média. O mesmo tema tem sido citado ao longo dos anos em publicações tão importantes quanto o *New York Times*, o *Washington Post* e a revista *The Atlantic*.[43]

Pagamento dos executivos

O alto salário de executivos em geral e de presidentes de empresas em particular tem atraído muito a atenção da população, da imprensa e dos políticos — muito mais do que o pagamento semelhante ou maior de atletas profissionais, estrelas de cinema, celebridades da mídia e outras pessoas com níveis de renda muito altos. Enquanto cada um dos dez principais executivos ganhou, em média, 59 milhões de dólares em 2004, cada uma das dez principais celebridades ganhou, em média, 119 milhões de dólares nesse mesmo ano[44]— o dobro. Ainda assim é raro — quase inédito — ouvir críticas às rendas de estrelas dos esportes, do cinema ou da mídia, e, menos ainda, denúncias acaloradas de sua "ganância".

Uma das explicações mais populares — e mais falaciosas — para os salários muito altos dos executivos é a "ganância". Mas, quando um salário depende de quanto as outras pessoas estão dispostas a pagar, até a pessoa mais gananciosa do mundo não receberá sequer dez centavos a mais. Qualquer explicação séria para os salários dos executivos deve se basear nas razões pelas quais esses salários são *oferecidos*, não nas razões para os beneficiários desejarem recebê-los. Qualquer pessoa pode desejar qualquer coisa, mas isso não fará com que os outros atendam a esses desejos. Então por que as corporações dão lances tão altos para contar com o talento dos principais executivos? Provavelmente a resposta curta mais rápida seja "oferta e demanda" — e qualquer resposta mais completa provavelmente exigiria o tipo de conhecimento e de experiência muito específicos daqueles funcionários que tomam as decisões sobre quem deverá ser contratado para a empresa e qual será o valor do pagamento oferecido.

Considerando-se os bilhões de dólares em jogo em decisões corporativas, 59 milhões de dólares por ano pode ser uma barganha para alguém capaz de reduzir erros em 10% e, dessa forma, economizar 100 milhões de dólares para a corporação. Algumas pessoas já argumentaram que diretorias de empresas têm sido excessivamente generosas quanto ao destino do dinheiro dos acionistas e que isso explica os altos salários dos seus presidentes. Para justificar a ideia de que esta é uma explicação *geral* seria necessário mais do que poucos exemplos específicos. Esta teoria poderia ser testada, na condição de uma explicação geral ao se estabelecer uma comparação entre os salários de CEOs que pertencem a corporações que têm um grande número de acionistas — cuja maioria não tem condições de estar a par das decisões tomadas dentro dessas corporações, e ainda menos de avaliá-las — e os salários de CEOs em corporações cujo pertencimento e controle é de poucas e imensas instituições financeiras com perícia, experiência e que gastem o próprio dinheiro.

São exatamente estas últimas empresas que oferecem os maiores salários para seus presidentes.[45] Estas instituições financeiras gigantescas não precisam justificar suas decisões para a opinião pública, mas podem baseá-las num conhecimento específico e numa experiência profissional muito maiores do que os do público, da imprensa ou de políticos. Estas são as que têm a menor probabilidade de pagar mais do que precisam — ou de ser cautelosas em relação a pouco dinheiro e irresponsáveis em relação a quantias maiores no momento em que escolhem alguém para administrar uma empresa em que vários bilhões de dólares do dinheiro delas próprias estão em jogo.

Apesar de muitos expressarem incredulidade e falta de compreensão em relação às grandes quantias de dinheiro pagas a diversas pessoas no mundo empresarial, não existe nenhuma razão pela qual se deva esperar que pessoas de fora dos negócios compreendam por que *A* paga a *B* qualquer quantia em dinheiro por serviços prestados. Esses serviços não são prestados a observadores externos, cuja maioria não tem o conhecimento nem a experiência específica necessários para se atribuir um valor a esses serviços. Existe menos razão ainda para que estes vetem as decisões daqueles que efetivamente tenham o conhecimento e a experiência para avaliar o valor dos serviços prestados. Por exemplo, o diretor da empresa que publica o *Washington Post* avaliou as recomendações de um membro da sua diretoria da seguinte forma: "Não há dúvida de que as recomendações do Sr. Buffet para a gerência valeram bilhões de dólares."[46]

É muito pouco provável que a remuneração do Sr. Buffet, proveniente apenas da Washington Post Company, chegue aos bilhões de dólares, mas pode muito bem chegar a uma quantidade suficiente de milhões a ponto de fazer com que observadores externos exclamem sua incredulidade e talvez seu ultraje moral. A origem do ultraje moral em relação à remuneração corporativa não é de forma alguma óbvia. Se esse sentimento se basear numa crença de que os profissionais recebem um salário alto demais pela contribuição prestada a uma empresa, então haveria ainda mais ultraje em relação a pessoas que recebem centenas de milhões de dólares para não fazer absolutamente nada, uma vez que simplesmente herdaram dinheiro. Ainda assim, aqueles que herdam fortunas raramente causam ressentimento, e são menos ainda alvo de denúncia, tais como os CEOs. Três herdeiros da fortuna de Rockefeller, por exemplo, foram governadores populares, eleitos em três estados.

Dois fatores parecem irritar mais os críticos dos altos salários dos executivos: (1) a crença de que a sua alta remuneração é paga em detrimento dos consumidores, dos acionistas e/ou de empregados, e (2) o valor de indenização por demissão, de vários milhões de dólares, que costuma ser pago a executivos que claramente fracassaram. Mas, como qualquer pessoa contratada em qualquer lugar, num cargo alto ou baixo, um CEO é escolhido exatamente porque se espera que os benefícios gerados pelo seu trabalho sejam maiores do que o valor que o empregador ofereceu como pagamento. Se, por exemplo, um CEO que ganhe 59 milhões de dólares por ano conseguir economizar 100 milhões para a empresa, conforme o esperado, então os acionistas não terão perdido nada e, com efeito, estarão 41 milhões de dólares mais ricos. Nem os consumidores nem os empregados terão perdido nada. Como a maioria das transações econômicas, a contratação de um CEO não é uma transação de soma zero. Sua finalidade é deixar os dois lados numa situação melhor.

O motivo pelo qual a visão da soma zero é equivocada ficaria imediatamente óbvio se alguém sugerisse que o dinheiro pago a George C. Scott para atuar no filme *Patton: rebelde ou herói?* representasse uma perda para acionistas, espectadores ou os empregados de menor expressão que desempenharam tarefas simples durante a produção do filme. Apenas se acreditássemos que *Patton* teria arrecadado a mesma quantia de dinheiro sem George C. Scott, seu pagamento poderia ser considerado uma dedução do valor que, caso contrário, estaria disponível para os acionistas, os espectadores e as pessoas empregadas na produção do filme. Muito se falou do fato de executivos ganharem muitas vezes mais que os trabalhadores comuns subordinados — e o número varia de acordo com quem faz esta afirmação —, mas ninguém se preocuparia em descobrir quantas vezes maior foi o cachê de George C. Scott em relação aos dos figurantes ou das pessoas que cuidaram das luzes ou transportaram a película durante a produção de *Patton*.

O aspecto mais intrigante e mais irritante da remuneração dos executivos, para muitas pessoas, tem a ver com as indenizações da ordem de vários milhões de dólares por uma demissão — os "paraquedas dourados" —, pagas aos CEOs que claramente foram dispensados porque fracassaram. Considerando que os seres humanos sempre estarão sujeitos ao erro, seja contratando um empregado de nível inicial ou um CEO, a questão é a seguinte: quais opções estão disponíveis quando se torna claro que o CEO é um fracasso e uma desvantagem? A velocidade talvez seja a consideração mais importante se alguém toma decisões que podem representar a perda de milhões — ou até bilhões — de dólares. Fazer com que esse CEO saia o quanto antes, sem batalhas internas na empresa ou processos nos tribunais, pode muito bem valer vários milhões de dólares.

Esta não é uma situação singular, mesmo que as quantias de dinheiro envolvidas sejam maiores numa empresa de vários bilhões de dólares do que em outras situações com as quais as pessoas estão mais familiarizadas. Professores universitários idosos que não acompanharam os desenvolvimentos recentes nas suas áreas poderão receber a oferta de um pacote lucrativo de aposentadoria precoce para serem substituídos por profissionais que acompanharam os avanços mais recentes. De maneira semelhante, muitas pessoas casadas pagam uma grande quantia de dinheiro para se divorciar — talvez maior, proporcionalmente à renda, em comparação com quanto uma empresa paga para acabar com um relacionamento ruim.

Nesta e em outras situações, impor um fim a um relacionamento pode ser tão valioso, ou mais, do que o começo do relacionamento pareceu outrora. Assim como na decisão original da contratação, nem acionistas nem consumidores nem outros empregados serão prejudicados pelo pagamento de um grande valor de indenização por uma demissão cujo objetivo é cortar perdas que seriam ainda maiores se o CEO fracassado continuasse. A decisão original sobre a contratação também pode não ter necessariamente sido um erro no momento em que foi tomada. Os tempos e os indivíduos mudam ao longo dos anos, de tal maneira que um CEO perfeito para as circunstâncias da época da contratação pode não ter acompanhado as condições muito diferentes que surgiram em anos posteriores.

Na época em que foi chefe da U.S. Gypsum, entre 1905 e 1931, e, depois, da rede de lojas de varejo Montgomery Ward, Sewell Avery era considerado um dos principais líderes empresariais do país. No entanto, posteriormente, quando as condições do varejo se tornaram bem diferentes,[47] houve reclamações sobre a sua liderança na Montgomery Ward e batalhas internas desgastantes para que fosse demitido. Quando ele finalmente saiu, o valor das ações da Montgomery Ward disparou imediatamente. Essa poderia muito bem ter sido uma barganha para que os acionistas, os clientes e os empregados pagassem a Avery o suficiente para se livrar dele o quanto antes, uma vez que uma empresa mal administrada prejudica todas essas pessoas.

Observadores externos podem achar irritante que algumas pessoas pareçam bem remuneradas demais para fracassar. Mas eles não gastam do próprio dinheiro nem estão numa posição adequada para saber quanto vale se livrar de alguém. Quando uma pessoa paga muito para se divorciar de um cônjuge com quem é impossível conviver, isso também pode parecer remunerar o fracasso. Mas será que qualquer pessoa de fora ousa dizer que a decisão de se divorciar é errada, e, ainda mais, se sentir no direito de ficar moralmente ultrajada, ou solicitar que o governo impeça esse tipo de coisa?

Mobilidade social

Já observamos um tipo de mobilidade econômica e social, o movimento de pessoas para fora dos níveis mais baixos de renda ao longo do período produtivo de sua vida. Um grande estudo na Universidade de Michigan acompanhou os mesmos indivíduos — dezenas de milhares de pessoas — ao longo de várias décadas. Entre os indivíduos ativos na força de trabalho, apenas 5% daqueles que faziam parte da faixa dos 20% com renda mais baixa em 1975 ainda estavam nessa condição em 1991, comparados com os 29% que tinham passado para os 20% *mais altos* em 1991.[48] Mais da metade daqueles na faixa inferior em 1975 tinha feito parte dos 20% superiores em algum momento durante esses anos.[49] No entanto, conforme também já vimos, nem todo mundo trabalha, especialmente aqueles nos níveis mais baixos de renda. O crescimento de quem está empregado indica quais oportunidades existem. Quantas pessoas aproveitam essas oportunidades é outra questão.

Há outro tipo de mobilidade socioeconômica sobre o qual muito se escreveu — até que ponto pessoas nascidas em famílias pobres passam para níveis de renda ou profissionais maiores do que os dos seus pais. Aqui várias coisas se confundem umas com as outras, inclusive a quantidade de oportunidade disponível em comparação com a quantidade de oportunidade aproveitada. Boa parte do debate sobre mobilidade social baseia-se no conceito de "oportunidade de vida" — a probabilidade de que alguém que tenha nascido em determinadas circunstâncias socioeconômicas consiga alcançar determinado nível econômico ou ocupacional quando crescer. Às vezes a causa se confunde com a culpa, como quando qualquer tentativa de indicar fatores que inibem o progresso em um grupo social é chamada de "culpabilização da vítima", presumivelmente a vítima da "sociedade".

No entanto, muitos fatores não envolvem culpa e podem existir não em função do indivíduo ou da sociedade, mas das circunstâncias. Por exemplo, alguém que tenha nascido surdo terá pouca probabilidade de se tornar um músico, apesar de Beethoven ter continuado a compor depois de perder a audição. Deficiências físicas ou mentais além do controle do indivíduo poderão reduzir a probabilidade de se aproveitarem diversas oportunidades que estão disponíveis numa determinada sociedade. Valores culturais, herdados socialmente, em vez de biologicamente, também podem reduzir a *probabilidade* estatística do avanço em termos de renda ou de ocupações, até mesmo quando as *oportunidades* estiverem disponíveis — e ninguém escolhe em qual cultura nascer. Até mesmo análises estatísticas sofisticadas sobre a probabilidade de que pessoas de diversos grupos alcancem variados níveis de renda ou ocupacionais geralmente igualam probabilidades baixas com grandes barreiras criadas por outras pessoas.

Uma criança criada numa casa em que se valorize mais a destreza física do que a intelectual dificilmente terá as mesmas metas e prioridades de uma criança criada numa casa onde ocorra o inverso. Algumas pessoas consideraram essas circunstâncias exemplos de "barreiras" e "privilégios". Por exemplo, um artigo do *New York Times* que dizia que é "mais difícil subir de uma classe econômica para outra" e que isto acontecia em função de um novo tipo de privilégio:

> O mérito substituiu o antigo sistema de privilégio herdado, em que os pais acostumados a determinado estilo de vida deixavam a mansão para seus filhos. Mas, como se descobriu, o mérito se baseia em classe, pelo menos parcialmente. Pais com dinheiro, educação e contatos cultivam nos seus filhos os hábitos que a meritocracia remunera. Então, quando seus filhos são bem-sucedidos, esse sucesso é considerado merecido.[50]

Num tom semelhante, o chefe da Fundação Russell Sage concordou que o "antigo sistema de barreiras hereditárias e sociais praticamente desapareceu", mas considerou que agora estas barreiras foram substituídas por "novas maneiras de se transmitir vantagem".[51]

A incapacidade de se estabelecer uma distinção entre impedimentos *externos* ao avanço individual e diferenças *internas* relativas à orientação individual torna as tentativas de se determinarem ou medirem empiricamente as oportunidades disponíveis um exercício fútil ou confuso. Por exemplo, quando um estudo mostra que "apenas" 32% dos filhos daqueles que compõem os 25% recebedores de renda mais baixa alcançaram, aos 30 e poucos anos, a metade superior dos recebedores de renda,[52] essa estatística não nos diz nada sobre se isso ocorreu em função de barreiras externas ou de orientações internas. Além disso, estatísticas deste estudo muito mencionado omitem arbitrariamente qualquer mobilidade para cima que tenha ocorrido a homens após os 30 e poucos anos ou a mulheres de qualquer faixa etária, bem como qualquer movimento ascendente que não alcance a metade superior. Pode-se especular a qual finalidade isso atende.

Quando culpar a "sociedade" é mais ou menos o padrão para se explicarem diferenças quanto à mobilidade social de diferentes classes de renda, grupos étnicos ou outros segmentos da sociedade, desvia-se a atenção dos fatores internos que impedem que muitos indivíduos utilizem as oportunidades disponíveis. Ao reduzir a consciência dessas inibições internas ao avanço, esta abordagem reduz as chances de mudanças nesses impedimentos — reduzindo assim as próprias chances de que pessoas mais pobres, com as quais esses estudos alegam estar preocupados, avancem.

RESUMO E CONCLUSÕES

Alguns fatos muito claros e diretos sobre renda e riqueza têm sido obscurecidos por falácias baseadas em palavras vagas e inconsistentes, enfeitadas com estatísticas enganosas. Afinal de contas, não há nada muito misterioso em relação ao fato de que pessoas jovens e sem experiência tenham, no início de sua trajetória profissional, pouca probabilidade de ganhar tanto quanto pessoas mais velhas, com mais experiência e mais capacitadas por registros comprovados. Também não há nada muito difícil de se entender em relação ao fato de que as famílias em que menos pessoas trabalham têm pouca probabilidade de receber tanto dinheiro quanto aquelas em que mais pessoas trabalham em período integral e o ano todo. Também não deve ser surpreendente que algumas pessoas ganhem milhões de dólares quando suas decisões puderem afetar a declaração de lucros e perdas de uma empresa em bilhões de dólares.

Um salto precipitado de categorias estatísticas para realidades econômicas está na base de muitas falácias sobre renda e riqueza. Quando mais de dois terços dos recursos econômicos disponíveis para pessoas na faixa dos 20% de menor receita ficam fora das estatísticas sobre renda porque seu pagamento é feito em espécie ou por meio de transferências pelo governo, essa é uma discrepância séria entre estatística e realidade. De maneira semelhante a quando três quartos dos recursos econômicos disponíveis para os idosos não são contados em estatísticas sobre ganhos. Essas discrepâncias também não são aleatórias. Quase invariavelmente, as estatísticas amplamente divulgadas exageram a pobreza e minimizam os padrões de vida. Quando deixam de fora tanto os impostos sobre pessoas em níveis de renda superiores quanto as transferências para pessoas em níveis de renda mais baixos, as estatísticas exageram as desigualdades a partir de certo momento. Quando não conseguem acompanhar determinados indivíduos ao longo do tempo, exageram a desigualdade vitalícia, assim como permitem que observadores falem de pessoas que estejam transitoriamente em diversos níveis de renda como "classes" persistentes.

Dizer que algumas pessoas têm menor probabilidade de alcançar determinado nível de renda ou ocupação costuma ser igualado a dizer que a "sociedade" coloca barreiras no seu caminho. *A priori*, isso exclui a própria possibilidade de haver razões internas para não se estar tão bem economicamente quanto algumas outras pessoas. Além disso, não se trata apenas de uma questão de julgamento abstrato. Quando efetivamente pode haver razões internas para que não alcançar tanto quanto outras pessoas, direcionar a atenção para outros aspectos tem o efeito prático de reduzir tanto a probabilidade de que essas razões sejam abordadas quanto o aperfeiçoamento do potencial de avanço. Em resumo, oferece-se uma imagem pública melhor em vez de melhores perspectivas àqueles que estão ficando para trás.

As alegações de que algumas pessoas não conseguem compreender ou justificar grandes diferenças de renda ("disparidades", "iniquidades") são outra versão da suposição de que os que estão de fora são os melhores juízes — como se a renda e os locais de habitação de cada um devessem ser julgados de acordo com qual quadro é apresentado para observadores externos, em vez de como refletem as escolhas e acomodações mútuas daqueles diretamente envolvidos. Essas pressuposições de pessoas de fora costumam se basear tanto numa consciência de ser parte de um grupo mais educado e dotado, em média, de mais conhecimento geral do que a maioria das outras pessoas, quanto numa *falta de consciência* de que o conhecimento *total* de todos os outros é bem maior do que o seu, além de ser um conhecimento mais específico e relevante para as decisões disponíveis. Nenhuma pessoa de fora pode ter a possibilidade de conhecer os valores, as preferências, as prioridades, as potencialidades, as circunstâncias e as limitações de milhões de indivíduos melhor do que esses próprios indivíduos.

Às vezes as pressuposições são morais em vez de intelectuais. Pessoas de fora que assumem a tarefa de decidir quem "realmente" merece certa renda costumam confundir mérito com produtividade, bem longe de avaliar se têm a competência para julgar alguma dessas questões. Em nenhuma sociedade todas as pessoas têm a mesma probabilidade de alcançar o mesmo nível de produtividade. Pessoas nascidas em famílias com todas as vantagens de riqueza, educação e posição social podem conseguir alcançar um alto nível de produtividade sem qualquer grande esforço. De forma inversa, pessoas que tiverem que batalhar para superar muitas desvantagens e alcançar até mesmo um nível modesto de produtividade podem demonstrar grande mérito individual. Mas uma economia não é um seminário moral autorizado a distribuir distintivos de mérito a pessoas que os mereçam. Uma economia é um mecanismo para gerar a riqueza material da qual depende o padrão de vida de milhões de pessoas.

O pagamento não é uma recompensa retrospectiva pelo mérito, mas um incentivo futuro pela contribuição para a produção. Considerando-se a enorme variedade de coisas produzidas e seus complexos processos de produção, é praticamente inconcebível que qualquer indivíduo específico possa ser capaz de avaliar o valor relativo das contribuições de pessoas diferentes em indústrias ou setores diversos da economia. Alguns até alegam ser capazes de fazer isso. Entretanto, suas avaliações expressam perplexidade e repugnância quanto à grande variedade de disparidades de renda ou riqueza observada — implícita ou explicitamente —, bem como incredulidade de que os indivíduos possam ser tão diferentes no que merecem. Esta abordagem tem uma história antiga. George Bernard Shaw, por exemplo, disse o seguinte:

> Uma divisão em que uma mulher receba um xelim e outra receba 3 mil xelins por uma hora de trabalho não tem qualquer senso moral: trata-se simplesmente algo que acontece e que não deveria acontecer. Uma criança com um rosto interessante e maneiras bonitas e algum talento para representar pode, ao trabalhar para o cinema, ganhar cem vezes mais do que sua mãe consegue ganhar trabalhando arduamente numa ocupação comum.[53]

Aqui estão incluídos os elementos fundamentais da maioria das críticas sobre "distribuição de renda" até hoje. Em primeiro lugar, existe a suposição implícita de que a riqueza é coletiva e que, portanto, deve ser igualmente distribuída; depois, a de que atualmente esta divisão não se deve a qualquer princípio, mas "simplesmente acontece"; e, finalmente, a de que o esforço feito pelo recebedor da renda é um critério válido para medir tanto o valor do que foi produzido quanto a adequação da remuneração. Na realidade, a maior parte da renda *não* é distribuída, então a metáfora elegante da "distribuição de renda" é enganosa. A maior parte da renda é proveniente da produção de bens e serviços, e quanto essa produção "realmente" vale é uma questão que não precisa ser determinada por terceiros, uma vez que aqueles que recebem diretamente seus benefícios sabem melhor do que qualquer outra pessoa qual é o seu valor — e têm os maiores incentivos para buscar maneiras alternativas de obtê-la da maneira mais barata possível.

Em resumo, uma decisão coletiva para a sociedade é tão desnecessária quanto impossível, para não dizer presunçosa. Não se trata de recompensar esforços ou méritos, ou seja, os insumos, mas de assegurar que seus resultados tenham valores determinados por aqueles que os utilizam, em vez de por terceiros. Se o prazer de ver uma criança como estrela de cinema é mais valorizado por milhões de espectadores do que o benefício que uma quantidade muito menor de pessoas obtém com a compra do produto do trabalho árduo dispensado pela mãe dessa criança, com que direito George Bernard Shaw ou qualquer outra pessoa tem autorização para vetar as escolhas de todas essas pessoas sobre o que devem fazer com o próprio dinheiro?

Apesar de a renda de uma pessoa poder ser cem ou mil vezes maior do que a de outra, é claro que é muito duvidoso que alguém seja cem ou mil vezes mais inteligente ou que trabalhe cem ou mil vezes mais arduamente que os demais. Mas, de novo, o *insumo* não é a medida de valor. Os *resultados* são. Numa empresa de vários bilhões de dólares, as decisões de uma pessoa podem facilmente fazer uma diferença de milhões — ou até mesmo de bilhões — de dólares, em comparação com as tomadas por outra pessoa. Aqueles que consideram que o pagamento de 50 ou 100 milhões de dólares por ano dessa pessoa é financiado por consumidores ou acionistas implicitamente aceitaram a visão de soma zero da economia. Se o valor dos serviços prestados for maior do que o pagamento, então tanto os consumidores quanto os acionistas serão beneficiados, não prejudicados, independentemente de a pessoa contratada ser um CEO ou um empregado da linha de produção.

FATOS E FALÁCIAS RELACIONADOS À RENDA

Será que alguém diria que o pagamento de um piloto de avião é financiado pelo prejuízo de passageiros ou acionistas da empresa aérea, mesmo que as duas partes sejam beneficiadas pelo resultado dos serviços prestados? Será que alguém sequer imaginaria que um piloto seja tão bom quanto qualquer outro no que diz respeito a pilotar um avião comercial com centenas de pessoas a bordo, de tal maneira que empregar um piloto de pulverização de lavouras para pilotar um avião comercial com um menor salário deixaria os acionistas e os passageiros em situação melhor? Ainda assim, este é o tipo de raciocínio, ou falta de raciocínio, que costuma ser aplicado quando se debate o pagamento de CEOs — e praticamente de mais ninguém em nenhum outro campo, inclusive atletas profissionais ou artistas que têm rendas semelhantes ou maiores. Talvez a suposição mais falaciosa de todas seja a de que pessoas de fora sem experiência nem perícia possam tomar decisões melhores, baseadas em reações emocionais, do que as tomadas por aqueles que têm tanto experiência quanto perícia, além de interesse nos resultados.

Apesar da popularidade da frase "distribuição de renda", a maior parte da renda é *ganha* — não distribuída. Até mesmo milionários raramente herdaram, simplesmente, suas fortunas.[54] Apenas uma fração da renda na sociedade norte-americana é efetivamente distribuída, como os cheques da Previdência Social ou pagamentos para pensionistas, por exemplo. A maior parte da renda é "distribuída" apenas no sentido estatístico figurado de que a renda de pessoas diferentes é variável e pode ser exibida pela curva de um gráfico, como no debate anterior sobre a renda da classe média. Mas boa parte da retórica em torno de variações de renda procede como se a "sociedade" decidisse de forma coletiva quanto deverá ser distribuído a indivíduos diferentes. A partir daí há um pequeno passo para argumentar que, como a *distribuição* de renda pela "sociedade" tem hoje determinados resultados que muitas pessoas não compreendem ou dos quais não gostam, deveria haver uma mudança simples na distribuição de renda, conforme um padrão diferente que seria mais desejável.

Na realidade, esta não seria de forma alguma uma mudança simples ou inofensiva. Ao contrário, sua adoção significaria passar de um sistema econômico em que a maioria das pessoas é paga por indivíduos que se beneficiam dos seus bens e serviços — com taxas de remuneração determinadas pela oferta e demanda envolvendo esses consumidores, empregadores e outras pessoas que avaliam os benefícios que recebem — para uma economia em que a renda seja efetivamente distribuída pela "sociedade", representada por tomadores de decisões substitutos e externos que determinam o que todas as pessoas "merecem". Aqueles que pensam que uma mudança tão profunda produziria resultados econômicos ou sociais melhores podem argumentar a favor dessa mudança. Mas defender isso de maneira explícita é muito diferente de deslizar para um mundo essencialmente diferente através de um ilusionismo verbal sobre a "distribuição de renda".

6.

Fatos e Falácias Raciais

Poucos assuntos produzem mais falácias do que os relacionados a raça. Algumas pessoas podem dizer inclusive que raça por si só se trata de uma falácia, num mundo em que a miscigenação racial alcança níveis muito além de tempos anteriores e continua a aumentar, mesmo enquanto a estridência de identidades raciais separadas se torna mais escandalosa.

Antigamente se referia aos índios nativos norte-americanos como "os norte-americanos em processo de desaparecimento", por causa de sua proporção cada vez menor na população crescente dos Estados Unidos, mas a presença de indígenas em números oficiais aumentou nos últimos anos num ritmo muito mais acelerado do que qualquer realidade biológica, porque cada vez mais pessoas com algum traço de ascendência indígena escolhem agora se identificar como pertencentes a esse grupo. Algo parecido acontece do outro lado do mundo, na Nova Zelândia, onde existe uma grande número de maoris cuja ascendência é pelo menos tão caucasiana quanto maori. Entre os negros norte-americanos, existem relativamente poucas pessoas com ascendência africana que não sejam misturadas e sempre houve alguns indivíduos que, como Walter Francis White, que já foi chefe do NAACP, eram considerados negros mais ou menos por uma convenção, apesar do seu aspecto pálido, de suas características caucasianas e seus olhos azuis.

Taxas cada vez maiores de casamentos entre raças reduziram a relevância biológica de diferenças raciais, mesmo com o aumento da relevância política. A taxa de casamentos entre raças para os negros estava pouco abaixo de 1% em 1963, mas era de 12% em 1993.[1] O censo de 1990 mostrou que pouco mais de um quarto dos casamentos de norte-americanos descendentes de japoneses eram inter-raciais, assim como 60% dos casamentos de indígenas norte-americanos.[2] Entre os judeus norte-americanos, a taxa de casamentos entre raças aumentou para 57% no período entre 1985 e 1990.[3] Ainda assim, esses foram anos de tendências de "identidade" raciais ou étnicas cada vez mais gritantes.

A raça pode ser discutida como sendo uma realidade social com um componente biológico. No entanto, as consequências dessa realidade social já foram muito graves e continuam a ser. As consequências das falácias relativas a raça também são graves. Entre elas estão as afirmações de que a raça foi a base da escravidão e de que o racismo é a principal razão para existir diferenças entre negros e brancos em termos tanto de renda quanto de todos os aspectos da vida que dependem da renda. Além disso, costuma haver uma suposição implícita de que racismo e discriminação são tão proximamente relacionados que seus índices aumentam ou diminuem juntos, quando, na verdade, conforme veremos, sabe-se que algumas épocas e lugares onde havia mais racismo apresentaram menos discriminação — e pode haver discriminação sem racismo. À espreita, no contexto de algumas discussões sobre raça, está o questionamento sobre se as raças são diferentes em termos de inteligência inata ou não, uma questão que tem gerado falácias para os envolvidos em ambos os lados da questão.

FATOS E FALÁCIAS RACIAIS

DIFERENÇAS DE GRUPO

Tem sido bastante comum comparar um determinado grupo, como o dos negros nos Estados Unidos, com a média nacional, e considerar que as diferenças são indicativos de uma peculiaridade especial do grupo comparado, ou uma peculiaridade especial de políticas ou atitudes em relação a esse grupo. Mas tanto uma conclusão quanto a outra podem ser enganosas quando a própria média nacional é apenas um amálgama de variações amplas entre muitos grupos étnicos, regionais e outros. Apesar de as populações branca e negra dos Estados Unidos se diferenciarem em diversas variáveis econômicas e sociais — em termos de renda, escolaridade, expectativa de vida, taxa de desemprego, taxa de criminalidade e pontuações em diversos exames —, outros grupos também se diferenciaram muito uns dos outros e da média nacional em países de todo o mundo.

Uma das diferenças mais desprezadas, porém importantes, entre os grupos é a idade. Apesar de serem em média cinco anos mais jovens do que a média (35 anos) da população norte-americana, os negros norte-americanos não são de forma alguma singulares por ter uma idade média diferente da média nacional ou de outros grupos. Entre os norte-americanos de origem asiática, a idade média varia de 43 anos, para os norte-americanos de origem japonesa, a 24, para os de origem cambojana, e 16, para os de ascendência Hmong.[4] A renda está altamente correlacionada com a idade, e os jovens em geral começam sua trajetória profissional com salários inferiores aos dos trabalhadores mais velhos e mais experientes. Portanto, comparações entre a renda de grupos raciais ou étnicos podem ser enganosas, uma vez que a idade média de cada grupo pode apresentar uma variação de uma década ou até de um quarto de século. A variação de faixa etária não é a única diferença entre os norte-americanos de origem asiática. Enquanto 61% dos norte-americanos de origem japonesa nasceram nos Estados Unidos, menos de um terço dos norte-americanos de origem asiática descendentes de chineses, filipinos, vietnamitas, coreanos ou indígenas asiáticos nasceu nesse país.[5] É claro que os cidadãos nativos estão mais familiarizados com as oportunidades disponíveis na sociedade e têm mais condições de tirar vantagem dessas oportunidades.

Diferenças educacionais também são tão grandes entre minorias étnicas norte-americanas quanto entre minorias e a população predominante. Apesar de os hispânicos terem superado os negros em termos numéricos populacionais, os negros ainda recebem mais títulos de doutorado do que os hispânicos. Enquanto a população de origem asiática é apenas uma fração do tamanho da população negra ou da hispânica, os norte-americanos de origem asiática recebem mais títulos de doutorado do que os hispânicos e quase tanto quanto os negros.[6] Em resumo, uma distribuição igual dos grupos não é de forma alguma comum, em termos de idade, educação ou outras características.

Os Estados Unidos não são de forma alguma singulares em termos da natureza ou da magnitude das diferenças econômicas ou sociais entre grupos raciais ou étnicos. As diferenças de renda entre as populações chinesa e malaia, por exemplo, há muito tempo são maiores do que entre negros e brancos nos Estados Unidos.[7] O mesmo acontece com diferenças econômicas entre diferentes tribos na Nigéria ou entre asiáticos e africanos na África Oriental.

Diversos grupos no mundo todo são diferentes em tudo, desde o consumo de bebidas alcoólicas per capita até o QI. Com efeito, as diferenças são a regra; os resultados econômicos ou sociais idênticos têm sido a exceção. É por isso que isolar qualquer grupo específico para estabelecer uma comparação com a média nacional pode sugerir de forma enganosa que a situação do grupo em questão é peculiar, em vez de ser parte de um padrão mundial de amplas variações de um grupo para outro. Isto não quer dizer que as diferenças entre grupos não tenham importância. Algumas destas são muito importantes.

Quais são as razões por trás dessas disparidades? Talvez uma pergunta mais fundamental possa ser: *que razão haveria para esperar que esses grupos fossem iguais?* Tanto a geografia quanto a demografia, a história e a cultura são diferentes entre grupos em países de todo o mundo.[8] Nós já vimos até que ponto a faixa etária média de grupos pode variar, até mesmo dentro de um determinado país, e quanta diferença existe no local de nascimento apenas entre os norte-americanos de origem asiática. O mesmo acontece em outros países e entre um país e outro. A média de idade na Alemanha e na Itália é de 40 anos, enquanto no Iêmen e no Afeganistão é de menos de 20 anos.[9]

Em outras palavras, existem muitas oportunidades para o desenvolvimento de falácias. Muitas dessas falácias surgem a partir do fato de se pressupor implicitamente que os diversos grupos são comparáveis em termos de habilidades, experiências ou atitudes, de tal maneira que suas disparidades estatísticas só possam ser explicadas pelas diferentes formas como a sociedade os trata. Em muitas sociedades, se não na maioria, houve discriminação entre grupos ao longo da maior parte da história. Mas esse não foi o único fator responsável pelas diferenças entre grupos, e o desafio é avaliar os efeitos de todos os fatores envolvidos. Além disso, os pesos relativos de diferentes fatores não permanecem iguais ao longo do tempo, então também é necessário considerar a sua história.

HISTÓRIA

Talvez a maior falácia sobre a história de minorias raciais e étnicas seja que a passagem do tempo reduz a hostilidade e a discriminação que esses grupos enfrentam. Em muitos países, as minorias enfrentaram mais hostilidade e discriminação num período mais recente do que em épocas anteriores. Em outros países aconteceu o contrário. Mas a passagem do tempo por si só não produz automaticamente nem um resultado nem outro.

O papel do tempo

Já no fim do século XV, os judeus expulsos da Espanha fugiram principalmente para os países islâmicos do Oriente Médio, onde, em geral, foram mais bem tratados do que na Europa — e muito mais bem tratados do que seriam naqueles mesmos países no século XX. Os judeus se destacaram como médicos no Império Otomano, e no século XVI não era raro que os sultões dessa região contassem com a presença ou até mesmo com a predominância de judeus nas suas equipes médicas,[10] ou como tradutores de otomanos enviados a países europeus em missões diplomáticas.[11] A presença de judeus era tão comum entre agentes alfandegários que muitos dos recibos alfandegários otomanos daquela época eram escritos em hebraico.[12] Na economia otomana, os judeus se destacavam em papéis que variavam desde o de mascates em pequenas vilas a comerciantes internacionais.[13]

No entanto, quando a era da preeminência do Império Otomano chegou ao fim, e suas realizações militares, culturais e científicas passaram a ser desdenhadas por vários séculos pelos países europeus, a tolerância confiante e cosmopolita às minorias deu lugar tanto a um período de ansiedade em relação aos perigos internos e externos ao Império Otomano quanto à xenofobia que restringiu e colocou em grande risco os judeus e outras minorias. No começo do século XX, os judeus foram mais perseguidos no Oriente Médio do que em qualquer outro lugar, até a época em que os nazistas tomaram o poder na Alemanha. O racismo dos nazistas em geral e suas doutrinas e políticas antijudaicas especificamente contaram com muitos simpatizantes no Oriente Médio antes e durante a Segunda Guerra Mundial. Quando, depois da guerra, o Estado moderno de Israel foi criado, o ódio aos judeus já havia se difundido nos países do Oriente Médio que outrora haviam pertencido ao Império Otomano.

Dentro de um intervalo de tempo ainda menor, a nação insular do Sri Lanka, no litoral da Índia, deixou de ser um país cujas relações entre maioria e minoria tinham se tornado um modelo de harmonia entre grupos e passou a enfrentar uma guerra civil, com duração de várias décadas, que matou dezenas de milhares de pessoas. Durante a primeira metade do século XX, não houve revolta entre a maioria cingalesa e a minoria tâmil. Mas, durante a segunda metade daquele século, muitas dessas revoltas eclodiram, marcadas por atrocidades indescritíveis que tiveram como consequência uma guerra civil ainda em curso no começo do século XXI.

Outros exemplos podem ser encontrados em vários países e períodos da história. Na Boêmia, alemães e tchecos coexistiram pacificamente por vários séculos até o surgimento do nacionalismo tcheco, cujo clímax foi a criação da nova nação da Tchecoslováquia depois da Primeira Guerra Mundial, acompanhada por uma crescente discriminação contra os alemães que teria como consequência a reação alemã e a crise de Munique de 1938, quando os tchecos foram obrigados a renunciar à região de Sudetenland, predominantemente alemã, para a Alemanha nazista. Quando, mais tarde, a Alemanha dominou toda a Tchecoslováquia, os alemães que viviam nesse país aderiram à perseguição nazista aos tchecos. Depois da derrota na Segunda Guerra Mundial, milhões de alemães foram expulsos da Tchecoslováquia, geralmente sob condições brutais que causaram muitas mortes.

Esses retrocessos nas relações entre diferentes grupos não eram desconhecidos nos Estados Unidos, apesar de geralmente não chegar a extremos. A população predominantemente judaica de origem alemã dos Estados Unidos era muito mais bem assimilada e aceita antes da chegada de milhões de judeus não assimilados da Europa Oriental no fim do século XIX e começo do XX, o que gerou uma reação social contra todos os judeus em lugares onde antes não existiam restrições. Enquanto isso, os negros norte-americanos encontraram maior aceitação em cidades do Norte no fim do século XIX do que na primeira metade do século XX, quando as migrações maciças de negros menos assimilados vindos do Sul causariam uma reação semelhante, gerando novas restrições contra todos os negros. As cidades do Norte onde os negros, em grande parte, viviam entre os brancos testemunharam, no começo do século XX, a imposição de padrões rigorosos de segregação residencial que culminaram na criação de guetos negros, que rapidamente se tornaram a regra.

Seria falacioso retratar tanto o retrocesso quanto o progresso racial como resultados inevitáveis da passagem do tempo. Houve um grande progresso racial na segunda metade do século XX nos Estados Unidos, especialmente para os negros. Como não se trata de algo automático, é importante compreender suas causas e seu contexto histórico. Essa análise das evidências é fundamental porque muitos indivíduos e organizações têm interesse em reivindicar crédito pelo progresso e, às vezes, reivindicações repetidas incessantemente podem ser confundidas com fatos.

O progresso e o retrocesso nem sempre são independentes em diferentes épocas. Pode haver muito progresso em alguns aspectos durante o mesmo tempo em que há retrocesso em outros. Isso se aplica especialmente aos negros norte-americanos da segunda metade do século XX.

Antes da histórica decisão da Suprema Corte no caso *Brown v. Board of Education*, em 1954, a segregação racial era exigida nas escolas de todos os estados do Sul que fizeram parte da Confederação, assim como no Missouri, no Texas, em Oklahoma e no Distrito de Colúmbia — e a segregação racial era permitida nas escolas de Wyoming, do Arizona e do Novo México. Todas essas leis foram anuladas pela decisão da Suprema Corte e, ao longo das décadas seguintes, a prática da segregação racial nas escolas foi desmantelada. A Lei de Direitos Civis, de 1964, declarou ilegal a segregação racial em empresas e instituições tanto públicas quanto privadas, e proibiu também a discriminação em relação ao emprego. A Lei de Direito ao Voto, de 1965, declarou ilegais as práticas que tinham privado os eleitores negros no Sul do privilégio do voto, e a década de 1970 testemunhou como o significado de "ação afirmativa" se tornou equivalente à contratação preferencial de trabalhadores da minoria.

Esses grandes marcos jurídicos da revolução dos direitos civis frequentemente recebem créditos pelos avanços econômicos e políticos da população negra. Certamente a Lei de Direito ao Voto foi responsável por um aumento imenso dos votos dos negros no Sul e pela subsequente disparada do número de representantes negros eleitos em toda a região. Mas a história conta algo muito diferente no que diz respeito ao avanço econômico dos negros.

O percentual de famílias negras com renda abaixo da linha da pobreza caiu intensamente entre 1940 e 1960, passando de 87% para 47% ao longo desse intervalo, *antes* da Lei de Direitos Civis, de 1964, ou da Lei de Direitos de Voto, de 1965, e bem antes da década de 1970, quando a "ação afirmativa" evoluiu para "metas" ou "cotas" numéricas. Apesar de a tendência de queda da pobreza ter perdurado, o ritmo desse declínio não se acelerou depois desses marcos jurídicos, mas, de fato, reduziu. O índice de pobreza diminuiu de 47% para 30% durante a década de 1960 e depois apenas de 30% para 29% entre 1970 e 1980.[14] No entanto, reivindicou-se muito crédito para as leis de direito civil da década de 1960 ou para os programas de Guerra contra a Pobreza dessa mesma década, enquanto os fatos verdadeiros mostram que a saída da pobreza dos negros foi mais aguda antes de qualquer uma dessas ações do governo entrar em funcionamento.

Houve uma tendência histórica semelhante no que diz respeito ao acesso dos negros a ocupações profissionais, de gerência e outras de alto nível. A quantidade de negros em ocupações de colarinho branco, gerência e administrativas dobrou entre 1940 e 1960 e quase dobrou em ocupações profissionais. Enquanto isso, a quantidade de negros que trabalhavam na agricultura em 1960 era apenas um quarto da quantidade de 1940.[15]

Estas tendências favoráveis tiveram continuidade depois de 1960, mas sua origem *não* está nessa década de 1960. No que diz respeito às preferências e cotas para o grupo — "a ação afirmativa" —, cuja origem está na década de 1970, seu efeito sobre os tamanhos relativos das rendas dos negros e dos brancos foi quase nulo ou perto de nulo A renda domiciliar média dos negros era 60,9% da renda domiciliar média dos brancos em 1970 — e nunca passou disso, ou não chegou a um número tão alto, ao longo de toda a década de 1970. A partir de 1980, a renda domiciliar média dos negros passou a ser de 57,6% da renda dos brancos.[16]

Os fatos são claros, mas persistem as falácias de que foram as leis de direitos civis, os programas de "guerra à pobreza" da década de 1960 e as ações afirmativas que fizeram com que os negros saíssem da pobreza e permitiram seu acesso a ocupações de classe média.

Escravidão

Além dos seus próprios males durante seu próprio tempo, a escravidão gerou falácias que perduram até o nosso tempo, confundindo muitas questões da atualidade. O eminente historiador Daniel J. Boorstin disse algo que muitos acadêmicos conheciam bem, mas era totalmente desconhecido do público em geral, quando observou que, com o transporte maciço, para o hemisfério ocidental, de africanos em regime de escravidão, "Agora, pela primeira vez na história ocidental, o status de escravo coincidia com uma diferença de raça."[17]

Durante vários séculos, os europeus escravizaram outros europeus, os asiáticos escravizaram outros asiáticos e africanos escravizaram outros africanos. Apenas na era moderna passou a haver tanto a riqueza quanto a tecnologia para se organizar o transporte maciço de pessoas por um oceano, como escravos ou imigrantes livres. Os europeus também não foram os únicos a transportar massas de seres humanos escravizados de um continente para outro. Apenas os piratas da Berbéria, no norte da África, capturaram e escravizaram pelo menos um milhão de europeus entre 1500 e 1800, de forma que o número de europeus submetidos à servidão na África foi maior do que o número de africanos levados como escravos para os Estados Unidos e para as colônias que dariam origem ao país.[18] Além disso, europeus ainda eram comprados e vendidos nos mercados de escravos do mundo islâmico décadas depois de os negros terem sido libertados nos Estados Unidos.[19]

A escravidão foi uma instituição praticamente universal em países de todo o mundo durante milhares de anos de registros históricos. Com efeito, evidências arqueológicas sugerem que os seres humanos aprenderam a escravizar outros seres humanos antes de aprender a escrever. Uma das várias falácias sobre escravidão — a de que sua prática se baseava em raça — é sustentada pela simples, porém difundida, prática de abordar exclusivamente a escravização de africanos por europeus, como se fosse algo singular, em vez de parte de uma tragédia humana mundial muito maior. O racismo teve origem na escravidão africana, especialmente nos Estados Unidos, mas a escravidão surgiu milhares de anos antes do racismo. Europeus já haviam escravizado outros europeus durante vários séculos antes de o primeiro africano ser trazido como escravo para o hemisfério ocidental.

A realidade brutal é que geralmente se tirava vantagem de pessoas vulneráveis, sempre que fosse viável fazê-lo, independentemente da sua raça ou sua cor. O desenvolvimento de Estados-nações colocou exércitos e marinhas em volta de algumas pessoas, mas não era igualmente possível estabelecer Estados-nações em todas as partes do mundo, até mesmo em função da geografia. Em locais onde não havia a proteção do exército ou da marinha, grandes populações viravam presas de escravizadores, fosse na África, na Ásia ou ao longo de trechos não vigiados do litoral europeu em que piratas da Berbéria realizavam ataques, geralmente em torno do Mediterrâneo, mas que às vezes chegavam até a Inglaterra ou a Islândia.[20] A enorme concentração de escritos e da mídia em geral sobre a escravidão no hemisfério ocidental, ou nos Estados Unidos especificamente, cria um quadro falso que torna difícil compreender até mesmo a história da escravidão no país.

Apesar de a escravidão ter sido facilmente aceita como um fato cotidiano no mundo inteiro por vários séculos seguidos, nunca houve um tempo em que sua prática tenha conseguido aceitação universal nos Estados Unidos, cuja base do princípio de liberdade colocava a escravidão numa contradição óbvia e irreconciliável. A escravidão foi atacada ideologicamente pela primeira versão da Declaração de Independência[21] e vários estados do Norte a baniram nos anos imediatamente posteriores. Até mesmo no Sul, a ideologia da liberdade não ficou totalmente sem efeito, uma vez que dezenas de milhares de escravos foram voluntariamente libertados depois de os norte-americanos conquistarem sua liberdade em relação à Inglaterra.

No entanto, a maioria dos proprietários de escravos do Sul estava determinada a não abrir mão dos seus escravos e, para isso, precisava de certa defesa contra a ideologia da liberdade e as críticas difundidas à escravidão que eram seu corolário. O racismo tornou-se essa defesa. Defesa desnecessária em sociedades não livres, como a do Brasil, que importava mais escravos do que os Estados Unidos, mas não havia desenvolvido níveis tão virulentos de racismo. Fora da civilização ocidental, nenhuma defesa da escravidão era necessária, uma vez que as demais sociedades não viam nada de errado em sua prática. Também não havia qualquer desafio sério à escravidão na civilização ocidental antes do século XVIII.

O racismo tornou-se uma justificativa para a escravidão numa sociedade em que não havia outra forma de justificá-la — e séculos de racismo não desapareceram de repente, com a abolição da escravidão que possibilitou sua origem. Mas a direção de causalidade era diretamente oposta ao que é pressuposto por aqueles que retratam a escravização de africanos como um resultado do racismo. Entretanto, o racismo tornou-se um dos legados duradouros da escravidão. Até que ponto persiste atualmente, e com qual força, é algo que pode ser examinado e debatido. Mas muitas outras coisas consideradas legados da escravidão podem ser testadas empiricamente, em vez de serem aceitas como conclusões absolutas.

A família negra

É possível demonstrar que algumas das crenças e pressuposições mais básicas sobre a família negra são falaciosas. Por exemplo, tem-se acreditado amplamente que a origem dos sobrenomes de certas famílias negras está nos nomes dos senhores de escravos. Essas crenças fizeram com que, especialmente durante a década de 1960, vários negros norte-americanos repudiassem seus sobrenomes como um legado da escravidão e se dessem nomes novos — o mais famoso desses casos foi o do campeão de boxe Cassius Clay, que trocou seu nome para Muhammad Ali.

Na verdade, sobrenomes eram *proibidos* aos negros escravizados nos Estados Unidos,[22] da mesma maneira que foram vetados a outras pessoas em posições inferiores em diversos momentos e locais — escravos na China e em partes do Oriente Médio,[23] por exemplo, assim como as pessoas comuns no Japão, só autorizadas a usar sobrenomes em 1870.[24] Na civilização ocidental, pessoas comuns começaram a ter sobrenomes na Idade Média.[25] Em muitos lugares e momentos, seu uso era considerado necessário e adequado apenas para a elite, que se movimentava em círculos maiores — tanto geograficamente quanto socialmente — e que consideravam importante carregar o prestígio familiar. Os escravos nos Estados Unidos *secretamente* se davam sobrenomes para manter um sentido de família, mas não os usavam na presença dos brancos. Vários anos depois da emancipação, negros nascidos durante a época da escravidão permaneciam relutantes em contar seus nomes completos aos brancos.[26]

A falácia dos "sobrenomes de escravos" é falsa não apenas porque os brancos não davam sobrenomes aos escravos, mas também porque os negros se davam nomes que não eram os de seus senhores. Durante a época da escravidão, era comum a escolha de outros nomes. Caso contrário, se todas as famílias pertencentes a um determinado senhor de escravos adotassem seu nome, isso trairia a finalidade de se criarem identidades familiares separadas. Ironicamente, quando alguns negros no século XX começaram a repudiar o que chamavam de "sobrenomes de escravos", houve uma tendência a adotar nomes árabes, apesar de, ao longo dos séculos, os árabes terem escravizado mais africanos do que os europeus.[27]

Uma falácia com implicações mais substanciais é a de que as famílias sem pais, tão comuns entre os negros contemporâneos, são um "legado da escravidão", época em que as famílias não eram reconhecidas. Assim como a abordagem de outros problemas sociais atribuídos ao "legado da escravidão", esta concepção ignora o fato de o problema ter se tornado muito pior entre os negros de gerações mais recentes do que entre as famílias mais próximas à época da escravidão. A maioria das crianças negras foi criada junto com o pai e a mãe, mesmo na época da escravidão e durante várias gerações desde então.[28] Os negros libertados se casaram, e as taxas de casamentos entre os negros eram um pouco maiores do que entre os brancos no começo do século XX.[29] Os negros também tinham uma taxa um pouco *maior* de participação na mão de obra do que os brancos em todos os censos entre 1890 e 1950.[30]

Enquanto 31% das crianças negras eram filhas de mulheres solteiras no começo da década de 1930, essa proporção aumentou para 77% no começo da década de 1990.[31] Se tal condição fosse um "legado da escravidão", então por que isso seria tão menos comum entre os negros de duas gerações mais próximas da época da escravidão? Um sinal do colapso da família nuclear formada por negros se tornou evidente em 1993, quando mais de um milhão de crianças negras eram criadas por seus avós, aproximadamente dois terços a mais em relação às famílias de pessoas brancas, apesar de haver muito mais vezes a quantidade de brancos do que de negros na população dos Estados Unidos.[32]

Quando retrocessos trágicos em todos esses aspectos se tornaram dolorosamente aparentes na segunda metade do século XX, um "legado da escravidão" tornou-se uma explicação falsa muito utilizada, o que possibilitava que se evitasse a confrontação de fatores contemporâneos para problemas contemporâneos.

Esses retrocessos não eram apenas dramáticos por si mesmos, mas também causavam grandes impactos sobre outros resultados individuais e sociais. Por exemplo, enquanto a maioria das crianças negras ainda era criada em famílias formadas por pai e mãe até 1970, esse número tinha passado para apenas um terço em 1995.[33] Além disso, boa parte da patologia social está altamente correlacionada com a ausência de um pai, tanto entre negros quanto entre brancos, mas a magnitude do problema é maior entre os negros porque a ausência paterna é mais frequente em famílias negras. Enquanto, no fim do século XX, a maioria absoluta dessas famílias negras sem a presença masculina vivia na pobreza, mais de quatro quintos das famílias negras formadas por marido e mulher não viviam na pobreza.[34] A partir de 1994 até o século XXI, a taxa de pobreza entre as famílias negras com marido e mulher estava abaixo de 10%.[35]

É óbvio que não é simplesmente o ato de se casar que reduz drasticamente a taxa de pobreza, seja entre os negros ou outros grupos, mas sim os valores e os padrões de comportamento que levam ao casamento e causam um impacto maior sobre muitos outros fatores.[36]

Cultura

Conforme já se observou, as raças podem se diferenciar por razões não necessariamente raciais, porque as pessoas herdam culturas assim como genes. Enquanto uma geração criar a seguinte, dificilmente poderá acontecer outra coisa. Muitas das diferenças sociais ou culturais da atualidade, entre os negros e os brancos norte-americanos de todo o país, eram apontadas, numa época anterior à guerra, como diferenças entre brancos do Sul e brancos do Norte. Essas diferenças incluem maneira de falar, taxas de criminalidade e de violência, crianças nascidas fora do casamento, realização educacional e iniciativa ou falta de iniciativa econômica.[37]

Apesar de apenas aproximadamente um terço da população branca dos Estados Unidos viver no Sul antes da guerra, pelo menos 90% dos negros norte-americanos viviam nessa região até o século XX. Em resumo, a grande maioria dos negros vivia num ambiente cuja cultura provou ser menos produtiva e menos pacífica para seus habitantes em geral. Além disso, oportunidades de se mudar para longe dessa cultura eram mais restritas para os negros.

Apesar de a cultura sulista ser regional, tanto os negros quanto os brancos a levaram consigo quando deixaram o Sul. Um exemplo pequeno porém significativo dessa tendência se deu quando o movimento para se criarem escolas públicas varreu todo o território dos Estados Unidos nas décadas de 1830 e 1840, e não apenas foi mais bem-sucedido na criação de escolas públicas no Norte do que no Sul, como também encontrou, nas áreas de estados do Norte, como Ohio, Indiana e Illinois, que haviam sido colonizadas por sulistas brancos, maior lentidão no estabelecimento dessas escolas.[38]

O legado da cultura sulista é documentado de maneira mais imediata no comportamento de gerações posteriores do que o legado da escravidão, o qual, segundo alguns escritores notáveis do século XIX, explicava o comportamento de brancos sulistas antes da guerra,[39] mas, conforme escritores posteriores, explicava o comportamento dos negros. Na realidade, a cultura regional do Sul existia em regiões específicas da Inglaterra em séculos passados, regiões onde as pessoas destinadas a se fixar no Sul dos Estados Unidos exibiam os mesmos padrões de comportamento antes da imigração.[40] Estas eram chamadas de "*crackers*" e "*rednecks*"* antes de cruzar o Atlântico — e antes de ver qualquer escravo. Conforme disse um conhecido historiador sulista: "Nós não vivemos no passado, mas o passado vive em nós."[41]

O desempenho educacional e intelectual é uma área bastante documentada em que se pode testar a persistência da cultura. Até a Primeira Guerra Mundial, soldados brancos provenientes de diversos estados do Sul alcançaram pontuações menores em exames mentais do que soldados negros de diversos estados do Norte.[42] Os soldados negros não apenas contavam com a vantagem de estudar em escolas melhores no Norte, como havia também a oportunidade de que a cultura sulista erodisse em um novo ambiente. Ao longo dos anos, muito se falou sobre as pontuações

---

* Os termos significavam, respectivamente, "pessoas comuns" e "caipiras". [*N. do E.*]

mais baixas que os negros obtiveram, em comparação com os brancos em exames mentais no país inteiro. Alguns observadores concluíram que isso decorria de uma diferença racial, enquanto outros concluíram que havia alguma deficiência ou parcialidade nos exames. Mas nenhuma das duas explicações justificaria as pontuações dos brancos do Sul em exames mentais durante a Primeira Guerra Mundial.

Quaisquer que sejam as origens das reduzidas conquistas educacionais ou intelectuais entre os negros, essas diferenças têm grandes consequências econômicas e sociais. Durante vários anos, a maioria dos negros teve acesso a uma educação de pior qualidade e em menor quantidade nas escolas do Sul. Porém, mesmo depois de a deficiência de quantidade ter sido eliminada, no fim do século XX, a lacuna qualitativa permaneceu grande. A pontuação de negros de 17 anos de idade em exames de diversas matérias acadêmicas foi igual à pontuação de brancos muitos anos mais jovens.[43] Isso obviamente não é uma base para se esperarem resultados iguais numa economia cada vez mais dependente de capacidades mentais.

Criminalidade e violência

A história da criminalidade e da violência entre negros contradiz muitas crenças bastante difundidas sobre suas causas. Pobreza, desemprego e discriminação racial costumam ser listados entre as principais "causas arraigadas" de revoltas e outros tipos de criminalidade entre os negros. Muitos estão tão convencidos disso que não veem nenhuma razão para examinar o registro histórico dos fatos.

A criminalidade entre negros norte-americanos, assim como entre os brancos, diminuiu durante vários anos *antes* da década de 1960 — com suas leis de direitos civis que se tornaram marcos e seus programas de "guerra contra a pobreza". Mas foi durante essa década que os índices de criminalidade dispararam tanto entre os negros quanto entre os brancos, e foi exatamente *depois* da aprovação das leis históricas de direitos civis que os negros começaram a se revoltar em cidades do país inteiro. Poucos dias depois da aprovação da Lei de Direitos de Voto de 1965, teve origem, no bairro negro de Los Angeles conhecido como Watts, a primeira das centenas de revoltas que assolariam cidades no país inteiro ao longo dos quatro anos seguintes. Essas revoltas não começaram onde os negros eram mais pobres ou mais oprimidos, que ainda era o Sul. De fato, as cidades do Sul raramente sofreram as revoltas que atingiram muitas cidades do Norte e devastaram muitos bairros negros.[44] Trinta e quatro pessoas morreram nas revoltas de Watts, mas 43 foram mortas quando os negros se revoltaram em Detroit, dois anos depois.

Apesar de Detroit ter sido palco da pior das revoltas que atingiram praticamente todas as cidades do Norte durante a última parte da década de 1960, o índice de pobreza entre a população negra dessa cidade era apenas a metade do índice para negros no país inteiro; o índice de propriedade de casas entre os negros era o maior do país; e o de desemprego era de 3,4% — menor do que entre os *brancos* no país inteiro.[45] Detroit não teve uma revolta maciça por se tratar de uma área de desastre econômico. A cidade *passou a ser* uma área de desastre econômico depois das revoltas, como aconteceu com bairros negros em muitas outras do país. Além disso, bairros arrasados por revoltas continuaram a ser áreas de desastre durante várias décadas a partir de então, uma vez que as empresas se tornaram resistentes quanto a se localizar nessa região, o que reduziu o acesso a empregos e ao comércio; assim, tanto os negros quanto os brancos de classe média se mudaram para os subúrbios.

Quaisquer que tenham sido as causas dessas ondas de revoltas, independentemente de atuar como fatores secundários ou como incidentes de precipitação imediata, sua origem claramente *não* está nos fatores sobre os quais se falou sem parar, mas de maneira falaciosa. As piores revoltas em guetos ocorreram exatamente na época e nos lugares onde as ações que deveriam impedir revoltas eram as mais comuns, inclusive com a promoção, pelas autoridades, de políticas de bem-estar social, e a restrição da atuação da polícia. Ao contrário, as revoltas foram menos destrutivas e às vezes inexistentes em lugares onde as autoridades adotaram uma visão oposta.

Conforme já se observou, as cidades do Sul foram atingidas por revoltas urbanas com muito menos frequência. Entre as cidades do Norte, Chicago foi uma das menos afetadas pelas revoltas nos guetos. Não houve qualquer revolta no local em 1967. No ano seguinte, quando a agitação varreu o país de ponta a ponta na esteira do assassinato de Martin Luther King, o prefeito de Chicago, Richard J. Daley, promulgou uma ordem, muito divulgada, para a polícia "atirar para matar", e, apesar das muitas denúncias à declaração, as mortes causadas por revoltas em Chicago foram uma fração das que ocorreram em cidades como Detroit, onde expressões mais humanas e simpáticas eram usadas e o poder da polícia era restrito. Nacionalmente, a maior quantidade de revoltas em guetos urbanos ocorreu durante a administração de Johnson, mas não houve nenhuma grande revolta urbana durante todo o período de oito anos da administração Reagan. Ainda assim, esses fatos concretos não afetaram crenças que estavam na moda, tanto na época quanto agora. Tanto políticos quanto ativistas têm um interesse em falácias raciais, que atribuem o avanço dos negros a políticos e ativistas, e culpam outros pelos retrocessos.

ECONOMIA

As diferenças brutas de renda entre grupos podem facilmente levar a conclusões falaciosas se diversas diferenças demográficas, educacionais e de outras naturezas forem ignoradas. Infelizmente, muitas comparações raciais são como comparações entre maçãs e laranjas, uma vez que as raças diferem de várias maneiras além da raça. Há diferenças não apenas em termos de idade e tamanho da família, mas também de educação e proporção da participação de suas respectivas populações na força de trabalho, entre outras diferenças. Da mesma maneira que nas comparações entre mulheres e homens, o ato de comparar indivíduos realmente comparáveis de diferentes raças costuma produzir resultados muito diferentes de comparações brutas entre grupos.

Comparações brutas de grupos raciais e étnicos são apenas um ponto de partida no processo de tentar compreender os fatores em funcionamento na produção de diferenças de rendas e ocupações num determinado momento, assim como ao longo do tempo.

O censo dos Estados Unidos no ano 2000 mostrou que os rendimentos médios dos negros tinham sido de 27.264 dólares em 1999, em comparação com uma média nacional de 32.098 dólares, de tal forma que os negros tinham em média 85% dos ganhos de norte-americanos em geral. No entanto, famílias negras ganhavam apenas 66% da média nacional. A causa disso se deve ao fato de a família negra média ser formada por menos pessoas do que as famílias norte-americanas em geral, uma vez que uma proporção maior de famílias negras não tem pais presentes. No entanto, quando casais formados por negros foram comparados com outros tipos de casais, os primeiros ganhavam 88% do rendimento médio nacional dos demais — 50.690 dólares, em comparação com uma média nacional de 57.345 dólares.[46]

Entre os norte-americanos de origem asiática, o censo do ano 2000 mostrou que seus ganhos individuais médios foram maiores do que a média nacional — 40.650 dólares para os homens norte-americanos de origem asiática em comparação com 37.057 dólares para todos os homens norte-americanos. Individualmente, os norte-americanos de origem asiática ganhavam 10% a *mais* do que a média nacional. Como famílias, ganhavam 19% a mais — 59.324 dólares, em comparação com uma média nacional de 50.046 dólares.[47] Isso ocorre em parte em função de as famílias norte-americanas de origem asiática tenderem a incluir os pais com mais frequência do que os norte-americanos em geral.[48] Norte-americanos de origem asiática, assim como negros, nem sempre tiveram uma renda tão alta — em relação à média nacional — quanto atualmente. Nos dois casos, o ato de avaliar o papel da discriminação racial envolve levar em consideração tanto a história quanto a economia.

Por uma questão de perspectiva, também precisamos levar em consideração grupos raciais e étnicos de outros países. Na Malásia, por exemplo, a maioria malaia ganhou, em média, menos da metade da renda da minoria chinesa nos últimos 25 anos do século XX, apesar de os chineses não estarem em condições de discriminar os malaios e de, na verdade, haver programas governamentais muito difundidos que davam tratamento preferencial aos malaios. Da mesma maneira, no Sri Lanka, a minoria tâmil tinha renda superior à da maioria da população do país, composta pelos cingaleses, até que leis e políticas que discriminavam de maneira severa os tâmiles, a partir da década de 1950, permitiram que os cingaleses os superassem em termos de renda em 1973.[49] Em geral, a discriminação precisa ser considerada entre os diversos outros fatores por trás de diferenças econômicas entre grupos. A extensão da influência desse fator pode variar de um grupo para outro, de um país para outro e de um período para outro.

Discriminação no trabalho

"Discriminação" é uma daquelas palavras que costumam ser usadas com frequência, mas raramente definidas. Parcialidade, preconceito e discriminação costumam ser misturados, como se fossem basicamente a mesma coisa. Mas parcialidade e preconceito são atitudes — coisas dentro das cabeças das pessoas —, enquanto discriminação é um ato aberto, que acontece do lado de fora, no mundo real. Essa não é uma distinção pequena quando se analisam diferenças econômicas, visíveis no mundo real. Também não podemos simplesmente pressupor que mais parcialidade ou preconceito se traduzam automaticamente em mais discriminação — ou que a discriminação não existiria na ausência da parcialidade ou do preconceito. O que se despreza nessas pressuposições falaciosas é o *preço* que tem que ser pago por alguém que transforme seus sentimentos subjetivos em um ato aberto.

Imagine alguém que seja dono de um campo de golfe num país em que a discriminação racial seja perfeitamente legal — e que essa pessoa tenha uma parcialidade ou um preconceito contra negros. Em um torneio internacional agendado para ser disputado neste campo de golfe, será que o dono não pagaria um preço por excluir Tiger Woods? O preço a ser pago provavelmente chegaria à casa dos milhões, porque a ausência de Tiger Woods reduziria, no mundo inteiro, a audiência na qual se baseiam as taxas de publicidade e as receitas — reduzindo, assim, quanto as redes de televisão pagariam ao dono do campo de golfe para transmitir o torneio.

Apesar de ser fácil visualizar o custo da discriminação num exemplo como este, geralmente existe um custo a ser pago por qualquer pessoa que concorra no mercado em outras situações. Empregadores que discriminam candidatos a emprego vindos de grupos específicos em geral precisam pagar mais para atrair trabalhadores adicionais vindos de outros grupos, ou então diminuir as qualificações exigidas para o emprego e assim tornar elegíveis aqueles que já tenham se candidatado ao emprego. De qualquer maneira, isso custa dinheiro, independentemente se em salários maiores ou em produtividade menor de trabalhadores menos qualificados. Se o empregador que discrimina concorrer com outros fabricantes de produtos semelhantes, então os concorrentes menos parciais ou mais preocupados com dinheiro poderão contratar trabalhadores mais qualificados provenientes dos grupos rejeitados sem ter de arcar com os custos adicionais pagos pelo empregador que os rejeitou. Num mercado competitivo, essas diferenças de custos se traduzem em diferenças de taxas de lucro e podem até mesmo se traduzir numa diferença entre sobrevivência e falência.

Será que os custos da discriminação efetivamente mudam o comportamento no mundo real? Evidências concretas indicam que sim. Até mesmo na África do Sul, durante o período de governo branco e das políticas oficiais de apartheid racial que limitavam ou proibiam o emprego de negros em cargos ou setores específicos, os empregadores brancos em setores competitivos costumavam contratar negros numa quantidade maior ou em ocupações de nível mais elevado do que a lei permitia. Um arrocho do governo da África do Sul apenas no setor de construção levou à imposição de multas a centenas de empresas por essas violações das leis do apartheid.[50] Não existe uma razão para se pressupor que esses empregadores tivessem menos parcialidade ou preconceito racial do que os políticos que aprovaram as leis do apartheid. A diferença está no fato de a aprovação dessas leis não ter custado nada aos políticos, enquanto a discriminação contra os negros custou dinheiro a empresas competitivas. Princípios econômicos semelhantes se aplicam quando proprietários de imóveis discriminam determinados grupos que queiram se tornar inquilinos ou quando pessoas que oferecem empréstimos discriminam membros de grupos que desejem fazer empréstimos.

Isso não quer dizer que a discriminação nunca aconteça. Em primeiro lugar, nem todas as transações econômicas precisam acontecer em setores competitivos ou em empresas com fins lucrativos. Antes de a discriminação racial ter se tornado ilegal e socialmente inaceitável nos Estados Unidos, organizações sem fins lucrativos como universidades, fundações e hospitais podiam discriminar mais grupos e de maneira mais imediata, porque a sobrevivência dessas entidades não dependia da obtenção de lucro, e os custos implícitos das suas decisões eram pagos com as dotações e doações fornecidas por terceiros.

De maneira semelhante, empreendimentos governamentais no mundo inteiro tendem a ser mais discriminatórios, porque seus custos de discriminação são pagos pelos contribuintes, em vez de por aqueles que discriminam. Em algumas épocas esta discriminação foi contra minorias, mas em outras épocas houve "discriminação reversa" contra membros da maioria, o que costuma ser chamado politicamente como "preferências" por membros de minorias selecionadas. Conforme se observou no capítulo 4, universidades que raramente, se alguma vez, contrataram professores negros antes da década de 1960 realizaram a contratação *preferencial* desses professores mais tarde. Algo semelhante ocorreu com as práticas de emprego de hospitais, fundações, órgãos governamentais e utilidades públicas regulamentadas, todos protegidos, de uma forma ou de outra, das pressões econômicas da competição. Nem discriminação nem discriminação reversa lhes custam o que essas práticas custam para empresas que se baseiam na obtenção do lucro em setores competitivos.

Assim como pessoas com parcialidade ou preconceito racial podem deixar de discriminar quando o custo de se fazer isso for alto demais, alguém que não tenha absolutamente qualquer antipatia racial ainda poderá discriminar por raça se os índices de criminalidade, doença ou outras características indesejáveis forem diferentes entre um grupo racial e outro, ou se maneiras alternativas de classificar indivíduos forem mais caras ou menos precisas. Com efeito, *membros do mesmo grupo* podem discriminar pessoas com características iguais às suas por esta razão, como quando motoristas negros de táxi evitam pegar passageiros negros depois que escurece.

Em resumo, a raça é usada como um dispositivo de classificação para a tomada de decisões, até mesmo por pessoas que não são racistas. Assim, os empregadores poderão relutar em contratar rapazes negros porque sabem que uma grande proporção desse grupo foi detida ou presa, mesmo que esses empregadores não tenham antipatia contra pessoas negras e imediatamente contratem negros mais velhos ou mulheres negras. Um estudo sobre empregadores que rotineiramente verificam os antecedentes criminais dos candidatos a uma vaga descobriu que esses empregadores específicos contratavam homens negros com mais frequência do que outros.[51] Ou seja, esses empregadores específicos não tinham mais que contar com a utilização da raça como dispositivo de classificação, quando já haviam conseguido um dispositivo de classificação mais preciso (e mais caro), usado para fazer uma triagem dos seus candidatos a emprego em geral. O ato de distinguir o racismo como tal da utilização da raça como forma de dispositivo de classificação complica o problema de se tentar determinar quanta discriminação racial existe.

Também vale a pena observar que um dos fatores que tornam a raça um dispositivo de classificação utilizado de maneira tão ampla é que se trata de um critério muito mais barato do que outros, uma vez que a raça é imediatamente visível a olho nu sem nenhum custo, diferentemente da religião, da educação ou de outros dispositivos de classificação que exigem mais tempo, esforço ou despesas. Muitos já disseram que cada pessoa deve ser julgada como indivíduo, mas praticamente ninguém efetivamente faz isso porque o custo de se adquirir conhecimento suficiente sobre um indivíduo costuma ser bem maior do que os benefícios. Esses custos podem ser não apenas financeiros, mas também medidos em perigos físicos, inclusive a morte. Uma figura sombria num beco à noite pode ser um vizinho amável levando um cachorro para passear ou um assassino em série sádico à espera para emboscar outra vítima. O custo de descobrir a verdade não vale a pena. Em geral, até que ponto a classificação vale a pena depende dos seus custos e benefícios. Numa determinada época, anúncios de emprego diziam "Irlandeses não são aceitos". Esses tipos de anúncio só começaram a desaparecer depois que a aculturação de imigrantes irlandeses às regras da sociedade norte-americana chegou ao ponto de os benefícios de se classificarem os irlandeses individualmente passarem a ser maiores do que os custos.

Com minorias raciais ou étnicas, assim como com mulheres, a questão não é simplesmente saber se a discriminação existe, ou em que nível, mas também onde acontece. Nos dois casos, sua origem pode estar na infância, especialmente no que diz respeito à escolaridade, de tal maneira que pode haver diferenças reais quanto à qualificação quando os indivíduos entram no mercado de trabalho como adultos. Durante muitos anos — na verdade, gerações — crianças negras no Sul frequentaram escolas em que as despesas eram substancialmente menores do que em escolas destinadas a alunos brancos. Em algumas partes do Sul, a despesa por aluno era várias vezes mais alta para alunos brancos do que para negros.[52] Em alguns lugares, a quantidade de dias em um ano escolar variava, de tal maneira que alunos negros e brancos com a mesma quantidade de anos de escolaridade tinham quantidades e qualidades de educação muito diferentes.

Durante a época de Jim Crow, quando negros e brancos em idade adulta e com a "mesma" educação recebiam diferentes salários, não era de forma alguma possível precisar se a diferença se devia a uma discriminação do empregador, a uma discriminação anterior ou uma combinação das duas. Numa época posterior, quando essas disparidades em despesas por aluno e em dias do ano escolar se tornaram menores ou inexistentes, o desempenho acadêmico dos próprios alunos passou a ser tão diferente que, conforme já se observou, o nível de pontuação de um rapaz negro médio de 17 anos de idade equivalia ao de alunos brancos muito mais jovens.[53] Aqui novamente, ainda que por razões diferentes, comparações das rendas de negros e brancos com a "mesma" educação eram como comparações de maçãs e laranjas, de tal maneira que inferências sobre discriminação pelo empregador ainda eram questionáveis.

Entre as questões econômicas que se pode levantar sobre a discriminação, estão: quanto de discriminação existe num determinado momento e num determinado lugar; quanto mudou ao longo do tempo; e quanto das diferenças econômicas entre grupos pode ser explicado pela discriminação? Uma forma de avaliar esta última questão é comparando indivíduos realmente comparáveis provenientes de diferentes grupos raciais ou étnicos. Apesar de isso parecer simples a princípio, nem sempre é fácil na prática. Muitas vezes a melhor coisa que podemos fazer é observar até que ponto as diferenças brutas entre grupos diminuem quando comparamos indivíduos de grupos comparáveis em alguns aspectos importantes.

Já na década de 1980, casais de negros com ensino superior ganhavam um pouco *mais* do que casais de brancos com a mesma formação.[54] Já em

1969, os rapazes negros que viviam em casas onde havia jornais, revistas e acesso a bibliotecas e que também tinham se esforçado para obter a mesma quantidade de anos de escolaridade que os rapazes brancos tinham renda equivalente à de suas contrapartes brancas.[55] Isso nem sempre foi verdade. Em períodos anteriores, esses fatores culturais exerciam pouca influência,[56] o que sugere que a discriminação racial tinha mais peso. Em 1989, nos Estados Unidos, havia uma variação de menos de mil dólares na renda anual de negros, brancos e hispânicos da mesma idade (29), com o mesmo QI (100) e que trabalhavam durante o ano todo.[57]

Os empregadores raramente ou nunca perguntam aos candidatos a emprego se em suas casas havia jornais, revistas e cartões de biblioteca. Também é pouco provável que testem seu QIs. Além disso, mesmo que fizessem essas coisas improváveis, dificilmente os empregadores racistas se preocupariam com isso sendo o candidato negro ou pertencente a algum outro grupo racial ou étnico de que o empregador não goste. O fato de, atualmente, pesquisadores considerarem que esses fatores têm gerado uma diminuição da diferença de renda de indivíduos comparáveis até o ponto de a terem tornado quase nula sugere que a discriminação racial por empregadores explica relativamente pouco da diferença de renda que ainda é grande entre negros e brancos. Em resumo, as diferenças raciais de renda não se estabelecem entre indivíduos comparáveis em termos de variáveis culturais, mas refletem o fato de que essas variáveis são, por si só, diferentes entre as raças. Paralelos entre pessoas comparáveis podem inclusive reverter as conclusões sugeridas por estatísticas puras:

> Diversos economistas e sociólogos que investigaram a discriminação no mercado de trabalho concluíram recentemente que esta é a principal razão pela qual os [negros] não têm uma renda média tão alta quanto a dos brancos. Este corpo de pesquisa sugere que o que parece ser discriminação é mais bem descrito como remuneração de trabalhadores com capacidades cognitivas mais fortes. Assim,

um estudo de homens entre 26 e 33 anos de idade com empregos em período integral em 1991 descobriu que, quando a educação era medida da maneira tradicional (anos de escola completos), os negros ganhavam 19% a menos do que brancos com educação comparável. Mas quando a referência era um bom desempenho em testes básicos de conhecimento de palavras, compreensão de parágrafos, raciocínio aritmético e conhecimento matemático, os resultados foram revertidos. Homens negros ganhavam 9% a *mais* do que homens brancos com a mesma educação — definida pela habilidade.[58]

Até mesmo quando a raça, como tal, não é usada como um critério, outros dispositivos de classificação podem ter impactos diferentes sobre pessoas de raças diferentes. Por exemplo, desqualificar, em uma seleção de emprego, os candidatos que já foram condenados por crimes poderá eliminar um percentual maior de um grupo do que de outro. Até mesmo desqualificar indivíduos que tenham tatuagens ou nomes estranhos também poderá afetar um percentual maior de um grupo do que de outro. Leis antidiscriminatórias tornam os empregadores sujeitos à ação legal por práticas políticas ou que têm "impactos diferentes" sobre grupos diferentes.

O ônus da prova recai sobre os acusados nesses casos para demonstrar a validade dos critérios específicos utilizados. Esta inversão do princípio legal comum de colocar o ônus da prova sobre o acusador costuma ser suficiente para predeterminar o desfecho, uma vez que o custo de se provar a eficácia da satisfação de terceiros sem nenhuma experiência pode facilmente superar o valor de qualquer aspecto questionado no processo judicial. Por exemplo, pode custar dezenas de milhares de dólares validar um teste mental sem qualquer garantia de que isso será suficiente para satisfazer terceiros que dificilmente são especialistas em testes mentais, análise estatística ou no setor envolvido. Esses casos costumam ser resolvidos fora do tribunal por empregadores conscientes da futilidade de tentar provar sua inocência, mesmo quando não tenha havido discriminação.

FATOS E FALÁCIAS RACIAIS

Discriminação contra o consumidor

A discriminação no trabalho não é o único tipo de discriminação. Já houve muitas alegações de que empresas em bairros de gueto cobram preços mais altos ou oferecem bens e serviços de qualidade inferior e que bancos e outras instituições financeiras discriminam negros que solicitam empréstimos, enquanto órgãos de compensação de cheques cobram preços injustificadamente altos para realizar um serviço que os bancos realizam de graça para seus clientes da classe média. As informações que sustentam essas cobranças precisam ser analisadas, assim como outros dados que parecem ser convincentes na superfície, mas apenas na superfície.

Há pouca dúvida de que os preços cobrados por lojas em bairros pobres tendem a ser maiores do que os de bairros de classe média. Além disso, itens perecíveis, como carne, frutas e verduras também podem ser inferiores e já houve muitas reclamações de que a qualidade de serviços não é tão boa em bairros pobres. Muitas pessoas que estudaram guetos raciais concluem que essas características demonstram a "exploração" de consumidores, a discriminação racial ou as duas coisas.[59] Uma explicação econômica alternativa é que é mais caro fazer as lojas funcionarem em bairros de guetos e que esses custos são repassados aos consumidores. Se os custos maiores não puderem ser plenamente repassados aos consumidores, empresas localizadas em guetos tenderão a ser menos lucrativas e então esses bairros atrairão menos empresas em geral. Além disso, os tipos de empresas efetivamente atraídas costumam ser as que teriam dificuldade para sobreviver à concorrência em bairros de classe média, independentemente se em função de uma eficiência menor ou de um serviço menos cortês.

Apesar de tanto a teoria do racismo e da exploração quanto a teoria econômica serem consistentes com as diferenças observadas entre empresas localizadas em guetos e as de bairros de classe média, existem dados empíricos que podem testar essas teorias em relação uma à outra. Em primeiro lugar, a teoria deveria determinar se de fato existem diferenças no custo de se fazerem negócios nestes bairros diferentes e quais são essas diferenças. Conforme já foi observado no capítulo 2, os custos de se entregarem mercadorias em lojas são menores quando se entrega uma determinada quantidade a um supermercado gigante ou a um hipermercado como os das redes Walmart ou Costco do que a uma grande quantidade de lojas menores espalhadas pela cidade. Além disso, na medida em que as lojas em bairros de guetos enfrentam custos maiores em função de índices maiores de roubo, vandalismo, criminalidade ou violência, esses preços se refletem em perdas de mercadoria, gastos com reformas, custos de seguro e de dispositivos de prevenção a roubo, como portões de ferro ou seguranças.

Apesar de os preços cobrados dos consumidores recuperarem alguns desses custos, poderão não cobrir todos. A proporção dos consumidores pobres que fazem compras fora dos próprios bairros é maior do que a de clientes da classe média, sem dúvida porque alguns consumidores pobres tentam escapar dos preços mais altos cobrados localmente no seu bairro. Portanto, a capacidade que as lojas localizadas dentro de bairros de periferia têm para recuperar todos os seus custos adicionais com o aumento dos preços é limitada pela perspectiva de que uma parte ainda maior de seus clientes fará compras em outro lugar se esses valores forem ainda mais altos. Por sua vez, isso quer dizer que suas taxas de lucro são mais limitadas do que as de lojas em bairros de classe média. Um estudo de lojas localizadas em bairros pobres de Washington descobriu que os preços eram efetivamente mais altos, mas que as taxas de lucro *não* eram maiores nesses bairros.[60] Isso também pode explicar a ausência de muitas lojas, especialmente das que pertencem a grandes redes de supermercados, em bairros de gueto. As lojas de gueto podem realmente estar diante de dificuldades para sobreviver enquanto são acusadas de "exploração" e "ganância".

Também deve ser observado que a maioria das pessoas não é composta de criminosos, até mesmo em bairros com altos índices de criminalidade, mas que aqueles que não são criminosos pagam, de várias maneiras, o preço por aqueles entre eles que são. Ainda assim, os altos preços cobrados em lojas raramente são atribuídos aos criminosos, e sim aos lojistas que os cobram. Esta falácia específica é especialmente provável se o dono da loja for de um grupo racial ou étnico diferente. Além disso, quando existem políticos locais e ativistas comunitários que rapidamente denunciam ações violentas da polícia contra criminosos ou revoltosos, os policiais tendem a se tornar menos ativos para fazer cumprir as leis nesses bairros, a fim de proteger suas próprias carreiras, de tal forma que elementos criminosos passam a atuar mais livremente, de novo em detrimento dos residentes locais, em termos tanto econômicos quanto de outra natureza.

Também deve ser observado que os bairros de gueto nem sempre foram lugares em grande parte privados de lojas e outras empresas que fornecem tanto serviços quanto empregos. Antigamente, quando os índices de criminalidade eram menores, e especialmente antes das revoltas maciças nos guetos na década de 1960, havia muitas empresas que funcionavam em comunidades negras e não estão mais abertas, conforme se observou no capítulo 2. Isso também é parte dos preços altos e duradouros pagos pelos residentes nos guetos. Um fator adicional atualmente é que, naqueles poucos casos em que hipermercados, como os da rede Walmart, consideram a possibilidade de se localizar dentro ou perto de cidades com grandes populações minoritárias, suas tentativas costumam ser frustradas pela oposição política de sindicatos, que, ao denunciar políticas antissindicais ou outras práticas dessas lojas, recrutam o reforço de aliados. Estes aliados costumam se considerar amigos das minorias — uma das várias falácias sobre raça.

Discriminação no empréstimo

Diferenças estatísticas entre índices de aceitação para negros e brancos que solicitem empréstimos de instituições financeiras já foram citadas como fundamento para alegações de discriminação racial. Um estudo de estatísticas de empréstimos para hipoteca, realizado no país inteiro em 1990 e publicado pelo Federal Reserve Board em 1991, mostrou diferenças entre diversos grupos raciais na proporção de solicitações de empréstimos para hipoteca aceitas e rejeitadas. A maioria dos negros, brancos, hispânicos ou asiáticos teve seus empréstimos aprovados, mas o percentual de empréstimos convencionais para hipoteca negados variou muito, de 34% para os negros a 13% para os norte-americanos de origem asiática.[61] Apesar de o estudo ter alertado que não teve acesso a dados sobre o patrimônio líquido daqueles que solicitaram os empréstimos, bem como o histórico de crédito, o histórico de emprego e outros fatores que normalmente são pesados em decisões para se conceder ou negar solicitações de empréstimos para hipoteca,[62] houve alegações imediatas de que o estudo mostrou a existência de discriminação racial.

Jesse Jackson chamou de "atividade criminosa" o fato de bancos "rotineira e sistematicamente discriminarem negros e latinos na aprovação de empréstimos para hipoteca".[63] Um estudo semelhante, com resultados parecidos, realizado pelo Federal Reserve Board e publicado no ano seguinte, gerou conclusões da mesma natureza. O *Washington Post*, por exemplo, noticiou que havia uma "evidência esmagadora" de discriminação no "nosso sistema bancário".[64] Comentários sobre os dois estudos se concentraram em diferenças entre negros e brancos — e às vezes hispânicos também —, mas as estatísticas usadas nesses estudos também incluíam dados sobre norte-americanos de origem asiática, sendo que estes últimos quase invariavelmente eram ignorados.

Tanto no estudo de 1991 quanto no de 1992, negavam-se empréstimos convencionais de hipoteca com mais frequência para brancos do que para norte-americanos de origem asiática.[65] O mesmo raciocínio que levou à conclusão de que os negros eram discriminados em detrimento dos brancos levaria à conclusão muito questionável de que os brancos eram discriminados em detrimento de norte-americanos de origem asiática. Mas apesar de essa conclusão ser questionável, não podemos simplesmente aceitar uma evidência empírica que sustente nossos preconceitos e rejeitá-la quando os refuta. Isso poderia ser incluído nas várias falácias que já giram em torno da raça. Um estudo posterior mostrou que asiáticos de origem norte-americana tomaram empréstimos altos abaixo da taxa *prime* com menos frequência do que brancos — mas, de novo, o foco da mídia estava em diferenças entre negros e brancos, e, de novo, a conclusão foi de que a discriminação racial no acesso a empréstimos convencionais explicava a diferença.[66]

Nesse caso, assim como nas alegações de discriminação no trabalho e de discriminação do consumidor, as estatísticas brutas precisam ser analisadas para garantir que não se comparem maçãs e laranjas. Apesar de os dados dos estudos do Federal Reserve sobre aqueles que solicitam empréstimos para hipoteca não terem incluído o valor líquido desta, por exemplo, outros dados sobre negros e brancos em geral mostraram diferenças muito grandes em termos de patrimônio líquido, mesmo quando controladas as diferenças de renda.[67] Então, dizer, como muitos, que negros e brancos com a mesma *renda* obtiveram taxas diferentes de recusa não quer dizer que houve taxas diferentes de rejeição a indivíduos com o mesmo histórico de crédito, uma vez que o patrimônio líquido é uma consideração de peso na concessão ou na negação de empréstimos para hipoteca. De acordo com uma pesquisa anterior, "o domicílio branco médio abrigava praticamente quatro vezes mais ativos líquidos do que o domicílio negro médio".[68]

Esta foi apenas uma das maneiras de se fazerem comparações entre maçãs e laranjas. Um estudo de 1992 sobre empréstimos para hipoteca em Boston concedidos pelo Boston Federal Reserve Bank mostrou que os negros, os brancos e os hispânicos solicitantes não eram iguais em diversos fatores relevantes:

> Conforme relatado em outras pesquisas, solicitantes negros e hispânicos têm renda líquida e ativos líquidos consideravelmente menores do que os brancos. Os solicitantes negros e hispânicos também tendem a ter históricos de crédito piores que os dos brancos.

Negros e hispânicos em Boston têm uma probabilidade substancialmente maior do que brancos de comprar uma casa que abrigue de duas a quatro pessoas. A proporção maior de casas que abrigam de duas a quatro pessoas entre os solicitantes recusados, tanto para os brancos quanto para os negros e os hispânicos, sugere que os credores percebem um risco maior associado ao financiamento da compra dessas propriedades.[69]

Um reflexo dessas e de outras diferenças é que proporções distintas dos diversos grupos solicitaram empréstimos convencionais para hipoteca, em vez de solicitar financiamentos do governo. Qualificar-se para financiamentos do governo tende a ser mais fácil, e costuma haver menos restrições quanto aos valores disponíveis, o que limita o preço máximo da casa que poderia ser comprada por alguém sem ativos suficientes para completar o empréstimo para hipoteca. As solicitações dos negros para empréstimos financiados pelo governo eram de 85% em relação às suas solicitações para empréstimos convencionais, enquanto as solicitações dos brancos para esse tipo de financiamento tinham frequência de apenas 32% em comparação com as convencionais, e, para os asiáticos, esse número chegava a 11%.[70]

Em praticamente todas as variáveis para as quais existem dados, os grupos diferem muito. Por exemplo, os brancos solicitavam empréstimos para refinanciar suas casas com mais frequência do que para reformas, enquanto, com os negros, acontecia exatamente o oposto.[71] Ainda assim, tanto nesse caso quanto em outros, disparidades estatísticas são tomadas imediatamente como uma prova de discriminação, como se a única diferença entre as pessoas a ser comparada fosse a raça. Além disso, a omissão de norte-americanos de origem asiática sugere que dados divergentes são evitados, em vez de se permitir que questões embaraçosas sobre como tirar conclusões a partir de disparidades estatísticas sejam levantadas. Esta não é a única situação em que estatísticas e fatos de outra natureza sobre os norte-americanos de origem asiática são evitados, quando poderiam minar a explicação prevalecente e conveniente de diferenças raciais.[72]

O estudo realizado pelo Boston Federal Reserve Bank tentou fazer um controle estatístico de diversos fatores para determinar quais diferenças residuais inexplicadas permaneceriam depois de se compararem negros e brancos com as mesmas características. A conclusão a que se chegou foi de que os negros cujas características verificadas eram similares às dos brancos foram rejeitados 17% das vezes, enquanto deveriam ter sido rejeitados apenas 11%, se os mesmos critérios fossem levados em consideração. No entanto, em vez de uma constatação simples de um diferencial inexplicado da ordem de 6%, a conclusão foi expressa de maneira bem diferente:

> Um solicitante negro ou hispânico na área de Boston tem praticamente 60% a mais de chance de ter um empréstimo para hipoteca negado do que um solicitante branco. Isso significa que 17% dos solicitantes negros ou hispânicos teriam seus empréstimos negados, em vez de 11%, mesmo que apresentassem os mesmos números que os solicitantes brancos em relação a quocientes de dívidas, histórico de crédito, garantias para o empréstimo e características de suas propriedades. Em resumo, os resultados indicam que existe um problema grave no mercado de empréstimos para hipoteca, e aqueles que emprestam, grupos comunitários e reguladores devem trabalhar juntos para garantir que as minorias sejam tratadas de maneira justa.[73]

Assim, um diferencial inexplicado da ordem de 6% foi apresentado como uma chance 60% maior de ter um empréstimo negado, uma vez que 17% é praticamente 60% maior do que 11%. Mas os problemas do estudo realizado pelo Boston Federal Reserve Bank vão além da semântica tendenciosa. Assim como tantos estudos que mantêm variáveis específicas constantes, este parecia presumir que essas eram as únicas variáveis que importavam ou que não se podia pressupor que nenhuma outra fosse *igual* entre negros e brancos — ainda que tenha sido descoberto que todas as variáveis efetivamente investigadas eram *diferentes* entre negros e brancos. Finalmente, quando os registros de bancos específicos foram examinados por outros, descobriu-se que toda a diferença restante em taxas de aprovação de empréstimos para negros e brancos comparáveis ocorria em função de apenas um banco, cujos donos eram negros![74]

Se estivesse correta, a teoria da discriminação em empréstimos significaria que os negros deveriam ter um valor de crédito maior do que os brancos para que seus empréstimos fossem aprovados. Por sua vez, isso implicaria que taxas de *default* subsequentes entre os negros que tomassem empréstimos seriam menores do que entre brancos. Mas as evidências empíricas tiradas de dados do censo não sugeriram uma diferença racial das taxas de *default* entre aqueles que tiveram o empréstimo aprovado.[75] Um colaborador da revista *Forbes* explicou as implicações deste fato à principal autora do estudo do Boston Federal Reserve Bank, Alicia Munnell. Quando pressionada, ela concordou com o argumento de que a "discriminação contra os negros deveria aparecer em taxas de *default* mais baixas, não iguais — discriminação significaria que bons solicitantes negros fossem rejeitados de maneira injusta". Mas Munnell chamou isto de um "argumento sofisticado"[76] e em seguida houve a seguinte discussão:

> *Forbes*: — Alguma vez você já se questionou sobre o fato de que, se os *defaults* parecem ser mais ou menos iguais entre negros e brancos, isso indicaria que aqueles que emprestam dinheiro para hipoteca tomam decisões racionais?
> Munnell: — Não.

Munnell não quer refutar seu estudo. Ela conta à revista *Forbes*, depois de refletir, que os dados do censo não são bons o bastante e ainda poderiam ser "manipulados" posteriormente: "Eu realmente acredito que ocorra discriminação."

Forbes: — Você não tem nenhuma evidência?
Munnell: — Não tenho evidências... Ninguém as tem.[77]

Mesmo que não houvesse qualquer dado sobre fatores que afetam o empréstimo para a hipoteca, a acusação de discriminação teria dificuldade para passar pelo teste da plausibilidade. Vamos pressupor, em benefício do argumento, que todos os responsáveis pelos empréstimos para hipoteca em todos os bancos e em todas as associações de poupança e empréstimo sejam brancos e que nenhum deles goste de negros. O que se conclui, então?

O responsável pelos empréstimos para hipoteca terá de lidar com solicitantes de empréstimo para hipoteca que são negros, independentemente de suas solicitações de empréstimo serem aprovadas ou rejeitadas — e decerto esses solicitantes negros nunca mais serão vistos por ninguém no banco, sendo suas solicitações aprovadas ou rejeitadas. Além disso, tanto para os solicitantes negros quanto para os solicitantes brancos a aprovação não é uma questão de fazer um favor a alguém. É uma questão de ganhar dinheiro. Será que o fato de não gostar de negros significa não gostar de receber cheques com o pagamento das suas hipotecas pelo correio todo mês? Até mesmo nos piores anos de racismo no Sul de Jim Crow, muito poucas pessoas brancas se recusaram a aceitar dinheiro dos negros pelo correio.

Durante o período do estudo anterior que alegava que havia discriminação em empréstimos para hipoteca, os bancos e as associações de poupança e empréstimo estavam na luta para evitar a falência, e muitos foram derrotados. Acreditar que essas instituições rejeitariam negros qualificados cujos cheques poderiam salvar suas peles é acreditar que o simples conhecimento de que os cheques, de remetentes desconhecidos, eram de negros teria sido suficiente para que os funcionários desses bancos cortassem as próprias gargantas em termos financeiros.

Quanto àqueles que emprestam com taxas *subprime*, e cobram juros maiores de pessoas com classificações de crédito menores, muitos desses — se não a maioria — tiveram pesadas perdas, da ordem de milhões de dólares. Em 2001, o Bank of America encerrou abruptamente seu programa de empréstimo *subprime* depois de perder centenas de milhões de dólares.[78] Alguns dos que forneceram empréstimos *subprime* foram à falência enquanto eram amplamente denunciados por explorar os pobres de maneira inconsciente, quando o que realmente fizeram foi subestimar até que ponto aqueles empréstimos eram arriscados, de tal maneira que nem mesmo as taxas de juros mais altas eram suficientes para cobrir esses riscos.

RESUMO E IMPLICAÇÕES

Apesar de dados brutos sobre diferenças entre grupos étnicos e raciais estarem facilmente disponíveis, as inferências feitas a partir desses dados são muito variadas e controvertidas. Exatamente o mesmo conjunto de dados pode produzir conclusões radicalmente diferentes, dependendo da seleção arbitrária do que é citado e de quais grupos são comparados. Se, por exemplo, alguém omitir norte-americanos de origem asiática ao comparar negros e brancos, talvez se ignore o fato de que o mesmo raciocínio levaria tanto à conclusão de que os negros são discriminados quanto à de que os brancos são discriminados porque não apenas têm seus pedidos de empréstimos para hipoteca rejeitados com mais frequência do que os norte-americanos de origem asiática, mas também precisam recorrer a empréstimos *subprime* dispendiosos com mais frequência do que os norte-americanos de origem asiática, como demonstrou um estudo da redução do emprego em 1990-91 ao afirmar que os trabalhadores brancos tinham uma probabilidade maior de perder seus empregos do que os trabalhadores norte-americanos de origem asiática.[79] Ou nós acreditamos que os empregadores brancos têm preconceito contra trabalhadores brancos ou admitimos que os grupos podem ser diferentes uns dos outros em características relevantes para a tomada de decisões econômicas.

Questões sobre a existência, a magnitude e as consequências da discriminação racial não podem ser respondidas com dados brutos ou por meio de alguns dos métodos de pesquisa que costumam ser utilizados. Por exemplo, já houve projetos de pesquisa que enviaram a uma seleção de emprego candidatos negros e brancos com as mesmas qualificações objetivas, ou acompanharam solicitações de habitação ou empréstimos feitas por negros e brancos com rendas iguais, para então determinar com qual frequência ou com qual rigor os negros foram discriminados pela diferença nas taxas em que indivíduos com as mesmas qualificações foram contratados como empregados ou aceitos como inquilinos, compradores de casas ou tomadores de empréstimo.

A falácia nesta abordagem ocorre em função de se ignorar o alto custo do conhecimento e os altos custos de se tomarem decisões erradas. Nem qualificações objetivas para o emprego nem a renda escrevem toda a história de qualquer pessoa de qualquer raça. Pode-se recorrer a outros dispositivos de classificação se for caro adquirir informações mais específicas, como pelo contato com antigos empregadores — muitos dos quais relutam em fornecer detalhes, em virtude dos riscos legais que enfrentam quando fornecem informações adversas — ou pela contratação de detetives particulares para vasculhar a vida privada de candidatos a empregos, a habitação ou a empréstimos. Entre esses dispositivos de classificação, estão a contratação por recomendações de empregados existentes, que têm incentivos para não colocar em risco a própria posição em relação aos seus chefes ao recomendar alguém que saibam que não será adequado para o trabalho. Conforme já vimos, a raça pode ser utilizada como um dispositivo de classificação, até mesmo por pessoas que não tenham qualquer hostilidade em relação a uma raça específica, inclusive outros membros dessa mesma raça.

Se realmente existirem diferenças entre as raças na proporção de pessoas que são desejáveis como empregados, inquilinos, proprietários de casas ou tomadores de empréstimo, então a utilização da raça como um dispositivo de classificação poderá desqualificar muitas pessoas individualmente desejáveis, *sem impor custos sobre a raça, além dos custos criados pelo próprio comportamento delas.* Não há dúvida de que muitos irlandeses sóbrios, trabalhadores e produtivos foram prejudicados, uma vez que não fizeram nada de errado, durante a época em que muitos empregadores tinham cartazes que diziam: "Irlandeses não são aceitos." Mas isso é totalmente diferente de dizer que as diferenças de emprego e de renda entre os irlandeses e outros norte-americanos durante aquela época representavam discriminação em vez de diferenças de comportamento cujos custos se refletiam em diferenças de emprego. Determinar se as diferenças econômicas entre dois grupos resultam da discriminação é totalmente diferente de determinar se os indivíduos foram punidos por algo que não fizeram e por situações além do seu controle. Independentemente de ser necessário condenar suas práticas, a discriminação contra indivíduos não poderá explicar automaticamente as diferenças de renda e emprego entre grupos.

Conclusões até certo ponto semelhantes ficaram implícitas no estudo realizado por W. E. B. DuBois no século XIX, que concluiu que, se todas as pessoas brancas perdessem seus preconceitos raciais da noite para o dia, isso não faria muita diferença para a maioria dos trabalhadores negros. Apesar de que "alguns poucos seriam promovidos, alguns poucos conseguiriam novos lugares", "a massa não mudaria nada", até que a geração mais jovem começasse a "tentar mais", até que os "ociosos e desmotivados" ficassem estimulados e toda a raça "perdesse a desculpa onipresente para o fracasso: o preconceito".[80] De novo, assim como com os irlandeses, poderá haver sérias perdas para indivíduos inocentes sem que essas perdas consigam explicar muito sobre as diferenças gerais de renda ou de emprego entre dois grupos. Não há dúvida de que o próprio DuBois foi privado de oportunidades para as quais era muito qualificado, tanto na academia quanto em outros lugares, devido à raça. Mas o argumento aqui é que essa discriminação no trabalho não poderia explicar muito sobre a grande diferença em termos de renda e emprego entre negros e brancos da época em que DuBois realizou seu estudo. Diferenças em decisões tomadas em relação a amostras equiparadas de indivíduos são enganosas como explicações de diferenças no destino econômico de grupos inteiros, quando esses grupos não são equiparados de forma alguma conforme os fatores relevantes.

Outra maneira de analisar isso é que em mercados de trabalho, assim como nos de consumo, deve-se fazer uma grande distinção entre aqueles que criam determinados custos e aqueles que reagem a esses custos ao repassá-los a outras pessoas. Da mesma maneira que custos criados por criminosos em bairros pobres são repassados para os residentes locais que não são criminosos, também os custos criados por trabalhadores menos produtivos ou que causam mais confusão, vindos de determinado grupo racial ou étnico, são repassados para outros trabalhadores dos mesmos grupos na forma de uma diminuição das oportunidades de emprego. Trata-se de uma questão moral saber se qualquer uma dessas ações é justa. Trata-se de uma questão econômica saber se estas são as consequências que as circunstâncias originam.

Numa determinada época, era amplamente reconhecido na comunidade negra, assim como na irlandesa ou judaica, que um impacto negativo do comportamento de alguns elementos afetava os outros, mais numerosos. Tanto os negros quanto os irlandeses e os judeus tinham organizações comunitárias, laicas ou religiosas, dedicadas a reduzir o comportamento negativo de alguns, para o interesse geral. Mas esses esforços são reduzidos ou minados até o ponto em que as pessoas passam a culpar terceiros por todos os problemas de um grupo, enquanto a solidariedade do grupo é mantida internamente, até mesmo entre os fora da lei, a todo custo.

Problemas nos dados não são de forma alguma a única, nem necessariamente a principal, fonte de falácias raciais. Muitas pessoas têm um grande interesse em ver problemas raciais de uma forma específica. Políticos e ativistas que promoveram uma visão social específica das razões e das soluções para disparidades raciais têm suas carreiras inteiras em jogo, especialmente depois de ter retratado a política e o ativismo como as principais fontes tanto do progresso passado quanto do futuro, ao contrário do que mostram as evidências concretas. Outros promovem um investimento psicológico ou ideológico na visão prevalecente, em que causas externas predominam como explicações para as disparidades entre grupos em índices de renda e criminalidade, entre outros. Essas causas externas variam da discriminação do empregador e de preços altos em bairros pobres a transporte inadequado para chegar ao trabalho.

Qualquer questionamento dessas explicações pode gerar uma acusação de "culpabilização da vítima". Mas a própria questão é se a vitimização é a explicação. No que diz respeito à culpa, quem pode ser culpado por herdar uma cultura que já existia antes de seu nascimento? Mas, apesar de nada poder ser feito em relação ao passado, muita coisa pode ser feita no presente para preparar para o futuro. Independentemente do que desejemos alcançar, devemos começar com o entendimento de onde estamos no presente — não onde gostaríamos de estar ou onde queremos que os outros pensem que estamos, mas onde realmente estamos.

Tanto a história quanto os dados revelam a falácia da explicação do "legado da escravidão" para a patologia social atual nos bairros negros dos Estados Unidos. O senador Edward Brooke, que foi criado na comunidade negra de Washington nas décadas de 1920 e 1930, resumiu em poucas palavras o que muitos dados confirmam:

> Para os jovens que estão crescendo nos Estados Unidos atualmente, as histórias da minha juventude parecerão quase incompreensíveis. Eles precisarão suspender seu senso de realidade para imaginar um tempo em que grandes áreas de Washington, D.C., eram realmente seguras, em que as famílias ficavam juntas, os vizinhos se ajudavam, os alunos tinham motivação para estudar e não havia drogas nem tiros vindos de carros em movimento.[81]

O mundo que o senador Brooke descreveu estava várias gerações mais próximo da época da escravidão do que estão as gerações impregnadas pela tão familiar patologia social do gueto em nossa época. Além disso, muitas patologias notavelmente semelhantes foram descobertas num estudo sobre uma comunidade branca de classe inferior na Inglaterra,[82] onde nenhuma das explicações conhecidas sobre escravidão, racismo ou discriminação se aplicam. O que as comunidades brancas de classe inferior na Inglaterra e os guetos negros nos Estados Unidos têm em comum é um padrão de patologias sociais que se tornou pronunciado na segunda metade do século XX, quando ideias e políticas semelhantes se tornaram dominantes nos dois países. A Inglaterra já foi uma das nações que mais respeitavam as leis em todo o planeta, mas, no começo do século XXI, sua taxa de criminalidade na maioria das categorias era maior do que a dos Estados Unidos.[83] Nos dois países, políticos, ativistas e ideólogos que alegavam ter soluções fizeram, em vez disso, com que vários problemas ficassem piores do que antes.

7.
Fatos e Falácias do Terceiro Mundo

Contrastes entre a prosperidade de diversas nações ocidentais e a terrível pobreza de alguns países do Terceiro Mundo despertam muitas emoções e provocam muitas perguntas em relação a como isso pode acontecer. Apesar de estas perguntas terem produzido muitos fatos, a incapacidade de se estabelecer uma distinção entre causa e culpa produziu muitas falácias.

Como uma quantidade praticamente ilimitada de pecados pode ser encontrada ao longo da história de qualquer segmento da raça humana, raramente faltarão episódios ruins que possam ser citados por aqueles que tentam explicar a causa pela culpa. O título de um livro capturou boa parte dessa confusão: *How Europe Underdeveloped Africa* [Como a Europa subdesenvolveu a África]. Os europeus certamente cometeram vários pecados na África — e os norte-africanos não cometeram poucos pecados na Europa. Houve mais europeus escravizados por piratas da região da Berbéria, no norte da África, do que africanos levados como escravos para os Estados Unidos, e esses mouros invadiram e subjugaram a Espanha durante vários séculos.

Essas depredações e atrocidades não se limitaram de forma alguma a europeus e africanos. Tanto os asiáticos quanto os árabes, os polinésios e os nativos do hemisfério ocidental apresentam uma história muito semelhante nesse sentido em seus contornos gerais, por mais que os detalhes específicos mudem de uma parte do mundo para outra. A confusão entre culpa e causa também não se limita a questões relativas a europeus e africanos. Muitas pessoas culpam os norte-americanos pela pobreza na América do Sul, ou o domínio colonial britânico pela pobreza da Índia naquele subcontinente.

É claro que algumas vezes a culpa e a causa podem coincidir, da mesma maneira que um evento histórico pode coincidir com o equinócio de primavera. Mas ainda se trata de duas coisas diferentes, apesar dessa sobreposição. Conquistadores espanhóis destruíram muitas economias e sociedades nativas no hemisfério ocidental enquanto construíam um vasto império que se estendia do extremo sul da América do Sul até São Francisco, enriquecendo a Espanha e empobrecendo as populações nativas dessas regiões. Mas, apesar de haver exemplos semelhantes em diversas partes do mundo que poderiam ser citados, a questão mais fundamental permanece: será que é por isso que a *maioria* dos países atualmente prósperos é próspera e que a *maioria* dos países pobres é pobre?

Como os conquistadores poderiam realizar suas conquistas, para começar, a não ser que fossem significativamente diferentes — no âmbito econômico, militar ou de qualquer natureza — em relação aos conquistados? Essas questões são especialmente importantes quando tentamos explicar como um país como a Espanha — cujo território é menor do que o do Texas — conseguiu conquistar territórios de extensão muitas vezes maior e com populações que superavam amplamente a espanhola, ou como alguns países europeus conseguiram fazer o mesmo na África, ou como o Japão conseguiu fazer a mesma coisa na Ásia Oriental na primeira metade do século XX.

Em resumo, até mesmo aqueles que culpam os conquistadores pela pobreza dos conquistados ainda não descartaram a questão da causa, pois ainda falta explicar as diferenças anteriores que estão por trás das próprias conquistas. Além disso, existem países prósperos cujas conquistas foram pequenas ou inexistentes, e países atolados na pobreza que nunca foram conquistados. Se a tentativa de tornar a causa um sinônimo de culpa resultar em apontar a culpa da "exploração" econômica — independentemente de como seja definida — pela pobreza do Terceiro Mundo, então a grande pergunta sem resposta será a seguinte: por que tantas vezes as partes do Terceiro Mundo que tiveram menos contato com as nações prósperas são as mais necessitadas?

A culpa é muito mais fácil de ser compreendida do que a causa, é mais satisfatória emocionalmente e mais conveniente politicamente. Mas também é fonte de várias falácias. As complexidades da causa devem pelo menos ser examinadas antes de se pressupor que a culpa sozinha pode explicar a pobreza no Terceiro Mundo. Muitos dos fatores que estão por trás das diferenças econômicas entre regiões diferentes do mundo têm origem na geografia, pela qual não se pode culpar nem os ricos nem os pobres.

GEOGRAFIA

A geografia abrange muitos fatores — a configuração e a fertilidade da terra, o clima, os recursos naturais, as hidrovias, a flora e a fauna. Todos esses aspectos limitam ou aprimoram as perspectivas de desenvolvimento econômico, apesar de raramente um único fator determinar o ritmo ou a magnitude do desenvolvimento.

Pode parecer estranho que a configuração da terra possa afetar quais povos viverão na pobreza e quais alcançarão a prosperidade. Mas, conforme o que o célebre historiador francês Fernand Braudel indicou como regra geral: "A vida na montanha sempre foi atrasada em relação à da planície."[1] Exemplos não são difíceis de encontrar — a pobreza e o retrocesso que afligiram durante muito tempo a região dos Apalaches, nos Estados Unidos;

em séculos anteriores, o fato de pessoas nas montanhas da Grécia serem as últimas a aprender a falar grego, da mesma maneira que os habitantes do planalto na Escócia só aprenderam a falar inglês depois dos habitantes das terras baixas daquele país, e que a religião islâmica só alcançou as pessoas nas montanhas do Rif depois que o povo que habitava as terras mais baixas já havia se tornado muçulmano. Parece ser mais do que uma coincidência que todas as civilizações mais antigas de que se tem conhecimento — no Oriente Médio, na Índia e na China — tenham começado nos vales de rios e que a maioria das grandes cidades no mundo inteiro tenha sido construída em hidrovias navegáveis.

Apesar de termos uma tendência a pensar na geografia como algo fixo, o que os seres humanos podem fazer com determinado ambiente geográfico muda ao longo do tempo à medida que o conhecimento e a experiência crescem, de tal maneira que as vantagens e desvantagens de ambientes específicos, tanto em termos absolutos quanto em comparação com outros ambientes, podem mudar profundamente ao longo do tempo. Apesar de a quantidade de recursos naturais num ambiente específico ser considerada predefinida, quais elementos físicos podem efetivamente funcionar como recursos naturais depende totalmente do que os seres humanos sabem utilizar. Cachoeiras não eram recursos naturais, mas simplesmente obstáculos em hidrovias, até que as pessoas inventaram os moinhos e, mais tarde, as represas hidrelétricas. Assim, as vantagens e desvantagens geográficas relativas de diferentes regiões que tinham, ou não, cachoeiras mudaram e, portanto, mudaram as perspectivas de prosperidade ou pobreza para os habitantes daquelas regiões.

A presença ou a ausência de petróleo, urânio ou outros depósitos minerais também exerceu efeitos econômicos totalmente diferentes sobre as perspectivas relativas de diferentes regiões e seus habitantes antes e depois de se tornarem conhecidas as maneiras de utilizar essas coisas. Os solos pesados da Europa Ocidental tornaram-se mais férteis do que outros solos depois que se inventaram maneiras de aproveitar cavalos ou bois para que os agricultores pudessem arar a terra de modo eficiente. Enquanto isso, nenhum desenvolvimento desse tipo foi possível no hemisfério ocidental durante milhares de anos porque não havia cavalos ou bois nesses locais antes de os invasores europeus os transportarem. Numa época em que a agricultura era a atividade econômica dominante na maior parte do planeta, isso significava que as economias dos povos nativos do hemisfério ocidental não podiam se desenvolver da mesma maneira que no amplo território da Eurásia, onde vivia a maior parte da raça humana.

Como cavalos e bois também foram fundamentais, por milhares de anos, para o transporte de pessoas e de bens na Europa e na Ásia, o transporte terrestre e a agricultura não podiam ser iguais no hemisfério ocidental. Além disso, como a magnitude economicamente viável do transporte pela água dependia de o transporte terrestre ser capaz de lidar com cargas que chegassem num porto, não havia incentivos e vantagens para a criação de grandes naus oceânicas no hemisfério ocidental como havia na Europa ou na Ásia. Em resumo, estilos de vida tinham que ser completamente diferentes nos dois hemisférios em função das diferenças geográficas.

Talvez o efeito mais profundo da geografia esteja em facilitar ou impedir a interação de pessoas, não apenas economicamente, mas também no sentido cultural. Como ninguém tem o monopólio de novas ideias, o avanço econômico ou de outra natureza de qualquer povo específico depende em parte de até que ponto se tem acesso aos avanços alcançados por terceiros. A geografia desempenha um papel fundamental na determinação da extensão do universo cultural em qualquer lugar específico. Durante milhares de anos, os povos do território da Eurásia e os do hemisfério ocidental não sabiam da existência uns dos outros, de tal maneira que intercâmbios culturais estavam fora de questão. Os cinco séculos que se passaram desde que essas populações entraram em contato são uma pequena fração da história da raça humana, em comparação com os períodos muito longos em que desenvolveram e elaboraram economias, culturas, habilidades e valores muito diferentes.

De maneira semelhante, povos de ilhas isoladas em mares no mundo todo foram eliminados das interações culturais necessárias para que participassem dos avanços gerais da raça humana. Os povos nativos das Ilhas Canárias eram de uma raça caucasiana que vivia num nível da idade da pedra quando foi descoberta pelos espanhóis no século XV. O mesmo aconteceu com os aborígines australianos no seu continente insular isolado do outro lado do mundo quando os britânicos chegaram. O isolamento geográfico tem um impacto negativo e, às vezes, até mesmo devastador sobre o desenvolvimento econômico ou cultural, independentemente de que este isolamento tenha sido absoluto em alguns casos ou relativo em outros.

Diferenças geográficas podem impor diferenças grandes nos custos dos transportes, que, por sua vez, podem tanto facilitar interações culturais entre alguns povos quanto inibi-las ou impedi-las para outros. O continente europeu e o asiático são considerados distintos, apesar de estarem num território contínuo, porque montanhas e desertos os separam e conferiram às suas raças grandes diferenças culturais por milhares de anos. No entanto, os europeus e os asiáticos, durante esse período, não estiveram separados de maneira tão absoluta quanto os povos do território da Eurásia em geral em relação aos do hemisfério ocidental, ainda que houvesse limitações tanto das transações econômicas entre europeus e asiáticos, em virtude dos custos do transporte de mercadorias, quanto das interações culturais, uma vez que o transporte e o estabelecimento de seres humanos em outros locais são ainda mais caros do que a remessa de mercadorias.

O vasto deserto do Saara — comparável em tamanho aos 48 estados contíguos dos Estados Unidos —, da mesma maneira, por milhares de anos, separou os povos da África Subsaariana do resto da raça humana, não absolutamente, mas em grande parte. De acordo com Fernand Braudel, "a influência externa se infiltrou muito lentamente, gota a gota, no vasto continente africano ao sul do Saara".[2] Além disso, diversas barreiras geográficas internas rigorosas separaram muitos dos povos da África Subsaariana uns dos outros,[3] gerando na região uma fragmentação cultural cuja marca é a grande quantidade de idiomas — 30% de todos os idiomas do mundo são falados por apenas 13% da população mundial.[4] Onde quer que tenham ficado isoladas, fosse por desertos ou em ilhas distantes no mar ou em vales montanhosos remotos, as pessoas tenderam a ficar para trás em termos dos avanços econômicos e culturais do mundo mais amplo.

O clima também faz parte da geografia. Além das vantagens e desvantagens diretas de determinados climas em termos de agricultura ou doenças, suas características também podem afetar o tamanho do universo cultural. Povos cujas terras e hidrovias permanecem congeladas em boa parte do ano raramente conseguem manter o comércio ou as comunicações com o mundo exterior, como ocorre com os povos que vivem em climas mais amenos. Como em geral os climas variam mais de norte a sul do que ao longo de distâncias iguais de leste a oeste, o conhecimento a respeito de safras específicas ou sobre a domesticação e o tratamento de animais específicos pode viajar distâncias muito maiores de leste a oeste do que de norte a sul. Esse conhecimento pôde atravessar toda a Ásia até lugares em latitudes semelhantes na Europa, mas o conhecimento sobre a flora e a fauna da zona temperada na América do Sul não pôde se estender por uma distância semelhante até a zona temperada na América do Norte porque essas regiões estão separadas por uma zona tropical larga onde a flora e a fauna são diferentes.

Variações geográficas podem ser extremas, mesmo dentro de uma área relativamente limitada. Se ventos cheios de umidade sopram através de uma cadeia montanhosa, a precipitação a sota-vento pode ser muitas vezes maior do que a precipitação a barlavento, criando condições completamente diferentes para a agricultura dos dois lados. A vegetação também varia em altitudes diferentes nas mesmas montanhas. A Europa Ocidental é diferente da Europa Oriental em termos de clima, hidrovias navegáveis e depósitos minerais necessários para a industrialização — e é ainda mais diferente da África em todos esses aspectos.[5]

A influência de cada fator geográfico não pode ser compreendida isoladamente porque suas interações costumam ser fundamentais. Por exemplo, boa parte da África Subsaariana não pode contar com burros de carga, comuns na Europa e na Ásia, o que causa um isolamento ampliado ainda pela escassez de hidrovias navegáveis e, em alguns lugares, pela presença de terrenos que dificultam viagens ou transporte. A visão colorida de africanos subsaarianos carregando grandes fardos sobre a cabeça é um sinal das rigorosas limitações de transporte que deixaram essa região em desvantagem durante milhares de anos.

O que pode ser considerado um fator geográfico fundamental para o destino econômico de um país — a presença ou a ausência de recursos naturais vendáveis — acaba provando não ter esse efeito determinante. A Arábia Saudita não é apenas o maior produtor mundial de petróleo, mas esse petróleo também é tão acessível que seu custo de produção é uma pequena fração do preço de venda no mercado mundial. Existem alguns sauditas extremamente ricos como resultado disso, mas a renda per capita real do país é aproximadamente a metade da renda média de Cingapura, que praticamente não tem recursos naturais, exceto seu porto, e que, inclusive, tem que importar água doce da Malásia. Israel, que não tem qualquer quantidade significativa de petróleo, tem uma renda per capita real maior do que a maioria dos países do Oriente Médio ricos em petróleo.[6]

O maior produtor mundial de gás natural (Rússia) não está sequer entre as setenta principais nações do mundo em renda per capita real. Os maiores produtores mundiais de borracha (Tailândia) ou zinco (China) também não estão nessa lista. Os maiores produtores mundiais de ouro (África do Sul) e cobre (Chile) estão em 69º e 70º, respectivamente, em termos de renda per capita real.[7] O valor de recursos naturais per capita no Uruguai e na Venezuela é várias vezes maior do que no Japão ou na Suíça, mas a renda per capita real no Japão e na Suíça é aproximadamente o dobro da renda média do Uruguai e muitas vezes maior do que a da Venezuela.[8] A acessibilidade geográfica aos avanços do resto do mundo parece ter exercido um efeito maior sobre o desenvolvimento econômico do que a posse de riquezas em recursos naturais. Afinal de contas, o conhecimento é o que torna algo um recurso natural. O homem das cavernas vivia no meio dos mesmos recursos físicos que temos hoje — disponíveis inclusive em maior abundância —, mas não se tratava de recursos naturais num sentido economicamente significativo antes da aquisição de conhecimento para usá-los e do desenvolvimento de culturas para organizar seu uso.

Não existe, aqui, a necessidade de entrar na geografia detalhada de países do Terceiro Mundo, e ainda menos de alegar que a geografia seja o único fator determinante da sua pobreza. O importante é compreender que a geografia sozinha é suficiente para impedir que qualquer igualdade, econômica ou entre povos e nações, seja utilizada como referência ou presunção geral para nos deixar chocados com as diferenças e procurar razões misteriosas ou sinistras para a sua existência. Também existem muitos fatores que influenciam a pobreza ou a prosperidade de nações, além da geografia. Por causa desses fatores, algumas nações, apesar de muito afortunadas geograficamente, são afetadas pela pobreza, e algumas nações muito menos favorecidas geograficamente prosperaram. Nós também precisamos levá-los em consideração, mas, de novo, sem qualquer presunção geral de que povos e nações no mundo todo teriam os mesmos desfechos econômicos se não fosse por determinado fator.

HISTÓRIA

Quando nos referimos a nações do Terceiro Mundo, podemos ter a impressão de que existe um determinado conjunto de países muito diferentes de outros. Porém, isso seria uma falácia. Uma lista de países prósperos ou de afetados pela pobreza feita há cem anos não conteria os mesmos países que hoje. Numa época tão recente quanto a metade do século XX, Cingapura estava entre os lugares mais pobres do mundo, mas hoje em dia figura entre os mais ricos. O Japão da metade do século XIX era uma nação pobre e atrasada e, numa época tão recente quanto a primeira metade do século XX, os produtos *made in Japan* eram considerados imitações de má qualidade de mercadorias semelhantes feitas na Europa ou nos Estados Unidos. No entanto, hoje em dia, carros, câmeras e outros produtos japoneses estabelecem o padrão de qualidade para o mundo inteiro, e o povo japonês está entre os mais prósperos. No começo do século XX, a Argentina era uma das dez nações mais prósperas do mundo — na frente da Alemanha ou da França —, mas perdeu essa posição há muito tempo. Em uma visão ampla da história, todas as nações foram de Terceiro Mundo em algum ponto ou outro da sua evolução.

Em resumo, o que se identifica como Terceiro Mundo na atualidade são simplesmente nações cujos níveis econômicos ficaram abaixo dos índices da maioria dos outros países. Algumas sempre foram pobres e algumas empobreceram, em termos absolutos ou em comparação com o crescimento dos padrões de vida no mundo inteiro. Algumas, como a China e a Índia, foram muito pobres durante alguns séculos, mas aproximadamente na última geração apresentaram um crescimento econômico excepcionalmente rápido que permitiu que muitos milhões de habitantes ficassem acima das linhas de pobreza oficiais desses países. Num intervalo de tempo menor ainda, a composição do grupo de nações mais pobres mudou. Conforme o economista William Easterly comentou, "11 dos 28 países mais pobres em 1985 *não* estavam entre os 20% mais pobres nos idos de 1950".[9]

Conforme se observou no capítulo 5, comparar a renda relativa de categorias estatísticas ao longo do tempo produz resultados muito diferentes dos gerados pela comparação dos mesmos seres humanos ao longo do tempo. De maneira semelhante, a comparação de categorias estatísticas de nações ao longo do tempo produz resultados muito diferentes daqueles obtidos ao se compararem as mesmas nações ao longo do tempo. O Banco Mundial, entre outros, produziu estatísticas mostrando que o quociente entre a renda dos vinte países mais ricos e os vinte mais pobres aumentou, no período entre 1960 e 2000, de aproximadamente 23 para 1, para cerca de 36 para 1. Alguns utilizaram esses dados para alegar, entre outras coisas, que a globalização aumenta a desigualdade econômica entre as nações prósperas e aquelas afetadas pela pobreza. Mas a conclusão diretamente oposta seria obtida ao se comparar a situação do *mesmo* conjunto de nações no ano 2000 e em 1960. O quociente de renda entre as vinte nações inicialmente mais ricas e as vinte inicialmente mais pobres *diminuiu*, de 23 para 1, para menos de 10 para 1.[10] Um comércio internacional mais livre em quantidades cada vez maiores — a globalização — foi, de fato, uma das razões pelas quais algumas nações deixaram de estar entre as vinte últimas.

Como todos os países ao redor do mundo começaram pobres, o que se deve perguntar não é por que existe pobreza, mas como alguns países saíram da pobreza para se tornar prósperos. Ninguém sabe quem inventou a roda ou qual indivíduo foi o primeiro a desenvolver plantações em vez de depender do que se encontrava na natureza. O que se sabe é que essas coisas apareceram em algumas sociedades muito antes de terem aparecido em outras — e que se espalharam de uma sociedade para outra, apesar de não para todas. A agricultura mais antiga da qual se tem notícia surgiu no Oriente Médio e se espalhou para as sociedades europeias localizadas em sua proximidade. Assim, a Europa Mediterrânea, especialmente no Mediterrâneo Oriental, era muito mais avançada, em diversos aspectos, do que a Europa Setentrional. Os antigos gregos construíram estruturas magníficas como o Partenon, mas não havia um único prédio nas Ilhas Britânicas séculos mais tarde, quando os romanos as invadiram. De acordo com Winston Churchill: "Nós devemos Londres a Roma."[11]

No século X, um acadêmico muçulmano poderia dizer que os europeus ficam mais brancos à medida que se deslocam mais para o norte e também que "quanto mais para o norte eles estão, mais burros, brutos e rústicos serão".[12] Não importa se, na atualidade, essa afirmação seria automaticamente considerada racista, o fato é que ele estava lá, e nós, não.

Além disso, o enorme retrocesso em toda a Europa Ocidental depois do colapso do Império Romano durou muitos séculos, antes de os países da Europa Ocidental surgirem como os novos líderes da civilização europeia, destituindo dessa posição os países da Europa mediterrânea. Na Ásia também a civilização antiga que se desenvolveu em torno do rio Amarelo da China se espalhou não apenas por este país, mas para outras partes do sudeste asiático e até certo ponto para o Japão, e os produtos da China se espalharam pelo território da Eurásia até a Europa.

Lugares apartados de avanços, por razões geográficas ou de outra natureza, nas principais civilizações do mundo, tenderam a ficar para trás e a permanecer em níveis de pobreza que as economias mais dinâmicas superavam. O Japão do século XVII adotou uma política nacional de isolamento deliberado do mundo exterior que durou até quando, na metade do século XIX, navios de guerra norte-americanos entraram em águas japonesas e obrigaram os japoneses a abrir seus portos para o mundo. Esse episódio doloroso revelou aos japoneses o seu próprio atraso e sua fraqueza, criando uma pauta de desenvolvimento econômico nacional que dominou o país por várias gerações seguintes.

Aqui vemos um dos raros exemplos de um país que enxerga em si próprio as fontes da sua pobreza — e, portanto, uma necessidade de se transformar para avançar. Nunca conquistados até aquela época, os japoneses não podiam culpar o colonialismo e, isolados do comércio internacional e do investimento, não poderiam culpar a "exploração" por estrangeiros. Ao adotar uma visão radicalmente diferente da de muitas nações contemporâneas do Terceiro Mundo, o Japão teve um dos mais rápidos e extremos crescimentos para sair da pobreza e do atraso.

Em termos de liderança nas áreas de ciência, tecnologia, artes e organização política e econômica, a China foi a principal nação do mundo por mais tempo que qualquer outra em qualquer período da história. Até a Idade Média, a China tinha o melhor padrão de vida do mundo. Mesmo assim, em séculos mais recentes, o país esteve entre as nações de

Terceiro Mundo, com ondas recorrentes de fome responsáveis pela morte de milhões de pessoas. Somente a partir das últimas décadas do século XX uma taxa de crescimento acelerada começou a tirar o país dessa condição. De maneira semelhante, durante séculos a partir da Idade Média, o mundo islâmico ficou bem à frente da Europa tanto nas áreas de ciências e artes quanto em termos militares. Mas nesse caso também as posições relativas foram revertidas por um amplo espectro de esforços sociais. Em resumo, nenhuma nação ou civilização se mantém permanentemente no primeiro plano do avanço humano. Mas o que também nunca ocorreu foi a igualdade econômica entre um espectro de nações, que atualmente é considerada por muitos uma regra cuja ausência requer explicações especiais e talvez sinistras.

ECONOMIA

Apesar de serem evidentes a qualquer observador, os contrastes entre os níveis econômicos de nações ricas e pobres são realmente chocantes quando vistos em estatísticas. A renda per capita real na Suíça é mais de três vezes a da Malásia e quarenta vezes a do Afeganistão, enquanto a dos Estados Unidos é cinquenta vezes maior do que a do Afeganistão.[13] Na Alemanha, na Suíça e no Canadá, a quantidade de automóveis é correspondente a mais da metade do número total de adultos e crianças, enquanto na Etiópia apenas uma pessoa em cada mil possui um carro.[14] A lista de amplas disparidades não para de crescer. No entanto, esses dados precisam ser vistos com cautela.

Em muitos países do Terceiro Mundo, boa parte — se não a maior parte — da atividade econômica acontece informalmente, porque leis e regulamentações burocráticas e de microgestão tornam muito dispendioso regularizar os negócios. Na Índia, por exemplo, estima-se que apenas 10% da população ativa do país trabalhem no setor formal ou legalmente reconhecido.¹⁵ Além disso, os dados de renda per capita geralmente não são comparáveis porque há uma grande diferença etária entre a população de países do Terceiro Mundo e de países mais prósperos. A média de idade na Alemanha, na Itália e no Japão é de mais de 40 anos, enquanto vários países do Terceiro Mundo — desde Angola até a Zâmbia — apresentam médias abaixo de 20 anos. Não apenas os jovens costumam ganhar menos do que pessoas de meia-idade, mas também boa parte da produção de países mais ricos é utilizada para lidar com problemas especiais de pessoas mais velhas.

Mais de um quarto das populações da Alemanha, da Itália e do Japão tem mais de 60 anos.¹⁶ A produção adicional de artigos necessários para lidar com as enfermidades da velhice — muletas, andadores e medicamentos que variam do Geritol ao Viagra — faz com que as pessoas mais velhas fiquem numa situação melhor do que estariam sem estes auxílios, mas *não* numa situação melhor do que pessoas jovens que não têm essas necessidades. Se houvesse alguma forma viável de fazer ajustes nos dados para se contabilizarem todos esses fatores, as diferenças estatísticas entre as nações mais prósperas e as mais pobres iriam então refletir de maneira mais precisa as diferenças em padrões de vida reais. As diferenças ainda existiriam, mas não seriam tão extremas quanto os dados fazem parecer.

Como todos os países já foram pelo menos tão pobres quanto os do Terceiro Mundo são atualmente, o que precisa ser explicado não é a pobreza, mas a criação da riqueza — e as coisas que aumentam ou diminuem a capacidade de gerar riqueza.

Lei e ordem

Um dos denominadores comuns de épocas e lugares prósperos tem sido a lei e a ordem. Em outras palavras, épocas e lugares onde foi difícil estabelecer a lei e a ordem raramente prosperaram. Algumas vezes a geografia foi o problema. Regiões montanhosas muitas vezes são regiões sem lei, simplesmente porque o custo de instalar um controle policial ou militar em áreas isoladas e pouco povoadas costuma ser muito superior ao de estabelecer e manter o controle em planícies baixas. Sempre que a autoridade do governo sofre uma ruptura por qualquer razão, como na Europa Ocidental depois do colapso do Império Romano, a estagnação econômica ou até mesmo o retrocesso raramente ficam muito atrás. Estima-se que, depois do colapso do Império Romano, foram necessários mil anos para que o padrão de vida na Europa voltasse a crescer até o nível alcançado na época romana.

O mesmo pode ser visto numa escala menor em guetos negros norte-americanos, onde as revoltas devastadoras da década de 1960 não apenas destruíram as empresas existentes, como também afastaram muitas novas empresas por mais de uma geração. Até mesmo governos despóticos, como os de Gêngis Khan ou do Império Otomano, estimularam a prosperidade econômica quando suas leis eram confiáveis, em vez de excêntricas ou corruptas. Uma das marcas de muitos países de Terceiro Mundo, especialmente daqueles que apresentavam perspectivas econômicas favoráveis em termos de recursos naturais ou outros fatores geográficos favoráveis, foi a imposição de cumprimento de leis ineficazes, excêntricas ou corruptas.

A Nigéria, por exemplo, tem mais petróleo e melhores hidrovias navegáveis do que a maior parte da África Subsaariana, mas tem sido repetidamente classificada entre as nações mais corruptas do mundo, se não *a mais* corrupta. A fragmentação geográfica da África Subsaariana atrapalhou diretamente seu desenvolvimento econômico e indiretamente tornou difícil o estabelecimento da lei e da ordem ao longo de vastas áreas. Conforme afirma um estudo do efeito da cultura sobre o desenvolvimento econômico:

> Se você estiver realmente procurando sociedades caracterizadas por ganância ilimitada e governo fraco, a África Subsaariana é o lugar certo para encontrar isso [...].
>
> Os "governos" destes países são empresas corruptas, que se identificam mais com a Máfia do que com os serviços públicos.[17]

Países fragmentados em áreas sob o domínio arbitrário de chefes militares locais — o Afeganistão atualmente ou os chefes de clãs nas terras altas da Escócia em séculos passados — também permaneceram atolados na pobreza. A lei e a ordem envolvem mais do que segurança física, por mais fundamental que isso seja. No caso das atividades econômicas que demandam tempo para se concretizar, os direitos de propriedade são um pré-requisito, de tal forma que aqueles que trabalham com plantio ou investem num negócio possam se sentir seguros de que os frutos das suas atividades permanecerão sob sua posse. Até mesmo pessoas que não disponham de um imóvel têm muito interesse em direitos de propriedade, uma vez que podem conseguir empregos numa economia que se tornou próspera em função desses direitos.

Talvez a maneira mais fácil de compreender o papel dos direitos de propriedade seja observar o que acontece em sua ausência. Até mesmo em países onde esses direitos não tenham sido abolidos formalmente, os custos de validar legalmente a propriedade de uma casa, uma fazenda ou uma empresa podem ser proibitivamente caros em comparação com o nível de renda médio da população. Esta é, de fato, uma situação comum em países do Terceiro Mundo. A revista *The Economist* estimou que, na África, apenas uma pessoa em cada dez trabalhe numa empresa legalmente reconhecida ou more numa casa cujos direitos de propriedade sejam legalmente reconhecidos. No Egito, estima-se que 4,7 milhões de casas tenham sido construídas ilegalmente. No Peru, estima-se que o valor total dos imóveis sem direitos de propriedade seja mais de doze vezes maior do que todos os investimentos diretos estrangeiros feitos no país durante toda a sua história. Uma predominância semelhante de ativos econômicos não reconhecidos pelo sistema jurídico foi encontrada em outros países do Terceiro Mundo.[18]

Essa falta de reconhecimento legal não é uma simples formalidade. É uma desvantagem devastadora para aqueles que tentam passar da pobreza para a prosperidade, como indivíduos ou como nações. Muitas das grandes empresas do mundo começaram num nível extremamente modesto, como aqueles já alcançados por incontáveis empreendedores no Terceiro Mundo. A empresa Hewlett-Packard, por exemplo, começou numa garagem alugada com dinheiro emprestado; a rede de lojas de departamentos J.C. Penney foi iniciada por um homem que cresceu numa pobreza pior do que a da maioria das pessoas que vivem de assistência social hoje em dia; a rede de transmissão NBC foi fundada por um homem que tinha de vender jornais na rua para se sustentar na adolescência. A lista poderia se estender infinitamente. Mas todas essas pessoas viviam numa sociedade em que tinham acesso ao dinheiro de outras pessoas, em virtude de um sistema jurídico em que os direitos de propriedade facilitavam a transferência de dinheiro daqueles que o tinham para aqueles com talentos empreendedores, mas sem nenhum dinheiro.

O Terceiro Mundo está cheio de representantes comerciais que permanecem nesta ocupação durante a vida toda. Mas, nos Estados Unidos, foram esses vendedores que deram início a empresas como a Macy's, a Bloomingdale's e a Levi Strauss. Para empresas em geral, sejam grandes ou pequenas, a disponibilidade do dinheiro de outras pessoas costuma ser fundamental. Sem direitos de propriedade, aqueles que fornecem empréstimos ficam relutantes em negociar com pessoas que não tenham o dinheiro para lhes pagar de volta — *e cujas casas ou outros ativos não são reconhecidos pelo sistema jurídico como sendo deles*, não sendo possível, portanto, utilizá-los como garantia em caso de falta de pagamento do empréstimo.

Empresas que começam pequenas e se tornam grandes raramente podem crescer emitindo suas ações e seus títulos antes de terem estabelecido uma trajetória de sucesso. E, sem dinheiro, têm pouca chance de estabelecer esse histórico. Muitos representantes comerciais do Terceiro Mundo, assim como outros empreendedores em pequena escala, não podem contar com o dinheiro de outras pessoas além do estreito círculo da própria família e dos amigos, mas o desenvolvimento de uma grande empresa exige que se conte com dinheiro de milhares de pessoas estranhas, seja através dos bancos ou de outros intermediários financeiros. A ausência de direitos de propriedade põe fim a esse processo já no início.

O problema não é simplesmente que líderes empresariais numa sociedade de Terceiro Mundo com direitos de propriedade não tenham essa oportunidade. O fato mais fundamental e mais importante é que toda a sociedade poderia se beneficiar com a presença de diversas empresas importantes, que forneceriam mais bens para os consumidores, mais empregos para os trabalhadores e receitas tributárias para os governos.

O sistema jurídico formal não é o único aspecto da lei e da ordem. Os níveis de honestidade, cooperação e virtude cívica existentes entre as pessoas têm consequências não apenas sociais, mas também econômicas. Por exemplo:

> Comerciantes de grãos de Madagascar inspecionam pessoalmente cada lote de grão porque não confiam nos seus empregados. Um terço dos comerciantes diz que não contrata mais trabalhadores por causa do medo de que os roubem. Isso limita o tamanho das suas empresas, reduzindo o sucesso potencial de um comerciante. Em muitos países, as empresas tendem a ser empreendimentos familiares porque os membros da família são os únicos considerados confiáveis. O tamanho da empresa, portanto, fica limitado pelo tamanho da família.[19]

O que o economista William Easterly chamou de "o raio da confiança" varia muito de um grupo para outro e de um país para outro. Dentro de grupos como o dos marwaris, da Índia, dos chineses no sudeste asiático ou dos judeus chassídicos no setor de diamantes de Nova York, transações que envolvem grandes quantias de dinheiro podem acontecer sem que sejam feitos acordos escritos ou que se recorra ao sistema jurídico, dando a esses grupos vantagem competitiva sobre outros membros de suas respectivas sociedades que não podem se envolver de maneira segura em formas semelhantemente baratas de se fazer negócio. Da mesma forma, nações inteiras diferem quanto a níveis de honestidade. Bicicletas podem ser estacionadas sem cadeados em Tóquio, mas deixá-las assim em muitos outros países seria praticamente uma garantia de serem roubadas.

População

Há mais de dois séculos, uma das explicações mais persistentes para a pobreza, no Terceiro Mundo ou em outros lugares, tem sido a "superpopulação". Mas poucas vezes o termo recebeu uma definição significativa — ou seja, não tautológica. Se for usado para se referir ao quociente de pessoas por área, até mesmo uma análise superficial dos dados demonstra sua inverdade.

A Argentina tem menos pessoas por quilômetro quadrado do que os Estados Unidos, mas sua renda per capita real é apenas uma fração da renda dos norte-americanos. A Índia tem uma população por quilômetro quadrado muito maior do que a da Argentina ou a dos Estados Unidos — mas não há tantas pessoas por quilômetro quadrado quanto no Japão, que tem uma renda per capita real muito maior do que a da Índia. A África Subsaariana, afetada pela pobreza, tem uma densidade populacional que é apenas uma fração daquela do Japão.[20] É possível encontrar países afetados pela pobreza com densidades populacionais maiores do que alguns países prósperos. Mas não existe nenhuma relação consistente entre densidade populacional e renda real. A observação do que acontece ao longo do tempo também não sustenta a teoria de que a "superpopulação" causa pobreza. De acordo com um dos principais economistas de desenvolvimento do século XX:

> Entre as décadas de 1890 e 1930, a Malásia, esparsamente povoada, com lugarejos e vilas de pescadores, transformou-se num país com cidades grandes, operações agrícolas e mineradoras e comércio

extensivos. A população aumentou de aproximadamente um milhão e meio para aproximadamente 6 milhões. A quantidade de malaios aumentou de aproximadamente 1 milhão para aproximadamente 2 milhões. A população muito maior tinha padrões materiais mais altos e vivia mais tempo que a pequena população da década de 1890. Desde a década de 1950, esse aumento rápido nas densamente povoadas Hong Kong e Cingapura foi acompanhado por grandes aumentos em renda real e salários. A população do mundo ocidental mais do que quadruplicou desde a metade do século XVIII. Estima-se que a renda real per capita tenha aumentado pelo menos cinco vezes.[21]

Apesar de alguns defensores da teoria da "superpopulação" argumentarem que o aumento da população ameaça criar mais pobreza, praticamente ninguém pode fornecer exemplos de países que tiveram um padrão de vida mais elevado quando sua população era a metade do que é hoje. Diversos expedientes desesperados foram utilizados para tentar salvar a tese da "superpopulação" desde a época de Malthus até os dias de hoje.

Algumas pessoas argumentam que o que importa não é a terra, mas o solo cultivável. No entanto, mudar o cálculo para considerar terra arável geralmente acrescenta mais complicação sem alterar o resultado. Mudar o critério de terra para recursos naturais em geral também não produz resultados muito diferentes. Conforme já se observou, o valor dos recursos naturais per capita no Uruguai e na Venezuela é algum múltiplo do seu valor na Suíça ou no Japão, enquanto a renda per capita real na Suíça ou no Japão é muitas vezes o seu valor no Uruguai ou na Venezuela. Algumas pessoas argumentam que a população não deveria ser comparada com recursos naturais primários, mas com recursos *desenvolvidos*, para determinar se existe superpopulação. No entanto, recurso desenvolvido é simplesmente outro nome para riqueza, então é uma tautologia dizer que uma população maior em relação a recursos desenvolvidos significa menos riqueza per capita. O verdadeiro perigo das tautologias é que, como se trata de definições incontestáveis, o caráter irrefutável do que dizem sobre o mundo real — nada — dá uma credibilidade espúria ao que insinuam.

Conforme se observou no capítulo 2, áreas escassamente povoadas significam custos muito maiores por pessoa para fornecer água, eletricidade, redes de esgoto, redes de telefonia, hospitais e várias outras coisas caras. A baixa densidade populacional da África Subsaariana por quilômetro quadrado é uma das suas principais desvantagens econômicas.

Quaisquer que sejam as deficiências intelectuais da superpopulação como explicação para a pobreza, seu uso tem sido politicamente viável há vários séculos, e governos do Terceiro Mundo impuseram políticas de controle da natalidade, das quais as mais draconianas foram as estabelecidas na China, onde há punições rigorosas para quem excede a quantidade de filhos prescrita pelo governo.

Cultura

Apesar de fatores externos como direitos de propriedade e fatores geográficos poderem influenciar o desenvolvimento econômico de nações, fatores internos como valores culturais muitas vezes podem ter uma importância semelhante ou até maior. Não é incomum que pessoas provenientes de outras culturas entrem numa sociedade e, começando num nível econômico abaixo daquele da população local, prosperem ao longo do tempo bem mais que as pessoas ao seu redor, apesar de toda a sociedade viver nas mesmas condições externas. Imigrantes italianos na Argentina, imigrantes libaneses na África Ocidental, imigrantes indianos em Fiji, imigrantes judeus nos Estados Unidos, imigrantes alemães na Rússia tsarista e imigrantes chineses em diversos países no sudeste asiático são apenas alguns exemplos deste fenômeno. Muitos desses imigrantes, se não a sua maioria, chegaram desprovidos de recursos financeiros e muitas vezes com pouca ou sem nenhuma educação.²² O que tinham era uma cultura diferente daquela das pessoas que foram superadas e deixadas para trás.

Indústrias e setores inteiros de uma economia foram criados por pessoas de culturas diferentes. A Argentina tornou-se um dos grandes exportadores mundiais de trigo depois que imigrantes alemães se fixaram no país, apesar de os argentinos *importarem* trigo antes. O solo e a sua capacidade de produzir trigo não tinham mudado, mas sim as pessoas que se fixaram na terra. Em alguns casos, novas indústrias foram implantadas não por imigrantes, mas por trabalhadores temporários vindos de outros países, como os britânicos que construíram ferrovias em inúmeros países, como Índia, África, Austrália e Argentina.

Migrações por todo o mundo em séculos recentes fizeram com que povos racial e culturalmente diferentes interagissem em sociedades distantes daquelas em que seus antepassados surgiram e desenvolveram tanto suas diferentes culturas quanto suas diferentes capacidades econômicas. Muitas vezes reproduziram nos novos destinos os mesmos padrões encontrados nas suas terras de origem. A mineração, que foi parte tão ativa da história econômica do País de Gales, também desempenhou um papel fundamental na história dos imigrantes galeses que se fixaram nos Estados Unidos e na Austrália. A abundância ou predominância de judeus na produção de roupas na Espanha medieval também reapareceu mais tarde no Império Otomano, nos Estados Unidos e na América do Sul.

Áreas abençoadas por uma abundância de recursos naturais não conseguiram sustentar a prosperidade, mesmo depois de ela ter sido alcançada, quando as instituições e a cultura em volta não garantiram uma estrutura confiável de lei e de ordem. A Argentina é um exemplo clássico disso, apesar de padrões semelhantes terem aparecido em alguns outros países da América Latina.

A Argentina já foi descrita como "um dos países mais ricamente dotados", com "parte do solo mais rico do mundo" e com "grandes depósitos de petróleo e gás natural".²³ No começo do século XX, estava entre os dez mais ricos do mundo. Boa parte do seu desenvolvimento moderno, no entanto, não foi gerado internamente, mas ocorreu em função de iniciativas estrangeiras, especialmente da Inglaterra. A ascensão de uma política nacionalista e ideológica, especialmente sob a liderança carismática do ditador Juan Perón, levou a uma redução do investimento estrangeiro na Argentina, que caiu de um ponto máximo de 48% de todos os investimentos em 1913 para apenas 5% na década de 1950.[24]

Políticas públicas e econômicas internas contraproducentes marcaram a queda da Argentina na classificação das nações mais prósperas. Conforme afirma um estudo: "Os países com os quais a Argentina foi agrupada em termos de progresso econômico no começo deste século [XX] obtiveram PNBs per capita geralmente quatro ou cinco vezes maiores do que o argentino, e praticamente todos são democracias viáveis."[25] No fim do século XX, a economia e o sistema monetário da Argentina tinham desmoronado, o que teve como consequência uma ampla utilização do escambo. Apesar de o país ter se recuperado um pouco em relação a esse ponto mínimo, o seu Produto Interno Bruto per capita no começo do século XXI era um décimo do que se observava nos Estados Unidos.[26]

O fato de os países que alcançaram o tipo de prosperidade comum na Europa Ocidental, na América do Norte ou no Japão continuarem a ser uma minoria se deve à junção de diversos fatores favoráveis ao desenvolvimento econômico que requer uma explicação diferente daquela que afirma que a maioria das nações não teve a mesma sorte. A constatação de que a maioria dessas nações prósperas levou vários séculos para reunir todos esses fatores enfatiza a raridade de suas realizações. Sociedades europeias transplantadas, seja nos Estados Unidos, no Canadá ou na Austrália, começaram suas vidas em novas terras com um legado de culturas que já haviam prosperado economicamente, e, por isso, não precisaram gastar vários séculos para se desenvolver sozinhas. O fato de líderes mais antigos no desenvolvimento econômico e de outra natureza, como a China e o Império Otomano, terem perdido sua liderança também indica que a combinação de circunstâncias favoráveis é necessária — e que a prosperidade econômica pode acabar se partes vitais dessa combinação forem perdidas.

A resistência à ideia de haver razões internas para diferenças entre indivíduos, grupos ou nações é tão desesperadamente difundida quanto falaciosa. Um acadêmico, por exemplo, disse que os judeus tiveram sorte de chegar à América bem na época em que o setor de vestuário estava prestes a decolar[27] — ignorando a possibilidade de ter sido exatamente a presença dos judeus que levou a uma disparada do setor de vestuário, como ocorreu em outros países.

Esta tão difundida recusa de aceitar a possibilidade de que fatores internos a povos específicos tenham influenciado sua condição econômica é expressa em alegações de que essas crenças são apenas "estereótipos" para "culpar a vítima" no caso de indivíduos ou nações mais pobres. Essas visões são sustentadas de maneira tão forte que aqueles que as apoiam não hesitam em dispensar observações de primeira mão em favor de pressuposições gerais feitas por outros, mesmo quando nunca se viram ou se estudaram as pessoas em questão. Isso afeta não apenas a forma como o passado é visto, mas também quais políticas têm sido defendidas para o futuro — especialmente programas de auxílio externo a países do Terceiro Mundo. Como a ajuda externa na forma do Plano Marshall teve tanto sucesso na Europa Ocidental depois da Segunda Guerra Mundial, muitas pessoas argumentaram que tais políticas gerariam benefícios semelhantes no Terceiro Mundo.

A incapacidade de que grandes quantidades de ajuda externa criem qualquer desenvolvimento econômico comparável na maior parte do Terceiro Mundo não diminuiu o brilho da ajuda externa aos olhos daqueles que se recusam a reexaminar os pressupostos em que ela se baseia. Ainda assim, não existe nada de misterioso nesses fracassos quando se leva em consideração as diferentes culturas. A Europa Ocidental pós-guerra tinha sofrido grandes devastações, mas não haviam sido destruídos o conhecimento e a cultura que no passado tinham industrializado a Europa e feito com que o mundo entrasse na era industrial. A ajuda externa impediu que as pessoas morressem de fome e ajudou a reconstruir o ambiente físico, mas o conhecimento e a cultura fundamentais já existiam. Em boa parte do Terceiro Mundo, o ambiente físico está intacto, mas a mesma base de conhecimento e cultura ainda não foi formada.

Exploração

Talvez a explicação mais famosa e mais influente para as diferenças econômicas entre nações ricas e pobres tenha sido o *Imperialismo*, de V. I. Lenin. Trata-se de uma obra-prima na arte da persuasão, que convenceu muitas pessoas muito educadas no mundo inteiro não apenas na ausência de evidências empíricas convincentes, mas desafiando um grande corpo de evidências concretas no sentido oposto.

A tese do livro *Imperialismo* era de que nações capitalistas industriais tinham capital excedente, o que, de acordo com a teoria marxista, reduziria a taxa de lucro ao longo do tempo a não ser que isso fosse exportado para nações mais pobres e não industriais do mundo, onde poderia encontrar um campo mais amplo para exploração. O que Lenin chamava de "superlucros" a serem obtidos nessas nações mais pobres salvaria o capitalismo nas nações industriais e até mesmo permitiria que compartilhassem alguns dos frutos da sua exploração com as próprias classes trabalhadoras, de tal forma que as manteria em silêncio e evitaria a revolução proletária que Marx tinha previsto, mas que na época de Lenin não dava nenhum sinal de se materializar. Então, esta teoria explicava bem o fracasso das previsões de Marx e, ao mesmo tempo, fornecia uma explicação politicamente satisfatória para as diferenças de renda entre nações ricas e pobres.

Uma tabela de estatísticas no livro *Imperialismo* forneceu um resumo fundamental das evidências para a teoria de Lenin.

Tabela 1 — Bilhões de marcos, por volta de 1910

	GRÃ--BRETANHA	FRANÇA	ALEMANHA	TOTAL
Europa	4	23	18	45
América	37	4	10	51
Ásia, África e Austrália	29	8	7	44
Total	70	35	35	140

Os países listados na primeira linha da tabela são as nações capitalistas industriais que investiam, nos países da primeira coluna — supostamente as partes mais pobres e menos desenvolvidas industrialmente do mundo —, as diversas quantias de dinheiro listadas. Mas as categorias imensas e heterogêneas — por exemplo, "América", para designar todo o hemisfério ocidental — tornam impossível saber se os investimentos das nações industriais se destinam às partes menos industriais dessas categorias abrangentes ou às mais industrializadas. No entanto, dados de outras fontes deixam claro que, de fato, a maior parte dos investimentos estrangeiros de nações industriais prósperas foi para outras nações industriais prósperas — nessa época e também atualmente.

Os Estados Unidos eram naquela época, e continuam sendo, os maiores recebedores de investimento estrangeiro da Europa. Da mesma maneira, os investimentos estrangeiros norte-americanos destinaram-se principalmente a outras nações modernas prósperas, *não* ao Terceiro Mundo. Durante a maior parte do século XX, os Estados Unidos investiram mais no Canadá do que em toda a África e Ásia juntas. Apenas o crescimento econômico do Japão após a Segunda Guerra Mundial e, mais tarde, a industrialização de outras nações asiáticas atraíram investimentos norte-americanos para a Ásia em grande escala na parte final do século XX. Em resumo, o padrão efetivo de investimentos internacionais ocorreu de forma diametralmente oposta ao das teorias de Lenin, que escondeu esse fato no meio das suas categorias amplas e heterogêneas de recebedores de investimentos.

A combinação do talento de Lenin para a propaganda e de uma plateia receptiva à sua tese permitiu que a sua teoria do imperialismo fosse amplamente aceita entre intelectuais, ativistas e a população do Terceiro Mundo. A exploração é uma explicação política praticamente perfeita para as diferenças de renda. Seus argumentos validam qualquer inveja ou ressentimento que possam ser sentidos por pessoas mais pobres em relação a pessoas mais ricas. Removem qualquer estigma que possa ser gerado pelas implicações de uma menor capacidade ou um menor desempenho por parte daqueles com rendas menores. Localizam a necessidade de mudança em outras pessoas, em vez de impor o ônus da mudança àqueles que desejam crescer. Além disso, substituem qualquer uma dessas tarefas onerosas por uma sensação moralmente inspiradora de direito. Independentemente dos problemas empíricos e lógicos da teoria da exploração, movimentos políticos raramente se baseiam em evidências e qualquer lógica empíricas.

Aqueles que puseram a culpa pela pobreza das nações do Terceiro Mundo no colonialismo continuaram a culpar o legado do colonialismo durante várias décadas depois que a maioria dessas colônias do Terceiro Mundo conquistaram a independência. A mesma crença forneceu uma base para que nações independentes do Terceiro Mundo confiscassem a propriedade de investidores estrangeiros considerados "exploradores". Nos lugares onde havia grandes comunidades de colonizadores europeus, como no Zimbábue ou na África do Sul, essas crenças forneceram fundamentos para que se confiscassem suas propriedades. No entanto, ao fazerem isso, governos do Terceiro Mundo revelaram inadvertidamente a falácia da crença de que a riqueza física era fundamental.

Se esse fosse o caso, esses confiscos melhorariam as condições econômicas da população nativa. Mas, se fossem o conhecimento interno, as habilidades e os padrões culturais que produzissem prosperidade, então a transferência de riqueza física daqueles que tinham o conhecimento, as habilidades e os padrões culturais necessários para aqueles que não os detinham geraria consequências muito diferentes. A nação africana do Zimbábue foi um exemplo dos mais típicos. O Zimbábue repudiou os últimos remanescentes do seu passado colonial no começo do século XXI ao confiscar as propriedades de donos de terra brancos, obtendo estes resultados, conforme noticiado no *New York Times*:

> Há quase sete anos, a economia e a qualidade de vida do Zimbábue têm caído de forma lenta e contínua. Ainda estão em queda este ano, de acordo com as pessoas de lá, com uma diferença notável: o ritmo não está mais tão lento [...].
> Em semanas recentes, a autoridade de poder nacional alertou para um colapso do serviço elétrico. Uma interrupção no tratamento de água desencadeou um novo surto de cólera na capital, Harare. Todos os serviços públicos foram cortados em Marondera, uma capital regional com 50 mil habitantes na parte leste do Zimbábue, depois que a cidade ficou sem dinheiro para consertar equipamentos quebrados. Em Chitungwiza, logo ao sul de Harare, a eletricidade é fornecida apenas quatro dias por semana.[28]

Ajuda estrangeira

Por "ajuda estrangeira" entendem-se transferências internacionais de riqueza, sejam diretamente vindas de governos de nações mais prósperas para governos de nações mais pobres ou indiretamente, por meio de transferências feitas através de órgãos internacionais, como o Banco Mundial ou o

Fundo Monetário Internacional a governos do Terceiro Mundo. Se essas transferências efetivamente são uma ajuda para o avanço econômico dos países mais pobres ou não é uma questão empírica em vez de uma conclusão definitiva. Tanto evidências jornalísticas quanto estudos acadêmicos costumam mostrar que grandes quantidades de dinheiro são transferidas para governos do Terceiro Mundo sem produzir nenhum crescimento econômico significativo e que, em alguns casos, há efetivamente uma diminuição de renda real como resultado de projetos grandiosos financiados pelo auxílio externo.

Isso não deveria ser surpreendente. Não há qualquer razão para esperar que transferências de riqueza através de órgãos internacionais gerem mais benefícios do que as transferências proporcionadas por confiscos internos, como no Zimbábue. Os incentivos colocados diante daqueles que desembolsam a ajuda e daqueles que a recebem raramente fazem com que o desenvolvimento econômico seja o critério do sucesso. O indicador de sucesso para órgãos de ajuda é quanto dinheiro transferem, o que é visível imediatamente para a imprensa e para os líderes políticos, enquanto os resultados efetivos dessas transferências são distantes tanto no espaço quanto no tempo. Por exemplo, quando chefiou o Banco Mundial, Robert McNamara anunciou: "Nós propusemos que se duplicassem as operações do Banco no período fiscal entre 1969 e 1973 em comparação com o período anterior de cinco anos, entre 1964 e 1968. Esse objetivo foi alcançado."[29] No que diz respeito aos governos recebedores, seus objetivos são alcançados quando recebem o dinheiro.

Os recursos que os órgãos internacionais de ajuda têm para monitorar e controlar a maneira como se gasta o dinheiro que transferem são muito limitados. Também não há incentivos para negar dinheiro a governos do Terceiro Mundo que utilizaram essas transferências de maneira ineficaz, contraproducente ou até mesmo corrupta. Certamente não há incentivos para anunciar os desastres que financiaram, uma vez que isso faria com que se questionassem as próprias instituições e a ajuda externa em geral.

Considerando-se esses incentivos, não é nem de perto tão surpreendente que os órgãos de ajuda internacional tenham continuado a transferir dinheiro para a Tanzânia durante suas experiências sociais draconianas e desastrosas sob Julius Nyerere, e até mesmo para Ruanda enquanto um genocídio estava em curso. Até a década de 1970, ainda se transferia ajuda externa para o governo despótico da Arábia Saudita, país rico em petróleo.

Empréstimos vindos de órgãos internacionais geralmente não são pagos de volta, a não ser no sentido cosmético de que empréstimos existentes são "pagos" na forma de empréstimos maiores feitos mais tarde pelo mesmo órgão para o mesmo país. Em transações de nome imponente, mas não informativo, o Banco Mundial e o Fundo Monetário Internacional concederam à Costa do Marfim 26 "empréstimos de ajuste estrutural" durante as décadas de 1980 e 1990, enquanto a renda per capita diminuiu e o país descambou para a guerra civil.[30] Novos empréstimos para pagar outros mais antigos não são exclusividade da Costa do Marfim. Em 2001, metade do dinheiro emprestado pelo Fundo Monetário Internacional destinava-se a nações que já tomavam empréstimos desde muito tempo.[31]

Em resumo, o que é chamado de "empréstimos" pelos órgãos de ajuda internacional ou por governos nacionais como os dos Estados Unidos ou da Inglaterra são, na verdade, presentes dos contribuintes para líderes políticos do Terceiro Mundo. Solicitações de "perdão" da dívida de governos do Terceiro Mundo costumam ser ouvidas e levadas em consideração, como se recompensar a irresponsabilidade financeira dos representantes que fizeram o empréstimo ajudasse os países a sair da pobreza. O que está implícito em boa parte do que se diz sobre auxílios estrangeiros é a suposição de que essas transferências internacionais gratuitas a governos do Terceiro Mundo são fundamentais para que um país possa sair da pobreza. Na realidade, em geral existe muito mais riqueza gerada internamente, inclusive "informalmente", do que a disponível na forma de ajuda externa. Muitas vezes existe também muito mais dinheiro disponível em mercados financeiros internacionais, mas é pouco provável que este dinheiro tome a forma de cheques em branco para projetos grandiosos ou empréstimos que ninguém espera que sejam pagos de volta.

Nas ocasiões em que os órgãos de ajuda internacional efetivamente tentaram monitorar, influenciar ou controlar governos que recebem ajudas financeiras ou empréstimos, todos ou quase todos os resultados não foram, de forma alguma, positivos. Considerando-se os vários problemas econômicos criados pelos países de planejamento central, como a União Soviética[32] — problemas graves o suficiente para fazer inclusive com que muitos governos socialistas e comunistas abandonassem essa forma de planejamento no fim do século XX —, não deveria ser muito surpreendente que um método que não funcionou sequer no país que planejou e executou suas atividades econômicas não tenha alcançado sucesso notável quando esse planejamento se voltou para outros países com idiomas, tradições e culturas diferentes daqueles dos dirigentes do órgão de ajuda. Entretanto, esses dirigentes costumam adquirir visibilidade e importância, tanto no setor interno quanto no exterior, a partir do que foi transferido, e então ganham incentivos para promover aumentos dos valores disponíveis como ajuda externa, independentemente de terem atingido ou não seu propósito ostensivo de elevar padrões de vida no Terceiro Mundo.

É compreensível a preferência de vários governos do Terceiro Mundo por ajuda estrangeira em vez de alternativas como o uso de mercados financeiros internacionais para arrecadar dinheiro ou estimular empreendedores locais ao livrá-los de um controle sufocante da burocracia e de regulamentações. Permitir o funcionamento de mercados privados, interna e/ou internacionalmente, significaria abrir mão tanto do poder quanto de oportunidades lucrativas de recompensar partidários políticos e de permitir que os próprios líderes políticos fiquem com uma parte do dinheiro.

O auxílio humanitário a países do Terceiro Mundo após desastres naturais, como terremotos, epidemias ou tsunamis, muitas vezes tem sido administrado de maneira muito diferente em relação à ajuda estrangeira convencional. A ajuda humanitária costuma ser fornecida diretamente, tanto por órgãos internacionais, como a Cruz Vermelha, quanto por diversos órgãos do governo norte-americano ou de outros governos estrangeiros, em vez de ser canalizada pelos próprios governos do Terceiro Mundo. Além disso, parte da ajuda mais eficaz não requer um gasto imenso per capita. Estima-se que uma dose do remédio que evitaria a metade de todas as mortes por malária custe apenas 12 centavos de dólar.[33] Esses remédios, assim como a vacinação de crianças e outras medidas relativamente simples e baratas podem criar uma grande quantidade de benefícios no Terceiro Mundo. Mas o próprio caráter comum e seu baixo preço fazem com que esses benefícios não atraiam tanto o tipo de atenção valorizado por políticos e burocratas.

A ajuda internacional ainda existe não apenas em função dos interesses daqueles que administram as transferências ou as recebem. Sua prática permanece de acordo com as pressuposições de várias pessoas no mundo ocidental de que os problemas fundamentais de países pobres são externos e que podem ser curados por meio de transferências de riqueza internacional. Mas vários países pobres dispõem de riquezas internas na forma de recursos naturais que possibilitam que liderem a produção mundial de itens como ouro, cobre ou borracha. Muitas vezes há muitas pessoas empreendedoras em países pobres, inclusive minorias, como os chineses estrangeiros no Sudeste Asiático ou os libaneses na África Ocidental. A Índia, apesar de toda a sua pobreza, há mais de um século exporta pessoas que passaram da pobreza para a prosperidade praticamente em todos os lugares onde se estabeleceram ao redor do mundo.[34] Até mesmo países pobres, como a Argentina, já estiveram entre os mais prósperos do mundo.

Então o que está faltando? Algumas pessoas que se dedicaram ao estudo de países menos desenvolvidos observaram que é difícil encontrar uma nação pobre com um bom governo. Muito mais comum é que países afetados pela pobreza estejam entre os mais corruptos do mundo — por exemplo, Nigéria, Haiti, Bangladesh e muitos outros. Não se trata apenas do fato de os líderes políticos serem corruptos. Descobriu-se que o nível de confiança mútua da população em geral é bem menor nesses países do que em nações mais ricas.[35] As minorias empreendedoras capazes de gerar riqueza em um país costumam ser rejeitadas e limitadas por leis e políticas discriminatórias. Em alguns casos, essas minorias são obrigadas a deixar o país em função da hostilidade e da violência indiscutível, ou são até mesmo oficialmente expulsas, como os indianos e os paquistaneses em Uganda na década de 1970 — e depois disso a economia de Uganda despencou.

Em outros casos, em países onde boa parte da riqueza foi gerada por investidores e empreendedores estrangeiros, o ressentimento contra esses estrangeiros levou ao roubo dos seus negócios por parte do governo, ou "nacionalização", como se diz politicamente. Aqui também a transferência de riqueza daqueles que a criaram geralmente não produziu qualquer benefício duradouro para a população nativa e muitas vezes marcou o declínio dos negócios em questão e das economias locais. Em boa parte da África Subsaariana, durante várias décadas depois da retirada dos colonizadores, os padrões de vida estavam abaixo dos níveis da época do colonialismo, apesar tanto das "nacionalizações" quanto do auxílio externo. Em resumo, muitos dos problemas de países muito pobres são internos, por mais desagradável que isso possa ser para seus habitantes ou para aqueles no mundo ocidental que preferem outras explicações.

Essa conclusão é reforçada pela história de países muito pobres que obtiveram rápido aumento em seus níveis econômicos, como a Escócia no século XVIII, o Japão no século XIX e a China no século XX. Em todos esses casos, o crescimento econômico ocorreu através de mudanças *internas*, realizadas por meio do reconhecimento de que eram necessárias. No caso da Escócia, houve a rápida difusão da educação e do idioma ingleses. No caso do Japão, uma obsessão nacional levou muitos jovens japoneses a estudar nas nações ocidentais mais industrializadas e trouxe ocidentais com habilidades industriais para o Japão. Na China, adotou-se a eliminação sucessiva de restrições governamentais sobre a economia e a abertura às empresas e aos investidores internacionais. Em nenhum desses casos houve grandes transferências de riqueza entre governos. Outros exemplos de crescimento dramático suficiente para sair da pobreza, como Cingapura e Coreia do Sul, também se basearam em mudanças internas realizadas de forma deliberada.

As consequências da simples transferência de dinheiro ou capital para países do Terceiro Mundo foram tipificadas pela experiência de envio de ajuda internacional à Tanzânia:

> Na Tanzânia, o Banco Mundial financiou a fábrica de sapatos Morogoro. Ela foi construída com equipamentos e tecnologia modernos para a fabricação de sapatos que satisfariam toda a demanda da Tanzânia e poderiam ser exportados para a Europa. A fábrica de sapatos Morogoro não foi um sucesso. Seus equipamentos falhavam regularmente por falta de manutenção e escassez de peças de reposição. Trabalhadores e gerentes roubavam da fábrica. A Morogoro foi projetada como uma moderna fábrica de sapatos ocidental, com paredes de alumínio e nenhum sistema de ventilação, o que era inadequado para o clima da Tanzânia. A fábrica nunca funcionou com mais de 5% da sua capacidade nem exportou um único sapato.[36]

RESUMO E IMPLICAÇÕES

Apesar de termos usado, por uma questão de conveniência, expressões como "Terceiro Mundo" e "ajuda internacional", o falecido professor Peter Bauer, célebre economista do desenvolvimento na London School of Economics, observou como esses termos podem ser enganosos. A expressão "Terceiro Mundo" sugere que exista algum grupo especial de nações a mundos de distância do resto da humanidade. Na realidade, sua população é a maior parte da humanidade, e existe um *continuum* na renda, da mais alta para a mais baixa, sem nenhuma ruptura entre a de algumas nações e a das outras. Também não existe uma divisão racial. Conforme observou o professor Bauer, "no Terceiro Mundo existe um número maior de brancos do que de negros".[37]

"Ajuda internacional" é outro termo enganoso, pois pressupõe que as transferências ajudarão no desenvolvimento econômico, apesar de haver muitos exemplos em que grandes e contínuas transferências de riqueza não conseguiram realizar nada, exceto solidificar o regime existente e tornar menos prováveis as mudanças necessárias. A ajuda internacional também dá margem para que funcionários de órgãos de auxílio prescrevam quaisquer políticas econômicas que por acaso estejam em voga no momento — deflação, "tratamento de choque" ou qualquer outra — sem que precisem ter responsabilidade pelas consequências.

Talvez a maior falácia em debates sobre países do Terceiro Mundo seja a suposição implícita de que exista algum motivo intelectualmente desconcertante ou moralmente errado em relação a nações diferentes terem rendas per capita diferentes. Considerando-se grandes diferenças quanto a geografia, demografia, história e cultura, é difícil imaginar como o oposto poderia acontecer. A ajuda humanitária para permitir que países lidem com desastres naturais quando não podem prevê-los ou evitá-los não precisa se basear em qualquer suposição que justifique o tamanho de sua renda. Mas não há qualquer registro das tentativas de refazer outros países que seja comparável às dramáticas melhorias que os países alcançaram quando decidiram se refazer.

8.
Considerações Finais

Muitas falácias individuais fazem parte de padrões maiores. Estes incluem não apenas as falácias mencionadas no capítulo 1 — a falácia de soma zero, a falácia da composição, a falácia das peças de xadrez e a falácia do infindável —, mas também muitas formas de pressupor uma implícita igualdade quando não há qualquer razão para esperá-la.

Diferenças quanto a geografia, demografia, história e cultura são apenas algumas das diferenças que existem entre indivíduos, grupos e nações. Não há qualquer razão para que se espere que mulheres e homens trabalhem durante a mesma quantidade de horas, e também não há razão para que desejem isso. Não existe nenhuma razão para pressupor que as metas, as prioridades ou as capacidades de pessoas que abandonaram o ensino médio sejam iguais às de pessoas que se formaram na faculdade, de tal maneira que diferenças nas suas rendas possam ser atribuídas ao fato de terem o ensino superior. Não existe qualquer razão para esperar que economias do Terceiro Mundo reajam ao receber ajuda internacional da mesma maneira que a Europa reagiu ao Plano Marshall, visto que essas economias e sociedades são diferentes das europeias há vários séculos.

Ao longo de toda a história, houve no mundo uma abundância de diferenças que atualmente são chamadas de "disparidades" ou "iniquidades", mesmo quando não podem ser explicadas pela discriminação. Em certa época, na Rússia tsarista, quase todos os membros da Academia de Ciências de São Petersburgo eram de origem alemã,[1] apesar de pessoas de origem alemã representarem apenas aproximadamente 1% da população russa. Atualmente, mais de 40% de todos os bilionários do mundo estão em um único país — os Estados Unidos.[2] A lista poderia continuar indefinidamente até preencher um livro.[3] Mas, por mais comuns que essas disparidades estatísticas tenham sido no mundo todo e ao longo da história, muitas pessoas continuam a raciocinar como se quaisquer diferenças estatísticas entre quaisquer grupos fossem estranhas e suspeitas, para não dizer sinistras.

Outra falácia, observada nos capítulos 5 e 7, é o que se pode chamar de falácia da *mudança* da composição. Quando se comparam categorias estatísticas ao longo do tempo, a relação, sempre em transformação, entre os grupos pode ser completamente enganosa no que diz respeito à situação das pessoas ou das nações, uma vez que a composição das categorias pode mudar ao longo do tempo. Pode haver desigualdades cada vez maiores entre as categorias no mesmo intervalo de anos em que existe uma *diminuição* da desigualdade entre as pessoas ou nações que constituem essas categorias. Além disso, conclusões e decisões importantes podem se basear nessa falácia.

Por exemplo, já foi dito que o crescimento do livre-comércio internacional aumenta a desigualdade entre nações porque o quociente de 23 para 1 entre as vinte nações mais ricas e as vinte mais pobres em 1960 aumentou para um quociente de 36 para 1 no ano 2000. Mas diferentes nações constituíam as vinte mais ricas e as vinte mais pobres em 1960 e no ano 2000. A comparação das *mesmas* nações, ao acompanhar as

CONSIDERAÇÕES FINAIS

mais ricas e as mais pobres de 1960 ao longo das décadas, mostra que o quociente *diminuiu* para menos de 10 para 1.[4] Isso leva a uma conclusão diametralmente oposta, sugerindo que um comércio internacional mais livre pode ter ajudado a reduzir as desigualdades, permitindo que algumas das nações mais pobres saíssem da categoria das últimas vinte.

Qualquer que tenha sido a razão para a diminuição da desigualdade, a falácia de acreditar que a desigualdade internacional tivesse aumentado, quando na verdade foi reduzida, é semelhante àquela presente numa velha piada sobre acidentes de automóvel em Manhattan. Nesta piada, um amigo diz para outro que as estatísticas mostram que um homem é atingido por um carro em Manhattan a cada vinte minutos. E o outro responde: "Deve ser muito cansativo para ele." A falácia aqui é que obviamente não é o mesmo homem a cada vez. Exatamente a mesma falácia fundamenta conclusões muito mais graves sobre desigualdades tanto entre indivíduos quanto entre países ao longo do tempo, pois não são os mesmos indivíduos ou as mesmas nações que estão sendo comparados, uma vez que cada um deles passa de uma categoria para outra ao longo do tempo. A mudança da composição das categorias faz com que as conclusões sejam baseadas em comparações falaciosas.

As estatísticas não são melhores do que os métodos e as definições utilizados para coletá-las. Sem analisar esses métodos e essas definições, não podemos pressupor que a comparação envolva pessoas comparáveis, independentemente de que estejamos comparando a renda de pessoas que abandonaram o ensino médio com a de pessoas que concluíram o ensino superior, a renda de membros de diferentes grupos étnicos com a "mesma" educação ou a renda de mulheres sozinhas com a de mulheres casadas, quando entre mulheres "sozinhas" estão as mulheres que foram casadas durante vários anos antes de se divorciar. As estatísticas sobre a quantidade de poluição do ar em áreas densamente povoadas em comparação com a poluição no espaço público também não podem nos dizer nada sobre se a permissão para que as pessoas se mudem para áreas não povoadas aumentará a poluição, uma vez que são as pessoas — e não suas localizações — as responsáveis pela poluição.

Talvez mais perigoso do que tudo seja a prática de não sujeitar crenças que estão na moda ao teste dos fatos, mas, em vez disso, aceitá-las ou rejeitá-las por se encaixarem bem em alguma visão de mundo existente. A ideia de que a intervenção do governo é necessária para criar "habitação com preço acessível" só faz sentido no contexto de uma noção preconcebida, enquanto montanhas de evidências concretas apontam exatamente para o sentido oposto. A crença de que revoltas em guetos, como as que ocorreram na década de 1960, sejam uma reação contra a pobreza, a discriminação, o desemprego e as comunidades deterioradas simplesmente não poderá ser sustentada diante de evidências concretas de quando e onde essas revoltas aconteceram, já que não foram nos lugares ou nas épocas onde esses fatores estavam no seu pior nível.

Quase sempre se ignora todo o histórico educacional e de emprego das mulheres na primeira metade do século XX, até mesmo em estudos acadêmicos, e se concentra a atenção no que aconteceu desde 1960, em conformidade com uma visão preconcebida das razões para o crescimento das mulheres. O mesmo pode acontecer com os negros, cuja emergência e ingresso em ocupações de classe média também são traçados quase invariavelmente a partir de algum ponto depois de 1960 e atribuídos tanto ao movimento dos direitos civis quanto a ações do governo daquela década, apesar de os negros terem saído da pobreza de forma mais dramática nas duas décadas *anteriores* a 1960. Nada é mais falacioso do que ignorar uma tendência que tenha começado vários anos antes da implantação de alguma política ou ação que leve os créditos por qualquer coisa que tenha acontecido, mesmo que se trate da continuação de uma tendência já existente. Falácias semelhantes estão presentes em debates cujo tema varia dos índices de mortalidade em acidentes de automóvel a participação das empresas no mercado depois de um processo antitruste.[5]

CONSIDERAÇÕES FINAIS

Entre os vários preconceitos que não podem ser submetidos a qualquer teste empírico, por serem muito subjetivos, está a noção de que observadores externos sabem melhor que qualquer um o que é bom para cada pessoa. Essa suposição implícita penetra em discussões sobre habitação urbana e suburbana,[6] transporte público versus automóveis e imposição das teorias preferidas pelos órgãos de ajuda internacional sobre países do Terceiro Mundo. O máximo que pode ser feito nestes casos é (1) explicitar essa suposição, (2) exigir provas desse conhecimento superior e (3) indicar quantos desastres ocorreram em países, no mundo inteiro, como resultado de programas e políticas baseados nessa suposição.

Uma variação especial da suposição implícita de um conhecimento muito superior é a vasta desconsideração das observações de primeira mão feitas por outras pessoas, tomadas como "estereótipos", descrédito que costuma se calcar em pouca ou nenhuma observação de primeira mão, mas, em vez disso, se baseia em pressuposições amplamente compartilhadas por pessoas semelhantemente inexperientes e presunçosas, muitas vezes protegidas de críticas — ou fatos — por títulos acadêmicos.

As tautologias são outra fonte de falácias e fornecem os principais recursos para defendê-las. A "superpopulação", por exemplo, pode ser definida ao se afirmar que um quociente elevado entre pessoas e riqueza explica a pobreza, quando, na verdade, tudo o que possibilita é a demonstração de regras de aritmética em vez de qualquer fato sobre o mundo real. Mas até perceberem que estão andando em círculos, por maiores que sejam esses círculos, as pessoas podem continuar a acreditar em insinuações que dão poder às tautologias, como se fossem conclusões sobre o mundo externo, em vez de definições arbitrárias dentro da cabeça de cada um. Tautologias sobre população são apenas uma noção, em meio a muitas outras, cuja falta de clareza e de concretude é o maior trunfo para convencer pessoas sem que seja preciso lançar mão de evidências ou de lógica. Conforme disse o filósofo Charles Sanders Peirce, nos idos do século XIX: "Muitos homens dedicaram-se, durante vários anos, como um hobby, à vaga sombra de uma ideia por demais insignificante para ser incontestavelmente falsa."[7]

As falácias específicas discutidas neste livro são apenas uma pequena amostra de uma quantidade muito maior, sobre uma quantidade muito mais ampla de assuntos. Se a observação de como essas falácias, que costumam soar plausíveis, podem desabar sob o peso das evidências e da análise fizer com que você examine outras crenças de maneira mais próxima e mais analítica, então este livro terá alcançado o seu maior objetivo.

Notas

1. O poder das falácias

1. Henry Rosovsky, *The University: An Owner's Manual*, Nova York: W.W. Norton, 1990, p. 259.
2. Nonie Darwish, *Now They Call Me Infidel*, Nova York: Sentinel, 2006, p. 43.
3. Adam Smith, *The Theory of Moral Sentiments*, Indianápolis: Liberty Classics, 1976, p. 380-381.
4. Ver, por exemplo, Jim Powell, *FDR's Folly*, Nova York: Crown Forum, 2003, p. 105.
5. Leon Aron, *Yeltsin*, Nova York: St. Martin's Press, 2000, p. 329.

2. Fatos e falácias urbanos

1. Robert Bruegmann, *Sprawl: A Compact History*. Chicago: Universidade de Chicago, 2005, p. 22.
2. Clifton Hood, *722 Miles: The Building of the Subways and How They Transformed New York*. Nova York: Simon & Schuster, 1993, p. 39.
3. Robert Bruegmann, *op. cit.*, p. 132.

4. *Ibidem*, p. 143. Ted Balaker; Sam Staley, *The Road More Traveled: Why the Congestion Crisis Matters More Than You Think and What We Can Do About It*. Lanham: Rowman and Littlefield, 2006, p. 56-57.
5. Edmund Morris, *The Rise of Theodore Roosevelt*. Nova York: Modern Library, 1979, p. 48.
6. Clifton Hood, *op. cit.*, p. 52.
7. Ted Balaker; Sam Staley, *op. cit.*, p. 5.
8. *Ibidem*, p. 19.
9. *Ibidem*, p. 6, 110-111, 119-120.
10. D. John McKinnon, "Bush Plays Traffic Cop in Budget Request", *Wall Street Journal*, 5 fev. 2007, p. A6.
11. Gopinath Menon, "Congestion Pricing: The Singapore Experience". In: Gabriel Roth (org.), *Street Smart: Competition, Entrepreneurship, and the Future of Roads*. New Brunswick, N.J.: Transaction Publishers, 2006, p. 123.
12. Leila Abboud; Jenny Clevstrom, "Stockholm's Syndrome", *Wall Street Journal*, 29 ago. 2006, p. B1 ss.
13. Ted Balaker; Sam Staley, *op. cit.*, p. 90.
14. *Ibidem*, p. 127.
15. *Ibidem*, p. 45,46.
16. *Ibidem*, p. 47.
17. *Ibidem*.
18. *Ibidem*, p. 46.
19. Edwin G. Burrows; Mike Wallace. *Gotham: A History of New York City to 1898*. Nova York: Oxford University Press, 1999, p. 948.
20. Ver, por exemplo, William Julius Wilson, *When work Disappears: The World of the New Urban Poor*. Nova York: Alfred A. Knopf, 1997.
21. William Julius Wilson, *op. cit.*, p. 34-35.
22. John McWhorter, *Winning the Race: Beyond the Crisis in Black America*. Nova York: Gotham Books, 2005, p. 37, 49-72.
23. Patrick McGeehan, "After Century, Room and Board in City Still Sting", *New York Times*, 20 mai. 2006, p. A1.
24. Randal O'Toole, "The High Price of Land-Use Planning", *San Francisco Chronicle*, 22 mai. 2006, p. B7.

25. Miriam Jordan, "In Tony Monterey County, Slums and a Land War", *Wall Street Journal*, 26, 27 ago. 2006, p. A6.
26. Randal O'Toole, *The Planning Penalty: How Smart Growth Makes Housing Unaffordable*. Oakland: The Independent Institute, 2006, p. 35.
27. *Ibidem*, p. 38.
28. *Ibidem*, p. 3, 27.
29. *Ibidem*, p. 29.
30. Foster City Historical Society, *Images of America: Foster City*. São Francisco: Arcadia Publishing, 2005, p. 7.
31. Edward L. Glaeser; Joseph Gyourko; Raven Saks, "Why is Manhattan so Expensive? Regulation and the Rise in Housing Prices", *Journal of Law & Economics*, out. 2005, p. 332.
32. Sthepen Coyle. "Palo Alto: A Far Cry from *Euclid*". In: Thomas M. Hagler (org.), *Land Use and Housing on The San Francisco Peninsula*. Stanford: Stanford Environmental Law Society, 1983, p. 84, 85.
33. Edward L. Glaeser *et al.*, *op. cit.*, p. 332.
34. *Ibidem*, p. 333.
35. *Ibidem*, p. 337-338.
36. William A. Fischel, *Regulatory Takings: Law, Economics, and Politics*. Cambridge, Massachusetts: Harvard University Press, 1995, p. 238.
37. Randal O'Toole, *The Planning Penalty: How Smart Growth Makes Housing Unaffordable*, *op. cit.*, p. 32.
38. *Ibidem*, p. 32-33.
39. Edward L. Glaeser *et al.*, "Why is Manhattan so Expensive?", *Journal of Law & Economics*, out. 2005, p. 335, 367.
40. Tracie Rozhon, "Housing Market Heats Up Again in New York City", *New York Times*, 19 fev. 2007, p. B6. Afirmou-se posteriormente em uma errata que a mulher identificada como "Shavely" se chamava Stavely. Ver "Corrections: For the Record", *New York Times*, 22 fev. 2007, p. A2.
41. Edward L. Glaeser *et al.*, "Why is Manhattan so Expensive?", *Journal of Law & Economics*, out. 2005, p. 337.
42. "Construction Industry Association of Sonoma County v. The City of Petaluma", 522 F.2d 897, 1975. Manuscrito.

43. Miriam Jordan, "In Tony Monterey County, Slums and a Land War", *Wall Street Journal*, 26-27 ago. 2006, p. A6.
44. *Ibidem*, p. Al, A6. O número não indica a quantidade de pessoas por *quarto*, e sim por cômodo. Em outras palavras, um apartamento de dois quartos poderia acomodar seis pessoas, uma vez que a cozinha e a sala implicam em que um apartamento de dois quartos equivale a um de quatro cômodos.
45. Leslie Fulbright, "S.F. Moves to Stem African American Exodus", *San Francisco Chronicle*, 9 abr. 2007, p. A l.
46. Stephen Coyle, "Palo Alto: A Far Cry from *Euclid*", In: Thomas M. Hagler (org.) *Land Use and Housing on the San Francisco Peninsula, op. cit.*, p. 90.
47. William Julius Wilson, *When Work Disappears, op. cit.*, p. 35.
48. Jane Jacobs, *The Death and Life of Great American Cities*. Nova York: Vintage Books, 1992, p. 10.
49. *Ibidem*, p. 310. A ideia de que a administração do New Deal de Franklin D. Roosevelt estava "no polo político oposto" ao da gestão de Herbert Hoover foi desacreditada recentemente por alunos que salientaram a quantidade de projetos de Roosevelt que haviam adotado as ideias de Hoover e avançado a um ponto além do que teria sido alcançado. Tugwell escreveu posteriormente: "Certa vez fiz uma lista de apostas do New Deal que tiveram início quando Hoover era ministro do Comércio e então presidente. [...] O New Deal deve muito àquilo a que ele deu início." *Apud* Amity Shlaes, *The Forgotten Man: A New History of the Great Depression*. Nova York: HarperCollins, 2007, p. 149.
50. Herbert Gans, *The Urban Villagers: Group and Class in the Life of Italian-Americans* (edição atualizada e ampliada). Nova York: The Free Press, 1982, p. 363n.
51. *Ibidem*, p. 380.
52. *Ibidem*, p. 380-381.
53. Howard Husock, "Let's End Housing Vouchers", *City Journal*, 2º sem. 2000, p. 84.
54. *Ibidem*, p. 84, 87.
55. Nicole Gelinas, "Houston's Noble Experiment", *City Journal*, 1º sem. 2006.
56. Robert Bruegmann, *Sprawl, op. cit.*, p. 119.
57. *Ibidem*, p. 118.
58. *Ibidem*, p. 135.

59. *Ibidem*, p. 183.
60. Chuck Squatriglia, "A Million Acres", *San Francisco Chronicle*, 16 jul. 2006, p. A4.
61. Robert Bruegmann, *op. cit.*, p. 35-36.

3. Fatos e falácias masculinos e femininos

1. "A Guide to Womenomics", *The Economist*, 15 abr. 2006, p. 74.
2. Tamar Lewin, "At Colleges, Women are Leaving Men in the Dust", *New York Times*, 9 jul. 2006, p. 1.
3. Charles Murray, "The Inequality Taboo", *Commentary*, set. 2005, p. 16.
4. John B. Parrish, "Professional Womanpower as a National Resource", *Quarterly Review of Economics & Business*, fev. 1961, p. 58.
5. Jessie Bernard, *Academic Women*. University Park: Pennsylvania State University Press, 1964, p. 35, 61.
6. John B. Parrish, "Professional Womanpower as a National Resource", *Quarterly Review of Economics & Business*, fev. 1961, p. 55-57.
7. *Ibidem*, p. 58.
8. Jessie Bernard, *Academic Women*, *op. cit.*, p. 55.
9. U.S. Bureau of the Census, *Historical Statistics of the United States: Colonial Times to 1970*. Washington: U.S. Government Printing Office, 1975, p. 19.
10. Jessie Bernard, *Academic Women*, *op. cit.*, p. 206.
11. Ver U.S. Bureau of the Census, *Historical Statistics of the United States: Colonial Times to 1970*, *op. cit.*, p. 49.
12. Diana Furchtgott-Roth e Christine Stolba, *Women's Figures: An Illustrated Guide to the Economic Progress of Women in America*. Washington: American Enterprise Institute, 1999, p. 86.
13. Theodore Caplow *et al.*, *The First Measured Century: An Illustrated Guide to Trends in America, 1900-2000*. Washington: The AEI Press, 2001, p. 69. Ver também U.S. Bureau of the Census, "Households, Families, and Children: A 30-Year Perspective", *Current Population Reports*, ser. P23-181, p. 6.
14. *Historical Statistics of the United States: Earliest Times to the Present*. Edição do Milênio. Nova York: Cambridge University Press, 2006, vol. I, p. 399-400.

15. Diana Furchtgott-Roth and Christine Stolba, *Women's Figures, op. cit.*, p. 23-27.
16. Paula England, "Gender Inequality in Labor Markets: The Role of Motherhood and Segregation", *Social Politics: International Studies in Gender, State & Society*, vol. 12, n. 2, 1º sem. 2005, p. 266.
17. *Ibidem*, p. 267.
18. *Ibidem*, p. 273.
19. U.S. Bureau of the Census, *Evidence from Census 2000 About Earnings by Detailed Occupation for Men and Women,* Relatórios Especiais do Censo do Ano 2000, mai. 2004, p. 10; U.S. Bureau of Census, *We the People: Women and Men in the United States,* Relatórios Especiais do Censo do Ano 2000, jan. 2005, p. 11.
20. U.S. Bureau of the Census, *Evidence from Census 2000 About Earnings by Detailed Occupation for Men and Women, op. cit.*, p. 6, 26.
21. Diana Furchtgott-Roth e Christine Stolba, *Women's Figures, op. cit.*, p. 33.
22. John M. McDowell, "Obsolescence of Knowledge and Career Publication Profiles: Some Evidence of Differences Among Fields in Costs of Interrupted Careers", *American Economic Review,* vol. 72, n. 4, set. 1982, p. 761.
23. Thomas B. Hoffer *et al.*, *Doctorate Recipients from United States Universities: Summary Report 2005*. Chicago: National Opinion Research Center, Universidade de Chicago, 2006, p. 13.
24. Sylvia Ann Hewlett e Carolyn Buck Luce, "Extreme Jobs: The Dangerous Allure of the 70-Hour Workweek", *Harvard Business Review,* dez. 2006, p. 50, 51, 56, 57.
25. *Apud* David Lubinski e Camilla Persson Benbow, "Study of Mathematically Precocious Youth After 35 Years", *Perspectives on Psychological Science,* dez. 2006, p. 332.
26. *Ibidem,* p. 333-334.
27. *Ibidem,* p. 332.
28. "A Guide to Womenomics", *The Economist,* abr. 15, 2006, p. 74.
29. Warren Farrell, *Why Men Earn More: The Startling Truth behind the Pay Gap and What Women Can Do About It*. Nova York: Amacom, 2005, p. 16-17.

30. *Ibidem*, p. xxiii.
31. Louise Story, "Many Women at Elite Colleges Set Career Path to Motherhood", *New York Times,* set. 20, 2005, p. Al.
32. *Ibidem*, p. Al8.
33. Jeffrey Wenger, "The Continuing Problems with Part-Time Jobs", *EPI Issue Brief,* Economic Policy Institute, abr. 24, 2001, p. 1.
34. *Ibidem*, p. 2.
35. "A Guide to Womenomics", *The Economist,* 15 abr. 2006, p. 73-74.
36. U.S. Bureau of Labor Statistics, *100 Years of U.S. Consumer Spending.* Washington: U.S. Department of Labor, 2006, p. 58.
37. "The Hand that Rocks the Cradle", *The Economist,* 4 mar. 2006, p. 51.
38. Francine D. Blau and Lawrence M. Kahn, "Gender Differences in Pay", *Journal of Economic Perspectives,* outono de 2000, p. 83.
39. Anita U. Hattiangadi e Amy M. Habib, *A Closer Look at Comparable Worth.* 2ª edição. Washington: Employment Policy Foundation, 2000, p. 43.
40. Thomas Sowell, *Education: Assumptions versus History.* Stanford: Hoover Institution Press, 1986, p. 95, 97.
41. "The Economic Role of Women", *The Economic Report of the President,1973.* Washington, D.C.: U.S. Government Printing Office, 1973, p. 105.
42. Jessie Bernard, *Academic Women,* p. 241.
43. U.S. Bureau of the Census, "Income, Poverty, and Health Insurance Coverage in the United States: 2004", *Current Population Reports,* ser. P60-229. Washington: US. Government Printing Office, 2005, p. 7.
44. Mickey Meece, "What Do Women Want? Just Ask", *New York Times*, 29 out. 2006, seç. 3, p. 7.
45. Jeffrey Wenger, "The Continuing Problems with Part-Time Jobs", *EPI Issue Brief,* Economic Policy Institute, 24 abr. 2001, p. 1-2.
46. Donald R. Williams, "Women's Part-Time Employment: A Gross Flows Analysis", *Monthly Labor Review,* abr. 1995, p. 37.
47. Laurence C. Baker, "Differences in Earnings Between Male and Female Physicians", *The New England Journal of Medicine,* 11 abr. 1996, p. 960.
48. Ver *Ibidem*, p. 962.

49. Howard J. Wall, "The Gender Wage Gap and Wage Discrimination: Illusion or Reality?", *The Regional Economist,* out. 2000, Federal Reserve Bank of St. Louis, p. 10-11.
50. Francine D. Blau e Lawrence M. Kahn, "Swimming Upstream: Trends in the Gender Wage Differential in the 1980s", *Journal of Labor Economics,* jan. 1997, p. 1-42. Ver também U.S. Bureau of the Census, *Evidence From Census 2000 About Earnings by Detailed Occupation for Men and Women,* Relatórios Especiais do Censo do Ano 2000, mai. 2004.
51. Francine D. Blau e Lawrence M. Kahn, "Gender Differences in Pay", *Journal of Economic Perspectives,* 2º sem. 2000, p. 79.
52. June O'Neill, "The Gender Gap in Wages, circa 2000", *American Economic Review,* mai. 2003, p. 310.
53. Marianne Bertrand; Kevin Hallock, "The Gender Gap in Top Corporate Jobs", *Industrial & Labor Relations Review,* out. 2001, p. 17.
54. Steven Greenhouse; Michael Barbaro. "Costco Bias Suit Is Given Class--Action Status", *New York Times,* 12 jan. 2007, p. C9.
55. *Equal Employment Opportunity Commission v. Sears, Roebuck & Company,* 839 F.2d 302-311, 360.
56. Jessie Bernard, *Academic Women,* p. xx, 77-78, 84; Alan E. Bayer, *College and University Faculty: A Statistical Description.* Washington: American Council on Education, jun. 1970, p. 12; Helen S. Astin, *The Woman Doctorate in America.* Nova York: Russell Sage Foundation, 1969, p. 23, 25.
57. Compare Jessie Bernard, *Academic Women,* p. 39; Diana Furchtgott-Roth and Christine Stolba, *Women's Figures,* 1999, p. 35.
58. James M. McPherson, "White Liberals and Black Power in Negro Education, 1865-1915", *American Historical Review,* vol. 75, n. 5, jun. 1970, p. 1362.
59. Lenore J. Weitzman, "Affirmative Action Plans for Eliminating Sex Discrimination in Academe". In: Alice S. Rossi e Ann Calderwood (orgs.), *Academic Women on the Mov.* Nova York: Russell Sage Foundation, 1973, p. 479.
60. Helen S. Astin, "Career Profiles of Women Doctorates", p. 160. Ver também Jessie Bernard, *Academic Women,* p. 87.
61. Randy E. Ilg, "Change in Employment by Occupation, Industry, and Earnings Quartile, 2000-05", *Monthly Labor Review,* dez. 2006, p. 28.

62. U.S. Bureau of the Census, *Special Studies: Earnings in 1981 of Married-Couple Families, by Selected Characteristics of Husbands and Wives*, ser. P-23, n. 133, p. 28.
63. "A Guide to Womenomics", *The Economist*, 15 abr. 2006, p. 73-74.
64. David Leonhardt, "Scant Progress on Closing Gap In Women's Pay", *New York Times*, 24 dez. 2006, p. 18.
65. *Apud* Carol Hymowitz, "A Different Track", *Wall Street Journal*, abr. 16, 2007, p. R8.

4. Fatos e falácias acadêmicos

1. Richard Vedder, "Why Does College Cost So Much?", *Wall Street Journal*, 23 ago. 2005, p. A10.
2. "Mendicant Scholars", *The Economist*, 11 nov. 2006, p. 63, 64.
3. Arthur M. Sussman, "University Governance through a Rose-Colored Lens: NLRB v. Yeshiva", *The Supreme Court Review*, v. 1980, p. 27.
4. "Faculty Senate Report", *Stanford Report*, 25 abr. 2007, p. 13.
5. Jeffrey Selingo, "Trustees: More Willing Than Ready", *Chronicle of Higher Education*, 11 mai. 2007, p. A11, A13, A19.
6. Thomas Bartlett, "Selling Out: A Textbook Example", *Chronicle of Higher Education*, 27 jun. 2003, p. A8.
7. "Faculty Senate Report", *Stanford Report*, 14 mar. 2007, p. 10.
8. Derek Bok, *Our Underachieving Colleges*, Princeton: Princeton University Press, 2006. p. 55.
9. Harry R. Lewis, *Excellence Without a Soul: How a Great University Forgot Education*, Nova York: Public Affairs, 2006, p. 253, 256.
10. Richard Vedder, *Going Broke by Degree*, Washington: The AEI Press, 2004. p. 172.
11. Michael E. Gordon, "When B's Are Better", *Chronicle of Higher Education*, 11 ago. 2006, p. B10.
12. John Stuart Mill, "On Liberty", In: J. M. Robson (org.), *Collected Works of John Stuart Mill*, v. XVIII: *Essays on Politics and Society*. Toronto: University of Toronto Press, 1977, p. 245.

13. Ver, por exemplo, Elizabeth F. Farrell e Martin van der Werf, "Playing the Rankings Game", *Chronicle of Higher Education*, 25 mai. 2007, p. A11 ss. Martin van der Werf, "Rankings Methodology Hurts Public Institutions", *op. cit.*, p. A13 ss. Jeffrey Selingo, "What the Rankings Do for 'U.S. News'", *op. cit.*, p. A15.
14. Burton Bollag, "College Rankings Catch on Overseas", *op. cit.*, p. A17.
15. Dave Curtin, "CU Law Tuition Could Rise by $6,000", *Denver Post*, 8 set. 2003, p. B4.
16. Dave Curtin, "CU Law School's Accreditation in Peril: ABA Concerned over New Building", *Denver Post*, 25 mai. 2003, p. B5.
17. U.S. Department of Education, Office of Postsecondary Education, *National Advisory Committee on Institutional Quality and Integrity*, Reunião, 4-6 dez. 2006, p. 211.
18. George B. Shepherd; William G. Shepherd, "Scholarly Restraints? ABA Accreditation and Legal Education", *Cardozo Law Review*, jul. 1998, p. 2127.
19. *Ibidem*, p. 2169-2170.
20. George C. Leef; Roxana D. Burris, *Can College Accreditation Live Up to Its Promise?*. Washington: American Council of Trustees and Alumni, [s.d.], p. 27.
21. *Ibidem*, p. 26.
22. Kelly Field, "Education Department Hears From Students in Rule-Making Session", *Chronicle of Higher Education*, 24 nov. 2006, p. A30.
23. Henry Rosovsky, *The University: An Owner's Manual*, Nova York: W.W. Norton & Co., 1990, p. 177.
24. Sierra Millman, "For the First Time in 3 Years, Faculty Salaries Beat Inflation", *Chronicle of Higher Education*, 20 abr. 2007, p. A10, A12, A13.
25. Thomas Sowell, *Inside American Education: The Decline, the Deception, the Dogmas*, Nova York: The Free Press, 1993, p. 107.
26. Charles T. Clotfelter, *Buying the Best*, Princeton: Princeton University Press, 1996, p. 186.
27. Scott Baumler, "Undergraduate Origins of Doctorate Recipients", Office of Institutional Research, Grinnell College, 20 out. 2006.
28. Carol Hymowitz, "Any College Will Do", *Wall Street Journal*, 18 set. 2006, p. B1.

29. *Trends in Student Aid*, The College Board, 2006, p. 12.
30. Harry R. Lewis, *Excellence Without a Soul*, p. 13.
31. "Faculty Senate Report", *Stanford Report*, 14 mar. 2007, p. 10.
32. William Zumeta, "Financing Higher Education Access in Challenging Times", *The NEA Almanac of Higher Education*. Washington: National Education Association, 2007, p. 60-61.
33. Robin Wilson, "As Competition Grows, Admissions Officers Face Dismissal If They Don't 'Win and Keep on Winning", *Chronicle of Higher Education*, 31 out. 1990, p. 1.
34. John Gravois, "Tracking the Invisible Faculty", *Chronicle of Higher Education*, 15 dez. 2006, p. A8.
35. *Ibidem*, p. A9.
36. David J. Powell, "LSA's Road to Insanity", *Michigan Review*, Universidade de Michigan, dez. 1990, p. 1.
37. John Gravois, "Tracking the Invisible Faculty", *Chronicle of Higher Education*, 15 dez. 2006, p. A8, A9.
38. John M. de Figueiredo e Brian S. Silverman, "Academic Earmarks and the Returns to Lobbying", *Journal of Law & Economics*, out. 2006, p. 608.
39. Gary Putka, "Colleges Cancel Aid Meetings Under Scrutiny", *Wall Street Journal*, 12 mar. 1991, p. B1. *Idem*. "Do Colleges Collude on Financial Aid?", *Wall Street Journal*, 2 mai. 1989, p. B1.
40. John M. De Figueiredo; Brian S. Silverman, "Academic Earmarks and the Returns to Lobbying", *Journal of Law & Economics*, out. 2006, p. 604.
41. *Ibidem*, p. 601.
42. *Ibidem*, p. 600-601.
43. Daniel S. Greenberg, "A New Source of Research Money", *Chronicle of Higher Education*, 2 mar. 2007, p. B16.
44. "Of Steroids and Scholarships: Eli Commish Talks to Spec", *Columbia Daily Spectator*, 8 fev. 1989, p. 5.
45. Steve Wieberg e Kelly Whiteside, "Football-crazy Ohio State Does All Sports in Big Way", *USA Today*, 5-7 jan. 2007, p. 1, 2.
46. Andrew Zimbalist, "Looks Like a Business; Should Be Taxed Like One", *New York Times*, 7 jan. 2007, seç. 8, p. 9.

47. Harry R. Lewis, *Excellence Without a Soul*, p. 237.
48. Andrew Zimbalist, "Looks Like a Business; Should Be Taxed Like One", *New York Times*, 7 jan. 2007, seç. 8, p. 9.
49. Greg Johnson, "Coaches' Pay Puts Colleges to the Test", *Los Angeles Times*, 16 jan. 2007, p. A1 ss.
50. Russell Adams, "The New Big Shots of the Gridiron", *Wall Street Journal*, 6 jan. 2007, p. P4.

5. Fatos e falácias relacionados à renda

1. Alan Reynolds, *Income and Wealth*. Westport: Greenwood Press, 2006, p. 22.
2. U.S. Bureau of the Census, "Changes in Median Household Income: 1969 a 1996", *Current Population Reports*, ser. P23-196, p. 1.
3. Alan Reynolds, *Income and Wealth*, p. 64; Federal Reserve Bank of Dallas, *Annual Report: 1995*, p. 22.
4. Barbara Vobejda, "Elderly Lead All in Financial Improvement", *Washington Post*, 1º set. 1998, p. A3.
5. Louis Uchitelle, "Stagnant Pay: A Delayed Impact", *New York Times*, 18 jun. 1991, p. D2.
6. Amy Kaslow, "Growing American Economy Leaves Middle Class Behind", *Christian Science Monitor*, 1º nov. 1994, p. 2.
7. Compare com Tom Wicker, "LBJ's Great Society", *New York Times*, 7 mai. 1990, p. A15; Tom Wicker, "Let 'Em Eat Swiss Cheese", *New York Times*, 2 set. 1988, p. A27.
8. Ver, por exemplo, U.S. Bureau of the Census, "The Social and Economic Status of the Black Population in the United States: An Historical View, 1790-1978", *Current Population Reports*, ser. P-23, n. 80. Washington: U.S. Government Printing Office, [s.d.], p. 102.
9. Robert Rector e Rea S. Hederman, *Income Inequality: How Census Data Misrepresent Income Distribution*. Washington: The Heritage Foundation, 1999, p. 11.
10. Alan Reynolds, *Income and Wealth*, p. 25.
11. Dados sobre quantidades de chefes de domicílio trabalhando em domicílios de alta renda e de baixa renda no ano 2000 foram retirados da Tabela

NOTAS

HINC-06 da Pesquisa da População Atual, cujo download foi feito a partir do site do Bureau of the Census na internet.

12. Alan Reynolds, *Income and Wealth*, p. 26-27.
13. Robert Heilbroner e Lester Thurow, *Economics Explained*, edição revista e atualizada. Nova York: Touchstone, 1994, p. 48.
14. Alan Reynolds, *Income and Wealth*, p. 27.
15. W. Michael Cox e Richard Alm, *Myths of Rich & Poor: Why We're Better Off Than We Think*. Nova York: Basic Books, 1999, p. 85.
16. Alan Reynolds, *Income and Wealth*, p. 28.
17. Robert Rector, "The Myth of Widespread American Poverty", *The Heritage Foundation Backgrounder*, n. 1221, 18 set. 1998, p. 4.
18. Alan Reynolds, *Income and Wealth*, p. 67.
19. Pessoas que estão "trabalhando duro e continuam pobres" são o assunto de uma coluna típica do *New York Times* escrita por Bob Herbert. Veja Bob Herbert, "The Millions Left Out", *New York Times*, 12 mai. 2007, p. A15.
20. Alan Reynolds, *Income and Wealth*, p. 57-59.
21. W. Michael Cox e Richard Alm, *Myths of Rich & Poor*, p. 18.
22. Alan Reynolds, *Income and Wealth*, p. 63.
23. *Ibidem*, p. 64.
24. W. Michael Cox e Richard Alm, *Myths of Rich & Poor*, p. 21.
25. *Ibidem*, p. 132.
26. Alan Reynolds, *Income and Wealth*, p. 64.
27. Estes problemas mais técnicos com as estatísticas estão entre os discutidos no capítulo 4 do livro *Income and Wealth*, escrito por Alan Reynolds.
28. *Ibidem*, p. 69-70.
29. *Ibidem*, p. 70-71, 83-84.
30. Federal Reserve Bank of Dallas, *Annual Report: 1995*, p. 8.
31. Peter Saunders, *Poor Statistics: Getting the Facts Right About Poverty in Australia*. St. Leonards, Austrália: Centre for Independent Studies, 2002, p. 5; David Green, *Poverty and Benefit Dependency*. Wellington: New Zealand Business Roundtable, 2001, p. 32, 33; Jason Clemens e Joel Emes, "Time Reveals the Truth about Low Income", *Fraser Forum*, The Fraser Institute, Vancouver, Canadá, p. 24-26.

32. W. Michael Cox e Richard Alm, *Myths of Rich & Poor*, p. 16.
33. *Ibidem*.
34. U.S. Bureau of the Census, "Money Income in the United States: 2000", *Current Population Reports*, ser. P60-213. Washington: U.S. Government Printing Office, 2001, p. 2; U.S. Bureau of the Census, "65+ in the United States: 2005", *Current Population Reports*, ser. P23-209. Washington: U.S. Government Printing Office, 2005, p. 109.
35. *Ibidem*, p. 95.
36. *Ibidem*, p. 111, 114.
37. David Leonhardt, "Defining the Rich in the World's Wealthiest Nation", *New York Times*, 12 jan. 2003, seç. 4, p. 16.
38. Ari Fleischer, "The Taxpaying Minority", *Wall Street Journal*, 16 abr. 2007, p. A15.
39. Ver Alan Reynolds, *Income and Wealth*, capítulo 8.
40. "Money Income in the United States: 2001", *Current Population Reports*, ser. P60-218. Washington: U.S. Bureau of the Census, 2002, p. 20.
41. Paul Krugman, *Peddling Prosperity: Economic Sense e Nonsense in the Age of Diminished Expectations*. Nova York: W.W. Norton & Company, 1994, p. 58.
42. Alan Reynolds, *Income and Wealth*, p. 49.
43. *Ibidem*, p. 48.
44. *Ibidem*, p. 119.
45. Andrew Ross Sorkin e Eric Dash, "Private Firms Lure C.E.O.s With Top Pay", *New York Times*, 8 jan. 2007, p. A1 ss.
46. Donald E. Graham, "The Gray Lady's Virtue", *Wall Street Journal*, 23 abr. 2007, p. A17.
47. Algumas destas mudanças no setor varejista são discutidas no capítulo 5 do meu livro *Basic Economics*, 3ª edição. Nova York: Basic Books, 2007.
48. Federal Reserve Bank of Dallas, *Annual Report: 1995*, p. 8.
49. *Ibidem*, p. 14.
50. Janny Scott; David Leonhardt, "Class in America: Shadowy Lines That Still Divide", *New York Times*, 15 mai. 2005, p. A1, A26.
51. *Ibidem*, p. A26.

52. David Wessell, "As Rich-Poor Gap Widens in the U.S., Class Mobility Stalls", *Wall Street Journal*, 13 mai. 2005, p. A1 ff.
53. Bernard Shaw, *The Intelligent Woman's Guide to Socialism and Capitalism*. Nova York: Brentano's Publishers, 1928, p. 22.
54. Thomas J. Stanley; William D. Danko, *The Millionaire Next Door: The Surprising Secrets of America's Wealthy*. Atlanta: Longstreet Press, 1996, p. 3.

6. Fatos e falácias raciais

1. Stephan Thernstrom; Abigail Thernstrom, *America in Black and White: One Nation, Indivisible*. Nova York: Simon & Schuster, 1997, p. 526.
2. Sharon M. Lee e Marilyn Fernandez, "Trends in Asian American Racial/Ethnic Intermarriage: A Comparison of 1980 and 1990 Census Data", *Sociological Perspectives*, vol. 41, n. 2, 1998, p. 328.
3. Stephan Thernstrom; Abigail Thernstrom, *America in Black and White*, p. 526.
4. U.S. Bureau of the Census, *We the People: Asians in the United States*, Relatórios Especiais do Censo do Ano 2000, dez. 2004, p. 6.
5. *Ibidem*, p. 9.
6. Thomas B. Hoffer *et al.*, *Doctorate Recipients from United States Universities: Summary Report 2005*. Chicago: National Opinion Research Center, Universidade de Chicago, 2006, p. 15.
7. Veja Thomas Sowell, *Affirmative Action Around the World: An Empirical Study*. New Haven: Yale University Press, 2004, p. 67.
8. Algumas destas várias e amplas diferenças foram elaboradas na minha trilogia *Migrations and Cultures*. Nova York: Basic Books, 1996; *Conquests and Cultures*. Nova York: Basic Books, 1998, e *Race and Culture*. Nova York: Basic Books, 1994.
9. The Economist, *Pocket World in Figures, 2007*. Londres: Profile Books Ltd., 2006, p. 20.
10. Bernard Lewis, *The Jews of Islam*. Princeton: Princeton University Press, 1984, p. 129, 214.

11. *Ibidem*, p. 134-135; Jane S. Gerber, *The Jews of Spain*. Nova York: The Free Press, 1992, p. 163-164.
12. Bernard Lewis, *The Jews of Islam*, p. 133.
13. Aryeh Shmuelevitz, *The Jews of the Ottoman Empire in the Late Fifteenth and the Sixteenth Centuries: Administrative, Economic, Legal and Social Relations as Reflected in the Responsa*. Leiden, Holanda: E.J. Brill, 1984, p. 128-129, 135, 136.
14. Stephan Thernstrom e Abigail Thernstrom, *America in Black and White*, p. 233.
15. U.S. Bureau of the Census, "The Social and Economic Status of the Black Population in the United States: An Historical View, 1790-1978", *Current Population Reports*, ser. P-23, n. 80. Washington: Bureau of the Census, [s.d.], p. 74.
16. *Historical Statistics of the United States: Earliest Times to the Present*. Edição do Milênio, vol. 2. Nova York: Cambridge University Press, 2006, p. 660.
17. Daniel J. Boorstin, *The Americans*, vol. II: The National Experience. Nova York: Random House, 1965, p. 203.
18. Compare com Robert C. Davis, *Christian Slaves, Muslim Masters: White Slavery in the Mediterranean, the Barbary Coast, and Italy, 1500-1800*. Nova York: Palgrave Macmillan, 2003, p. 23; Philip D. Curtin, *The Atlantic Slave Trade: A Census*. Madison: University of Wisconsin Press, 1969, p. 72, 87, 91.
19. Ver, por exemplo, R. W. Beachey, *The Slave Trade of Eastern Africa*. Nova York: Harper & Row, 1976, p. 137; Ehud R. Toledano, *The Ottoman Slave Trade and Its Suppression: 1840-1890*. Princeton: Princeton University Press, 1982, p. 66-67.
20. Robert C. Davis, *Christian Slaves, Muslim Masters*, p. 7, 15.
21. Thomas Jefferson, *The Papers of Thomas Jefferson*, vol. 1, org. Julian P. Boyd. Princeton: Princeton University Press, 1950, p. 426.
22. Herbert G. Gutman, *The Black Family in Slavery and Freedom, 1750-1925*. Nova York: Vintage Press, 1977, p. 231, 236, 238.
23. Orlando Patterson, *Slavery and Social Death*. Cambridge, Massachusetts: Harvard University Press, 1982, p. 55, 189.
24. John K. Fairbank, Edwin O. Reischauer e Albert M. Craig, *East Asia: Tradition and Transformation*. Boston: Houghton Mifflin Company, 1989, p. 509.

NOTAS

25. "Names", *The New Encyclopedia Britannica*. Chicago: Encyclopedia Britannica, Inc., 1991, vol. 24, p. 731.
26. Herbert G. Gutman, *The Black Family in Slavery and Freedom*, p. 230, 236-237.
27. A maioria das estimativas da quantidade de africanos escravizados por europeus está abaixo de 12 milhões, enquanto a quantidade de africanos escravizados por árabes costuma ficar na casa dos 14 milhões. Ver, por exemplo, Philip D. Curtin, *The Atlantic Slave Trade: A Census*, p. 87; Hugh Thomas, *The Slave Trade: The Story of the Atlantic Slave Trade, 1440-1870*. Nova York: Simon & Schuster, 1997, p. 862 e apêndice 3; Ralph A. Austen, "The Trans-Saharan Slave Trade: A Tentative Census". In: Henry A. Gemery e Jan S. Hogendorn (orgs.), *The Uncommon Market*. Nova York: Academic Press, 1979, p. 66, 68, 69; Ronald Segal, *Islam's Black Slaves*. Nova York: Farrar, Straus and Giroux, 2001, p. 57.
28. Herbert G. Gutman, *The Black Family in Slavery and Freedom*, p. 32, 45; Leon F. Litwack, *Been in the Storm So Long*. Nova York: Alfred A. Knopf, 1979, p. 238.
29. Henry A. Walker, "Black-White Differences in Marriage and Family Patterns". In: Sanford M. Dornbusch e Myra H. Strober (orgs.), *Feminism, Children and the New Families*. Nova York: The Guilford Press,1988, p. 92.
30. U.S. Bureau of the Census, *Historical Statistics of the United States: Colonial Times to 1957*. Washington, D.C.: U.S. Government Printing Office, 1960, p. 72.
31. U.S. Bureau of the Census, *Trends in Premarital Childbearing: 1930 to 1994*, Special Studies, ser. P23-197, p. 2.
32. U.S. Bureau of the Census, "The Black Population in the United States: March 1994 and 1993", *Current Population Reports*, ser. P20-480, p. 16.
33. Stephan Thernstrom e Abigail Thernstrom, *America in Black and White*, p. 238.
34. U.S. Bureau of the Census, "Households, Families and Children: A 30-Year Perspective", *Current Population Reports*, ser. P23-181, p. 32.
35. U.S. Bureau of the Census, "Historical Poverty Tables: Table 4", Current Population Survey, Annual Social and Economic Supplements. Disponível

em: <http://www.census.gov/hhes/www/poverty/histpov/hstpov4.html>. Acesso em: 29 jun. 2007.
36. Ver, por exemplo, "The Frayed Knot", *The Economist*, 26 mai. 2007, p. 23-25.
37. Ver, por exemplo, meu livro *Black Rednecks and White Liberals*. São Francisco: Encounter Books, 2005, p. 1-27.
38. Davidson M. Douglas, *Jim Crow Moves North: The Battle over Northern School Segregation, 1865-1954*. Nova York: Cambridge University Press, 2005, p. 16.
39. Alexis de Tocqueville, *Democracy in America*, vol. I. Nova York: Alfred A. Knopf, 1966, p. 365; Frederick Law Olmsted, *The Cotton Kingdom: A Traveller's Observations on Cotton and Slavery in the American Slave States*, Arthur M. Schlesinger (org.). Nova York: Modern Library, 1969, p. 476n, 614-622; Hinton Rowan Helper, *The Impending Crisis of the South: How to Meet It*, edição ampliada. Nova York: A. B. Burdick, 1860, p. 34.
40. Ver meu livro *Black Rednecks and White Liberals*, p. 3-6.
41. Ulrich Bonnell Phillips, *The Slave Economy of the Old South: Selected Essays in Economic and Social History*, Eugene D. Genovese (org.). Baton Rouge: Louisiana State University Press, 1968, p. 269.
42. H.J. Butcher, *Human Intelligence: Its Nature and Assessment*. Nova York: Harper & Row, 1968, p. 252.
43. Stephan Thernstrom e Abigail Thernstrom, *America in Black and White*, p. 354-355.
44. *Ibidem*, p. 159.
45. *Ibidem*, p. 162.
46. U.S. Bureau of the Census, *We the People: Blacks in the United States*, Relatórios Especiais do Censo do Ano 2000, ago. 2005, p. 13, 14.
47. *Ibidem*, p. 15, 16.
48. *Ibidem*, p. 7.
49. D. John Grove, "Restructuring the Cultural Division of Labor in Malaysia and Sri Lanka", *Comparative Political Studies*, jul. 1986, p. 190-193.
50. Merle Lipton, *Capitalism and Apartheid: South Africa, 1910-1984*. Totowa, N.J.: Rowman and Allanheld, 1985, p. 209.
51. Harry J. Holzer, Steven Raphael e Michael A. Stoll, "Perceived Criminality, Criminal Background Checks, and the Racial Hiring Practices of Employers", *Journal of Law & Economics*, out. 2006, p. 452, 473.

52. Stephan Thernstrom e Abigail Thernstrom, *America in Black and White*, p. 37.
53. *Ibidem*, p. 354-355.
54. U.S. Bureau of the Census, *Current Population Reports*, ser. P-20, n. 366. Washington, D.C.: U.S. Government Printing Office, 1981, p. 182, 184.
55. Richard B. Freeman, *Black Elite*. Nova York: McGraw-Hill, 1976, cap. 4.
56. *Ibidem*, p. 88.
57. Richard J. Herrnstein; Charles Murray, *The Bell Curve: Intelligence and Class Structure in American Life*. Nova York: The Free Press, 1994, p. 323.
58. Stephan Thernstrom; Abigail Thernstrom, *America in Black and White*, p. 446.
59. Um exemplo precoce foi David Caplovitz, *The Poor Pay More*. Nova York: Free Press of Glencoe, 1967. Mas veja uma crítica às suas conclusões feita por Walter Williams, "Why the Poor Pay More: An Alternative Explanation", *Social Science Quarterly*, set. 1973, p. 375-379.
60. Walter E. Williams, *The State Against Blacks*. Nova York: McGraw-Hill, 1982, p. 31.
61. Glenn B. Canner *et al.*, "Home Mortgage Disclosure Act: Expanded Data on Residential Lending", *Federal Reserve Bulletin*, nov. 1991, p. 870.
62. *Ibidem*, p. 859, 867, 868, 875.
63. Jesse Jackson, "Racism is the Bottom Line in Home Loans", *Los Angeles Times*, 28 out. 1991, p. B5.
64. Joël Glenn Brenner, "Mortgage Loan Bias Persists, Fed Finds", *Washington Post*, 28 out. 1992, p. A1 ff.
65. Glenn B. Canner *et al.*, "Home Mortgage Disclosure Act: Expanded Data on Residential Lending", *Federal Reserve Bulletin*, nov. 1991, p. 870; Glenn B. Canner e Dolores S. Smith, "Expanded HMDA Data on Residential Lending: One Year Later", *Federal Reserve Bulletin*, nov. 1992, p. 807, 808.
66. Edmund L. Andrews, "Blacks Hit Hardest by Costlier Mortgages", *New York Times*, 14 set. 2005, p. C17.
67. Glenn B. Canner *et al.*, "Home Mortgage Disclosure Act: Expanded Data on Residential Lending", *Federal Reserve Bulletin*, nov. 1991, p. 865.
68. *Ibidem*, p. 865n.

69. Alicia H. Munnell *et al.*, "Mortgage Lending in Boston: Interpreting HMDA Data", Federal Reserve Bank of Boston, Working Paper n. 92-7, out. 1992, p. 25.
70. Glenn B. Canner *et al.*, "Home Mortgage Disclosure Act: Expanded Data on Residential Lending", *Federal Reserve Bulletin*, nov. 1991, p. 869.
71. *Ibidem*.
72. Ver, por exemplo, meu livro *Civil Rights: Rhetoric or Reality?*. Nova York: William Morrow, 1984, p. 130-131.
73. Alicia H. Munnell *et al.*, "Mortgage Lending in Boston: Interpreting HMDA Data", *op. cit.*, p. 44.
74. Bob Zelnick, *Backfire: A Reporter's Look at Affirmative Action*. Washington: Regenery Publishing, Inc., 1996, p. 330.
75. Peter Brimelow e Leslie Spencer, "The Hidden Clue", *Forbes*, 4 jan. 1993, p. 48.
76. *Ibidem*.
77. *Ibidem*.
78. Ver o *Wall Street Journal* de 16 ago. 2001 numa matéria de primeira página chamada "As Economy Slows, 'Subprime' Lending Looks Even Riskier."
79. Rochelle Sharpe, "Losing Ground: In Latest Recession, Only Blacks Suffered Net Employment Loss", *Wall Street Journal*, 14 set. 1993, p. A14.
80. W. E. B. DuBois, *The Philadelphia Negro: A Social Study*. Nova York: Schocken Books, 1967, p. 395.
81. Senator Edward W. Brooke, *Bridging the Divide: My Life*. New Brunswick: Rutgers University Press, 2007, p. 4.
82. Ver Theodore Dalrymple, *Life at the Bottom: The Worldview That Makes the Underclass*. Chicago: Ivan R. Dee, 2001.
83. Joyce Lee Malcolm, *Guns and Violence: The English Experience*. Cambridge, Massachusetts: Harvard University Press, 2002, p. 164-166.

7. Fatos e falácias do Terceiro Mundo

1. Fernand Braudel, *The Mediterranean and the Mediterranean World in the Age of Philip II*, vol. I. Berkeley: University of California Press, 1995, p. 35.

NOTAS

2. Fernand Braudel, *A History of Civilizations*, traduzido por Richard Mayne. Nova York: The Penguin Group, 1994, p. 124.
3. Ver, por exemplo, Thomas Sowell, *Conquests and Cultures: An International History.* Nova York: Basic Books, 1998, p. 101-109.
4. Barbara F. Grimes (org.), *Ethnologue: Languages of the World*, vol. I, 14ª ed. Dallas: SIL International, 2000, p. 846; Thomas M. McDevitt, *World Population Profile: 1998.* Washington: U.S. Agency for International Development and U.S. Department of Commerce, 1999, p. A-5.
5. Veja meu livro *Conquests and Cultures*, p. 101-109, 175-177.
6. The Economist, *Pocket World in Figures.* Londres: Profile Books Ltd, 2007, p. 29.
7. *Ibidem*, p. 29, 52-55.
8. John Kay, *Culture and Prosperity: The Truth About Markets — Why Some Nations Are Rich but Most Remain Poor.* Nova York: HarperBusiness, 2004, p. 27; *The World Almanac, 2005.* Nova York: World Almanac Books, 2005, p. 790-791, 834, 843, 845.
9. William Easterly, *The White Man's Burden: Why the West's Efforts to Aid the Rest Have Done So Much Ill and So Little Good.* Nova York: The Penguin Press, 2006, p. 41.
10. Deepak Lal, *Reviving the Invisible Hand.* Princeton: Princeton University Press, 2006, p. 136.
11. Winston S. Churchill, *A History of the English-Speaking Peoples*, vol. 1. Nova York: Dorset Press, 1956, p. 39.
12. *Apud* Bernard Lewis, *The Muslim Discovery of Europe.* Nova York: W. W. Norton, 1982, p. 139.
13. The Economist, *Pocket World in Figures, op. cit.*, p. 29, 176.
14. *Ibidem*, p. 72.
15. William W. Finan, Jr., "The Indian Way", *Current History*, abr. 2007, p. 189.
16. The Economist, *Pocket World in Figures, op. cit.*, p. 20.
17. John Kay, *Culture and Prosperity*, p. 283-284.
18. "Poverty and Property Rights", *The Economist*, 31 mar. 2001, p. 20-22; Hernando de Soto, *The Mystery of Capital.* Nova York: Basic Books, 2000, p. 20, 33-34.

19. William Easterly, *The White Man's Burden*, p. 81.
20. The Economist, *Pocket World in Figures, op. cit.*, p. 110, 156, 168, 234.
21. P. T. Bauer, *Equality, the Third World and Economic Delusion*. Cambridge, Massachusetts: Harvard University Press, 1981, p. 43.
22. Ver, por exemplo, meu livro *Migrations and Cultures*. Nova York: Basic Books, 1996, *Conquests and Cultures* e o ensaio, "Are Jews Generic?". In: *Black Rednecks and White Liberals*. São Francisco: Encounter Books, 2005.
23. Lawrence E. Harrison, *Underdevelopment Is a State of Mind*. Lanham, Maryland: University Press of America, 1985, p. 103.
24. *Ibidem*, p. 114.
25. *Ibidem*, p. 103.
26. The Economist, *Pocket World in Figures, op. cit.*, p. 110, 234.
27. Ver Stephen Steinberg, *The Ethnic Myth: Race, Ethnicity, and Class in America*. Nova York: Atheneum, 1981, p. 99-103.
28. Michael Wines, "As Inflation Soars, Zimbabwe Economy Plunges", *New York Times*, 7 fev. 2007, p. 1.
29. Citado em William Easterly, *The White Man's Burden*, p. 182.
30. *Ibidem*, p. 67.
31. *Ibidem*, p. 228.
32. Ver, por exemplo, um estudo realizado por dois economistas soviéticos, Nikolai Shmelev; Vladimir Popov, *The Turning Point: Revitalizing the Soviet Economy*. Nova York: Doubleday, 1989.
33. William Easterly, *The White Man's Burden*, p. 3.
34. Ver, por exemplo, meu livro *Migrations and Cultures*, cap. 7.
35. William Easterly, *The White Man's Burden*, p. 79-80.
36. John Kay, *Culture and Prosperity*, p. 280.
37. P. T. Bauer, *Equality, the Third World and Economic Delusion*, p. 88.

8. Considerações finais

1. Fred C. Koch, *The Volga Germans: In Russia and the Americas, from 1763 to the Present*. University Park: Pennsylvania State University Press, 1997, p. 195.

2. "Billionaire Bacchanalia", *Forbes*, 27 mar. 2006, p. 116; "Wild Wealth", *Forbes*, 26 mar. 2007, p. 104, 114.
3. Uma amostra dessas disparidades pode ser encontrada em diversos livros meus: *The Vision of the Anointed*. Nova York: Basic Books, 1995, p. 35-37; *Conquests and Cultures*. Nova York: Basic Books, 1998, p. 330; *Civil Rights: Rhetoric or Reality?*. Nova York: William Morrow & Co., 1984, p. 18-19.
4. Deepak Lal, *Reviving the Invisible Hand*. Princeton: Princeton University Press, 2006, p. 136.
5. Os índices de fatalidade em acidentes de automóvel caíram nos anos que se seguiram à legislação de segurança federal — mas haviam caído ainda mais nos anos anteriores à legislação de segurança federal. Veja meu livro *Applied Economics*. Nova York: Basic Books, 2004, p. 143-144. A participação de mercado da Standard Oil caiu depois de um processo judicial antitruste que se tornou um marco. Mas já havia caído durante vários anos antes daquele processo. Veja Richard Epstein, *Antitrust Consent Decrees in Theory and Practice: Why Less is More*. Washington: The AEI Press, 2007, p. 19.
6. Esta suposição implícita costuma ser transparente na condescendência sarcástica de "especialistas" em relação às decisões que as pessoas escolheram fazer para si próprias, como em Paul Knox, "Schlock and Awe", *The American Interest*, mar./abr. 2007, p. 58-67.
7. Charles Sanders Peirce, *Essays in the Philosophy of Science*. Nova York: Liberal Arts Press, 1957, p. 35.

Referências Bibliográficas

"A Guide to Womenomics", *The Economist*, 15 abr. 2006.
"As Economy Slows, 'Subprime' Lending Looks Even Riskier", *Wall Street Journal* de 16 ago. 2001.
"Billionaire Bacchanalia", *Forbes*, 27 mar. 2006.
"Construction Industry Association of Sonoma County v. The City of Petaluma", 522 F.2d 897, 1975. manuscrito.
"Corrections: For the Record", *New York Times*, 22 fev. 2007.
"Faculty Senate Report", *Stanford Report*, 14 mar. 2007.
"Faculty Senate Report", *Stanford Report*, 25 abr. 2007.
"LBJ's Great Society", *New York Times*, 7 mai. 1990.
"Mendicant Scholars", *The Economist*, 11 nov. 2006.
"Money Income in the United States: 2001", *Current Population Reports*, ser. P60-218. Washington: U.S. Bureau of the Census, 2002.
"Names", *The New Encyclopedia Britannica*. Chicago: Encyclopedia Britannica, Inc., vol. 24, 1991.
"Of Steroids and Scholarships: Eli Commish Talks to Spec", *Columbia Daily Spectator*, 8 fev. 1989.
"Poverty and Property Rights", *The Economist*, 31 mar. 2001.
"The Economic Role of Women", *The Economic Report of the President, 1973*. Washington, D.C.: U.S. Government Printing Office, 1973.

"The Frayed Knot", *The Economist*, 26 mai. 2007.
"The Hand that Rocks the Cradle", *The Economist*, mar. 4, 2006. p. 51.
"Wild Wealth", *Forbes*, 26 mar. 2007.
ABBOUD, Leila; CLEVSTROM, Jenny. "Stockholm's Syndrome", *Wall Street Journal*, 29 ago. 2006.
ADAMS, Russell. "The New Big Shots of the Gridiron", *Wall Street Journal*, 6 jan. 2007.
ANDREWS, Edmund L. "Blacks Hit Hardest by Costlier Mortgages", *New York Times*, 14 set. 2005.
ANN HEWLETT, Sylvia; LUCE, Carolyn Buck. "Extreme Jobs: The Dangerous Allure of the 70-Hour Workweek", *Harvard Business Review*, dez. 2006.
ARON, Leon *Yeltsin*. Nova York: St. Martin's Press, 2000.
ASTIN, Helen S. *The Woman Doctorate in America*. Nova York: Russell Sage Foundation, 1969.
AUSTEN, Ralph A. "The Trans-Saharan Slave Trade: A Tentative Census". In: GEMERY, Henry A.; HOGENDORN, Jan S. (orgs.). *The Uncommon Market*. Nova York: Academic Press, 1979.
BAKER, Laurence C. "Differences in Earnings Between Male and Female Physicians", *The New England Journal of Medicine*, 11 abr. 1996, p. 960.
BALAKER, Ted; STALEY, Sam. *The Road More Traveled: Why the Congestion Crisis Matters More Than You Think and What We Can Do About It*. Lanham: Rowman and Littlefield, 2006.
BARTLETT, Thomas. "Selling Out: A Textbook Example", *Chronicle of Higher Education*, 27 jun. 2003.
BAUER, P. T. *Equality, the Third World and Economic Delusion*. Cambridge, Massachusetts: Harvard University Press, 1981.
BAUMLER, Scott. "Undergraduate Origins of Doctorate Recipients", Office of Institutional Research, Grinnell College, 20 out. 2006.
BAYER, Alan E. *College and University Faculty: A Statistical Description*. Washington: American Council on Education, jun. 1970.
BEACHEY, R. W. *The Slave Trade of Eastern Africa*. Nova York: Harper & Row, 1976.

REFERÊNCIAS BIBLIOGRÁFICAS

BERNARD, Jessie. *Academic Women*. University Park: Pennsylvania State University Press, 1964.

BERTRAND, Marianne; HALLOCK, Kevin. "The Gender Gap in Top Corporate Jobs", *Industrial & Labor Relations Review,* out. 2001.

BLAU, Francine D.; KAHN, Lawrence M. "Swimming Upstream: Trends in the Gender Wage Differential in the 1980s", *Journal of Labor Economics,* January 1997.

BLAU, Francine D.; KAHN, Lawrence M. "Gender Differences in Pay", *Journal of Economic Perspectives,* 2º sem. 2000, p. 83.

BOK, Derek. *Our Underachieving Colleges*. Princeton: Princeton University Press, 2006. p. 55.

BOORSTIN, Daniel J. *The Americans*, vol. II: The National Experience. Nova York: Random House, 1965.

BRAUDEL, Fernand. *The Mediterranean and the Mediterranean World in the Age of Philip II*, vol. I. Berkeley: University of California Press, 1995.

_____. *A History of Civilizations*. Tradução de Richard Mayne. Nova York: The Penguin Group, 1994.

BRENNER, Joël Glenn. "Mortgage Loan Bias Persists, Fed Finds", *Washington Post*, 28 out. 1992.

BRIMELOW, Peter; SPENCER, Leslie. "The Hidden Clue", *Forbes*, 4 jan. 1993.

BRUEGMANN, Robert. *Sprawl: S Compact History*. Chicago: Universidade de Chicago, 2005.

BURROWS, Edwin G.; MIKE, Wallace. *Gotham: A History of New York City to 1898*. Nova York: Oxford University Press, 1999.

BUTCHER, H.J. *Human Intelligence: Its Nature and Assessment*. Nova York: Harper & Row, 1968.

CANNER, Glenn B.; SMITH, Dolores S. "Expanded HMDA Data on Residential Lending: One Year Later", *Federal Reserve Bulletin*, nov. 1992.

CANNER, Glenn B. *et al.*, "Home Mortgage Disclosure Act: Expanded Data on Residential Lending", *Federal Reserve Bulletin*, nov. 1991.

CAPLOVITZ, David. *The Poor Pay More*. Nova York: Free Press of Glencoe, 1967.

CAPLOW, Theodore et al. *The First Measured Century: An Illustrated Guide to Trends in America, 1900-2000*. Washington: The AEI Press, 2001.

CHURCHILL, Winston S. *A History of the English-Speaking Peoples*, vol. I. Nova York: Dorset Press, 1956.

CLEMENS, Jason; EMES, Joel. "Time Reveals the Truth about Low Income", *Fraser Forum*, The Fraser Institute, Vancouver, Canadá: [s.n.], [s.d.].

CLOTFELTER, Charles T. *Buying the Best*. Princeton: Princeton University Press, 1996.

COX, W. Michael; ALM, Richard. *Myths of Rich & Poor: Why We're Better Off Than We Think*. Nova York: Basic Books, 1999.

COYLE, Sthepen. "Palo Alto: A Far Cry from *Euclid*". In: HAGLER, Thomas M. (org.), *Land Use and Housing on The San Francisco Peninsula*. Stanford: Stanford Environmental Law Society, 1983.

CURTIN, Dave. "CU Law Tuition Could Rise by $6,000", *Denver Post*, 8 set. 2003.

CURTIN, Philip D. *The Atlantic Slave Trade: A Census*. Madison: University of Wisconsin Press, 1969.

DALRYMPLE, Theodore. *Life at the Bottom: The Worldview That Makes the Underclass*. Chicago: Ivan R. Dee, 2001.

DARWISH, Nonie. *Now They Call Me Infidel*. Nova York: Sentinel, 2006.

DAVIS, Robert C. *Christian Slaves, Muslim Masters: White Slavery in the Mediterranean, the Barbary Coast, and Italy, 1500-1800*. Nova York: Palgrave Macmillan, 2003.

DOUGLAS, Davidson M. *Jim Crow Moves North: The Battle over Northern School Segregation, 1865-1954*. Nova York: Cambridge University Press, 2005.

DUBOIS, W. E. B. *The Philadelphia Negro: A Social Study*. Nova York: Schocken Books, 1967.

EASTERLY, William. *The White Man's Burden: Why the West's Efforts to Aid the Rest Have Done So Much Ill and So Little Good*. Nova York: The Penguin Press, 2006.

ENGLAND, Paula. "Gender Inequality in Labor Markets: The Role of Motherhood and Segregation", *Social Politics: International Studies in Gender, State & Society*, vol. 12, n. 2, 1º sem. 2005.

REFERÊNCIAS BIBLIOGRÁFICAS

EPSTEIN, Richard. *Antitrust Consent Decrees in Theory and Practice: Why Less is More.* Washington: The AEI Press, 2007.

Equal Employment Opportunity Commission v. Sears, Roebuck & Company, 839 F.2d 302 at 311, 360.

Fairbank, John K.; Reischauer, Edwin O.; Craig, Albert M. *East Asia: Tradition and Transformation.* Boston: Houghton Mifflin Company, 1989.

FARRELL, Elizabeth F.; VAN DER WERF, Martin. "Playing the Rankings Game", *Chronicle of Higher Education*, 25 mai. 2007.

FARRELL, Warren. *Why Men Earn More: The Startling Truth behind the Pay Gap and What Women Can Do About It.* Nova York: Amacom, 2005.

FEDERAL RESERVE BANK OF DALLAS, *Annual Report: 1995.*

FIELD, Kelly. "Education Department Hears From Students in Rule- Making Session", *Chronicle of Higher Education*, 24 nov. 2006.

FINAN, Jr., William W. "The Indian Way", *Current History*, abr. de 2007.

FISCHEL, William A. *Regulatory Takings: Law, Economics, and Politics.* Cambridge, Massachusetts: Harvard University Press, 1995.

FLEISCHER, Ari. "The Taxpaying Minority", *Wall Street Journal*, 16 abr. 2007.

FOSTER CITY HISTORICAL SOCIETY, *Images of America: Foster City.* São Francisco: Arcadia Publishing, 2005.

FREEMAN, Richard B. *Black Elite.* Capítulo 4. Nova York: McGraw-Hill, 1976.

FULBRIGHT, Leslie. "S.F. Moves to Stem African American Exodus", *San Francisco Chronicle,* 9 abr. 2007.

FURCHTGOTT-ROTH, Diana; STOLBA, Christine. *Women's Figures: An Illustrated Guide to the Economic Progress of Women in* America. Washington: American Enterprise Institute, 1999.

GANS, Herbert. *The Urban Villagers: Group and Class in the Life of Italian-Americans.* (edição atualizada e expandida). Nova York: The Free Press, 1982.

GELINAS, Nicole. "Houston's Noble Experiment", *City Journal,* 1º sem. 2006.

GERBER, Jane S. *The Jews of Spain.* Nova York: The Free Press, 1992.

GLAESER, Edward L.; GYOURKO, Joseph; SAKS, Raven. "Why is Manhattan so Expensive? Regulation and the Rise in Housing Prices", *Journal of Law & Economics*, out. 2005.

GORDON, Michael E. "When B's Are Better", *Chronicle of Higher Education*, 11 ago. 2006, p. B10.

GRAHAM, Donald E. "The Gray Lady's Virtue", *Wall Street Journal*, 23 abr. 2007, p. A17.

GRAVOIS, John. "Tracking the Invisible Faculty", *Chronicle of Higher Education*, 15 dez. 2006.

GREEN, David. *Poverty and Benefit Dependency*. Wellington: New Zealand Business Roundtable, 2001.

GREENBERG, Daniel S. "A New Source of Research Money", *Chronicle of Higher Education*, 2 mar. 2007.

GREENHOUSE, Steven; BARBARO, Michael. "Costco Bias Suit Is Given Class-Action Status", *New York Times,* January 12, 2007.

GRIMES, Barbara F. (org). *Ethnologue: Languages of the World*, vol. I. 14ª edição. Dallas: SIL International, 2000.

GROVE, D. John. "Restructuring the Cultural Division of Labor in Malaysia and Sri Lanka", *Comparative Political Studies*, julho de 1986.

GUTMAN, Herbert G. *The Black Family in Slavery and Freedom, 1750-1925*. Nova York: Vintage Press, 1977.

HARRISON, Lawrence E. *Underdevelopment Is a State of Mind*. Lanham, Maryland: University Press of America, 1985.

HATTIANGADI, Anita U.; HABIB, Amy M. *A Closer Look at Comparable Worth*. 2ª edição. Washington: Employment Policy Foundation, 2000.

HEILBRONER, Robert; THUROW, Lester. *Economics Explained*. edição revista e atualizada. Nova York: Touchstone, 1994.

HELPER, Hinton. Rowan *The Impending Crisis of the South: How to Meet It*. edição ampliada. Nova York: A. B. Burdick, 1860.

HERBERT, Bob. "The Millions Left Out", *New York Times*, 12 mai. 2007.

HERRNSTEIN, Richard J.; MURRAY, Charles. *The Bell Curve: Intelligence and Class Structure in American Life*. Nova York: The Free Press, 1994.

Historical Statistics of the United States: Earliest Times to the Present, vol. 1. Edição do Milênio. Nova York: Cambridge University Press, 2006.

Historical Statistics of the United States: Earliest Times to the Present, vol. 2. Edição do Milênio. Nova York: Cambridge University Press, 2006.

REFERÊNCIAS BIBLIOGRÁFICAS

HOFFER, Thomas B. *et al. Doctorate Recipients from United States Universities: Summary Report 2005.* Chicago: National Opinion Research Center, Universidade de Chicago, 2006.

HOLZER, Harry J.; RAPHAEL, Steven; STOLL, Michael A. "Perceived Criminality, Criminal Background Checks, and the Racial Hiring Practices of Employers", *Journal of Law & Economics*, out. 2006.

HOOD, Clifton. *722 Miles: The Building of the Subways and How they Transformed New York.* Nova York: Simon & Schuster, 1993.

HUSOCK, Howard. "Let's End Housing Vouchers", *City Journal*, 2º sem. 2000.

HYMOWITZ, Carol. "A Different Track", *Wall Street Journal*, abr. 16, 2007.

_____. "Any College Will Do", *Wall Street Journal*, 18 set. 2006.

ILG, Randy E. "Change in Employment by Occupation, Industry, and Earnings Quartile, 2000-05", *Monthly Labor Review,* dez. 2006.

JACKSON, Jesse. "Racism is the Bottom Line in Home Loans", *Los Angeles Times*, 28 out. 1991.

JACOBS, Jane. *The Death and Life of Great American Cities.* Nova York: Vintage Books, 1992.

JEFFERSON, Thomas. *The Papers of Thomas Jefferson*, vol. 1. Julian P. Boyd (org.). Princeton: Princeton University Press, 1950.

JOHNSON, Greg. "Coaches' Pay Puts Colleges to the Test", *Los Angeles Times*, 16 jan. 2007, p. A1 ss.

JORDAN, Miriam. "In Tony Monterey County, Slums and a Land War", *Wall Street Journal*, 26, 27 ago. 2006.

WILSON, William Julius. *When work Disappears: The World of the New Urban Poor.* Nova York: Alfred A. Knopf, 1997.

KASLOW, Amy. "Growing American Economy Leaves Middle Class Behind", *Christian Science Monitor*, 1º nov. 1994.

KAY, John. *Culture and Prosperity: The Truth About Markets — Why Some Nations Are Rich but Most Remain Poor.* Nova York: HarperBusiness, 2004.

KCKINNON, D. John. "Bush Plays Traffic Cop in Budget Request", *Wall Street Journal*, 5 fev. 2007.

KNOX, Paul. "Schlock and Awe", *The American Interest*, mar./abr. de 2007.

KOCH, Fred C. *The Volga Germans: In Russia and the Americas, from 1763 to the Present*. University Park: Pennsylvania State University Press, 1997.

KRUGMAN, Paul. *Peddling Prosperity: Economic Sense e Nonsense in the Age of Diminished Expectations*. Nova York: W.W. Norton & Company, 1994.

LAL, Deepak. *Reviving the Invisible Hand*. Princeton: Princeton University Press, 2006.

OLMSTED, Frederick Law. *The Cotton Kingdom: A Traveller's Observations on Cotton and Slavery in the American Slave States*, Arthur M. Schlesinger (org.). Nova York: Modern Library, 1969.

LEE, Sharon M.; FERNANDEZ, Marilyn. "Trends in Asian American Racial/Ethnic Intermarriage: A Comparison of 1980 and 1990 Census Data", *Sociological Perspectives*, vol. 41, n. 2, 1998.

LEEF, George C.; BURRIS, Roxana D. *Can College Accreditation Live Up to Its Promise?*. Washington: American Council of Trustees and Alumni, [s.d.].

LEONHARDT, David. "Defining the Rich in the World's Wealthiest Nation", *New York Times*, 12 jan. 2003, seç. 4.

_____. "Scant Progress on Closing Gap In Women's Pay", *New York Times*, 24 dez. 2006.

LEWIN, Tamar. "At Colleges, Women are Leaving Men in the Dust", *New York Times*, 9 jul. 2006.

LEWIS, Bernard. *The Jews of Islam*. Princeton: Princeton University Press, 1984.

_____. *The Muslim Discovery of Europe*. Nova York: W. W. Norton, 1982.

LEWIS, Harry R. *Excellence Without a Soul: How a Great University Forgot Education*. Nova York: Public Affairs, 2006.

LIPTON, Merle. *Capitalism and Apartheid: South Africa, 1910-1984*. Totowa, N.J.: Rowman and Allanheld, 1985.

LITWACK, Leon F. *Been in the Storm So Long*. Nova York: Alfred A. Knopf, 1979.

LUBINSKI, David; BENBOW, Camilla Persson. "Study of Mathematically Precocious Youth After 35 Years", *Perspectives on Psychological Science*, dez. 2006.

M. DE FIGUEIREDO, John; SILVERMAN, Brian S. "Academic Earmarks and the Returns to Lobbying", *Journal of Law & Economics*, out. 2006.

REFERÊNCIAS BIBLIOGRÁFICAS

MALCOLM, Joyce Lee. *Guns and Violence: The English Experience*. Cambridge, Massachusetts: Harvard University Press, 2002.

MCDEVITT, Thomas M. *World Population Profile: 1998*. Washington: U.S. Agency for International Development and U.S. Department of Commerce, 1999.

MCDOWELL, John M. "Obsolescence of Knowledge and Career Publication Profiles: Some Evidence of Differences Among Fields in Costs of Interrupted Careers", *American Economic Review*, vol. 72, n. 4, set. 1982.

MCGEEHAN, Patrick. "After Century, Room and Board in City Still Sting", *New York Times*, 20 mai. 2006.

MCPHERSON, James M. "White Liberals and Black Power in Negro Education, 1865-1915", *American Historical Review*, vol. 75, n. 5, June 1970.

MCWHORTER, John. *Winning the Race: Beyond the Crisis in Black America*. Nova York: Gotham Books, 2005.

MEECE, Mickey. "What Do Women Want? Just Ask", *New York Times*, 29 out. 2006, seç. 3.

MENON, Gopinath. "Congestion Pricing: The Singapore Experience". In: ROTH, Gabriel (org.). *Street Smart: Competition, Entrepreneurship, and the Future of Roads*. New Brunswick, N.J.: Trasaction Publishers, 2006.

MILLMAN, Sierra. "For the First Time in 3 Years, Faculty Salaries Beat Inflation", *Chronicle of Higher Education*, 20 abr. 2007.

MORRIS, Edmund. *The Rise of Theodore Roosevelt*. Nova York: Modern Library, 1979.

MUNNELL, Alicia H. *et al.*, "Mortgage Lending in Boston: Interpreting HMDA Data", Federal Reserve Bank of Boston, Working Paper n. 92-7, outubro de 1992.

MURRAY, Charles. "The Inequality Taboo", *Commentary*, set. 2005.

O'TOOLE, Randal. "The High Price of Land-Use Planning", *San Francisco Chronicle*, 22 mai. 2006.

_____. *The Planning Penalty: How Smart Growth Makes Housing Unaffordable*. Oakland: The Independent Institute, 2006.

O'NEILL, June. "The Gender Gap in Wages, circa 2000", *American Economic Review*, May 2003.

PARRISH, John B. "Professional Womanpower as a National Resource", *Quarterly Review of Economics & Business*, fev. 1961.

PATTERSON, Orlando. *Slavery and Social Death*. Cambridge, Massachusetts: Harvard University Press, 1982.

PHILLIPS, Ulrich Bonnell. *The Slave Economy of the Old South: Selected Essays in Economic and Social History*, Eugene D. Genovese (org.). Baton Rouge: Louisiana State University Press, 1968.

POWELL, Jim. *FDR's Folly*. Nova York: Crown Forum, 2003.

POWELL, David J. "LSA's Road to Insanity", *Michigan Review*, Universidade de Michigan, dez. 1990.

PUTKA, Gary. "Colleges Cancel Aid Meetings Under Scrutiny", *Wall Street Journal*, 12 mar. 1991.

RECTOR, Robert. "The Myth of Widespread American Poverty", *The Heritage Foundation Backgrounder*, n. 1221, 18 set. 1998.

RECTOR, Robert; HEDERMAN, Rea. S. *Income Inequality: How Census Data Misrepresent Income Distribution*. Washington: The Heritage Foundation, 1999.

REYNOLDS, Alan. *Income and Wealth*. Westport: Greenwood Press, 2006.

ROSOVSKY, Henry. *The University: Na Owner's Manual*. Nova York: W.W. Norton & Co., 1990.

ROZHON, Tracie. "Housing Market Heats Up Again in New York City", *New York Times*, 19 fev. 2007.

Peirce, Charles Sanders. *Essays in the Philosophy of Science*. Nova York: Liberal Arts Press, 1957.

SAUNDERS, Peter *Poor. Statistics: Getting the Facts Right About Poverty in Australia*. St. Leonards, Australia: Centre for Independent Studies, 2002.

SCOTT, Janny; LEONHARDT, David. "Class in America: Shadowy Lines That Still Divide", *New York Times*, 15 mai. 2005.

SEGAL, Ronald. *Islam's Black Slaves*. Nova York: Farrar, Straus and Giroux, 2001.

SELINGO, Jeffrey. "Trustees: More Willing Than Ready", *Chronicle of Higher Education*, 11 mai. 2007.

SENATOR BROOKE, Edward W. *Bridging the Divide: My Life*. New Brunswick: Rutgers University Press, 2007.

REFERÊNCIAS BIBLIOGRÁFICAS

SHARPE, Rochelle. "Losing Ground: In Latest Recession, Only Blacks Suffered Net Employment Loss", *Wall Street Journal*, 14 set. 1993.

SHAW, Bernard. *The Intelligent Woman's Guide to Socialism and Capitalism*. Nova York: Brentano's Publishers, 1928.

SHEPHERD, George B.; SHEPHERD, William G. "Scholarly Restraints? ABA Accreditation and Legal Education", *Cardozo Law Review*, jul. 1998.

SHLAES, Amity. *The Forgotten Man: A New History of the Great Depression*. Nova York: HarperCollins, 2007.

SHMELEV, Nikolai; POPOV, Vladimir. *The Turning Point: Revitalizing the Soviet Economy*. Nova York: Doubleday, 1989.

SHMUELEVITZ, Aryeh. *The Jews of the Ottoman Empire in the Late Fifteenth and the Sixteenth Centuries: Administrative, Economic, Legal and Social Relations as Reflected in the Responsa*. Leiden, Holanda: E.J. Brill, 1984.

SMITH, Adam. *The Theory of Moral Sentiments*. Indianapolis: Liberty Classics, 1976.

SORKIN, Andrew Ross; DASH, Eric. "Private Firms Lure C.E.O.s With Top Pay", *New York Times*, 8 jan. 2007.

SOTO, Hernando de. *The Mystery of Capital*. Nova York: Basic Books, 2000.

SOWELL, Thomas. *Affirmative Action Around the World: An Empirical Study*. New Haven: Yale University Press, 2004.

SOWELL, Thomas. *Applied Economics*. Nova York: Basic Books, 2004.

_____. *Basic Economics*. 3ª edição. Nova York: Basic Books, 2007.

_____. *Black Rednecks and White Liberals*. San Francisco: Encounter Books, 2005.

_____. *Civil Rights: Rhetoric or Reality?*. Nova York: William Morrow & Co., 1984.

_____. *Conquests and Cultures: An International History*. Nova York: Basic Books, 1998.

_____. *Education: Assumptions versus History*. Stanford: Hoover Institution Press, 1986.

_____. *Inside American Education: The Decline, the Deception, the Dogmas*. Nova York: The Free Press, 1993.

_____. *Migrations and Cultures*. Nova York: Basic Books, 1996.

_____. *Race and Culture*. Nova York: Basic Books, 1994.

_____. *The Vision of the Anointed*. Nova York: Basic Books, 1995.

SQUATRIGLIA, Chuck. "A Million Acres", *San Francisco Chronicle*, 16 jul. 2006.

STANLEY, Thomas J.; DANKO, William D. *The Millionaire Next Door: The Surprising Secrets of America's Wealthy*. Atlanta: Longstreet Press, 1996.

STEINBERG, Stephen. *The Ethnic Myth: Race, Ethnicity, and Class in America*. Nova York: Atheneum, 1981.

STORY, Louise. "Many Women at Elite Colleges Set Career Path to Motherhood", *New York Times*, set. 20, 2005.

STUART MILL, John. "On Liberty". In: ROBSON, J.M. (org.). *Collected Works of John Stuart Mill*. v. XVIII: Essays on Politics and Society. Toronto: University of Toronto Press, 1977.

SUSSMAN, Arthur M. "University Governance through a Rose-Colored Lens: NLRB v. Yeshiva", *The Supreme Court Review*, v. 1980, [s.d.].

The Economist, *Pocket World in Figures, 2007*. Londres: Profile Books Ltd., 2006.

The World Almanac, 2005. Nova York: World Almanac Books, 2005.

THERNSTROM, Stephan; THERNSTROM, Abigail. *America in Black and White: One Nation, Indivisible*. Nova York: Simon & Schuster, 1997.

THOMAS, Hugh. *The Slave Trade: The Story of the Atlantic Slave Trade, 1440-1870*. Nova York: Simon & Schuster, 1997.

TOCQUEVILLE, Alexis de. *Democracy in America*. vol. I. Nova York: Alfred A. Knopf, 1966.

TOLEDANO, Ehud R. *The Ottoman Slave Trade and Its Suppression: 1840-1890*. Princeton: Princeton University Press, 1982.

Trends in Student Aid, The College Board, 2006.

U.S. BUREAU OF LABOR STATISTICS. *100 Years of U.S. Consumer Spending*. Washington: U.S. Department of Labor, 2006.

U.S. BUREAU OF THE CENSUS. *We the People: Women and Men in the United States*, Relatórios Especiais do Censo do Ano 2000, jan. 2005.

U.S. BUREAU OF THE CENSUS. "65+ in the United States: 2005". *Current Population Reports*. ser. P23-209. Washington: U.S. Government Printing Office, 2005.

REFERÊNCIAS BIBLIOGRÁFICAS

U.S. BUREAU OF THE CENSUS. "Changes in Median Household Income: 1969 a 1996". *Current Population Reports*. ser. P23-196. Washington: U.S. Government Printing Office, 2005.

U.S. BUREAU OF THE CENSUS. "Households, Families, and Children: A 30-Year Perspective". *Current Population Reports*. ser. P23-181. Washington: U.S. Government Printing Office, 2005.

U.S. BUREAU OF THE CENSUS. "Income, Poverty, and Health Insurance Coverage in the United States: 2004". *Current Population Reports*. ser. P60-229. Washington: US. Government Printing Office, 2005.

U.S. BUREAU OF THE CENSUS. "Money Income in the United States: 2000". *Current Population Reports*. ser. P60-213. Washington: U.S. Government Printing Office, 2001.

U.S. BUREAU OF THE CENSUS. "The Black Population in the United States: March 1994 and 1993". *Current Population Reports*. ser. P20-480. Washington: U.S. Government Printing Office, [s.d.].

U.S. BUREAU OF THE CENSUS. "The Social and Economic Status of the Black Population in the United States: An Historical View, 1790-1978". *Current Population Reports*. ser. P-23, n. 80. Washington: U.S. Government Printing Office, [s.d.].

U.S. BUREAU OF THE CENSUS. *Current Population Reports*. ser. P-20, n. 366. Washington, D.C.: U.S. Government Printing Office, 1981.

U.S. BUREAU OF THE CENSUS. *Evidence from Census 2000 About Earnings by Detailed Occupation for Men and Women*. Relatórios Especiais do Censo do Ano 2000, mai. 2004. p. 10.

U.S. BUREAU OF THE CENSUS. *Historical Statistics of the United States: Colonial Times to 1970*. Washington: U.S. Government Printing Office, 1975.

U.S. BUREAU OF THE CENSUS. *Historical Statistics of the United States: Colonial Times to 1957*. Washington, D.C.: U.S. Government Printing Office, 1960.

U.S. BUREAU OF THE CENSUS. *Special Studies: Earnings in 1981 of Married--Couple Families, by Selected Characteristics of Husbands and Wives*. ser. P-23, n. 133, [s.d.].

U.S. BUREAU OF THE CENSUS. *Trends in Premarital Childbearing: 1930 to 1994*, Special Studies, ser. P23-197, [s.d.].

U.S. BUREAU OF THE CENSUS. *We the People: Asians in the United States*, Relatórios Especiais do Censo do Ano 2000, dez. 2004.

U.S. BUREAU OF THE CENSUS. "Historical Poverty Tables: Table 4", Current Population Survey, Annual Social and Economic Supplements. Disponível em: <http://www.census.gov/hhes/www/poverty/histpov/hstpov4.html>. Acessado em: 29 jun. 2007.

U.S. DEPARTMENT OF EDUCATION. Office of Postsecondary Education. *National Advisory Committee on Institutional Quality and Integrity*, Reunião, 4-6 dez. 2006.

UCHITELLE, Louis. "Stagnant Pay: A Delayed Impact", *New York Times*, 18 jun. 1991.

VEDDER, Richard. "Why Does College Cost So Much?", *Wall Street Journal*, 23 ago. 2005.

_____. *Going Broke by Degree*. Washington: The AEI Press, 2004.

VOBEJDA, Barbara. "Elderly Lead All in Financial Improvement", *Washington Post*, 1º set. 1998.

WALKER, Henry A. "Black-White Differences in Marriage and Family Patterns", *Feminism, Children and the New Families*, Sanford M. Dornbusch e Myra H. Strober (orgs.). Nova York: The Guilford Press,1988.

WALL, Howard J. "The Gender Wage Gap and Wage Discrimination: Illusion or Reality?". *The Regional Economist,* out. 2000, Federal Reserve Bank of St. Louis.

WEITZMAN, Lenore J. "Affirmative Action Plans for Eliminating Sex Discrimination in Academe". In: Alice S. Rossi e Ann Calderwood (orgs.), *Academic Women on the Move*. Nova York: Russell Sage Foundation, 1973. p. 479.

WENGER, Jeffrey. "The Continuing Problems with Part-Time Jobs", *EPI Issue Brief,* Economic Policy Institute, abr. 24, 2001.

WESSELL, David. "As Rich-Poor Gap Widens in the U.S., Class Mobility Stalls", *Wall Street Journal*, 13 mai. 2005.

WICKER, Tom. "Let 'Em Eat Swiss Cheese", *New York Times*, 2 set. 1988.

WIEBERG, Steve; WHITESIDE, Kelly. "Football-crazy Ohio State Does All Sports in Big Way", *USA Today*, 5-7 jan. 2007.

REFERÊNCIAS BIBLIOGRÁFICAS

WILLIAMS, Donald R. "Women's Part-Time Employment: A Gross Flows Analysis", *Monthly Labor Review,* abr. 1995.

WILLIAMS, Walter E. "Why the Poor Pay More: An Alternative Explanation", *Social Science Quarterly*, set. 1973.

_____. *The State Against Blacks.* Nova York: McGraw-Hill, 1982.

WILSON, Robin. "As Competition Grows, Admissions Officers Face Dismissal If They Don't 'Win and Keep on Winning", *Chronicle of Higher Education*, 31 out. 1990.

WINES, Michael. "As Inflation Soars, Zimbabwe Economy Plunges", *New York Times*, 7 fev. 2007.

ZELNICK, Bob. *Backfire: A Reporter's Look at Affirmative Action.* Washington: Regenery Publishing, Inc., 1996.

ZIMBALIST, Andrew. "Looks Like a Business; Should Be Taxed Like One", *New York Times*, 7 jan. 2007, seç. 8.

ZUMETA, William. "Financing Higher Education Access in Challenging Times". *The NEA Almanac of Higher Education*. Washington: National Education Association, 2007.

Índice

ação afirmativa, 112, 208-209
ações de soma zero, 17-18, 177, 198
administração Reagan, 219
África do Sul, 223, 252, 271
África Subsaariana, 250, 252, 259, 263, 265, 277
africanos, 204, 210-213, 245-246, 252
agricultura, 249, 251, 255, 266
   ajuda externa: 268-269, 273-275
   confiança: 262-263
Alemanha 16, 129, 205-207, 254, 257-258, 270
América do Sul, 147, 246, 251, 266
American Bar Association, 131-132
aposentados, 169, 179, 182
Arábia Saudita, 252, 274
áreas urbanas (veja cidades; subúrbios)
Argentina, 254, 263, 265-267, 276
Ásia, 27, 211, 246, 249, 251-252, 256, 270-271

asiáticos, 204, 210, 232-234, 246, 250
automóveis, 26, 28, 32-33, 71-72, 129, 174, 257, 285
Avery, Sewell, 191

Banco Mundial, 254, 272-274, 278
Banfield, Edward C., 74
Berbéria, 210-211, 245
Boston, 45, 58-59, 61, 233-236
brancos, 36, 104, 111, 202, 204, 207, 209-211, 213-218, 223, 226-228, 231-240, 255, 272, 279
Braudel, Fernand, 247, 250

Califórnia, 36, 38-42, 44-45, 51-52, 66
causa, 12, 41, 57, 113, 192, 212, 217-219, 245-248
cavalos, 25, 27, 34, 248-249
Chicago, 24, 32, 34-35, 56, 63-65, 132, 139, 161, 219

China, 15, 79, 80, 129, 213, 248, 252, 254, 256, 265, 267, 277
chinês, 204, 221, 262, 265, 276
Chronicle of Higher Education, 120-121, 151
cidades (veja também subúrbios), 23-75
 atividades econômicas: 53-73
 automóveis: 26, 31-33, 56, 66, 73
 cavalos: 25-27
 congestionamento no trânsito: 28-32, 44, 73
 "crescimento urbano desordenado": 65-66, 71
 crime e violência: 26, 35, 54-65, 217-219, 230-231, 240
 favelas: 27, 57-60, 63
 guetos: 34-35
 habitação: 37-53
 mudanças: 25, 28, 48-49
 multidão: 27, 52-54, 58-59
 planejadores urbanos: 32, 57-59, 63
 redesenvolvimento: 60-62
 transporte público: 25, 28, 32-33
 transporte: 23-37
Cingapura, 17, 24, 30-31, 252-253, 264, 278
civilização ocidental, 124, 212-213
classes, 183, 194-195, 269
comparabilidade, 102-103
condado de Monterey, Califórnia, 40, 51-52
condado de San Mateo, Califórnia, 40-41, 53
conhecimento, 92, 197, 271
constituição dos Estados Unidos, 48, 50, 52, 60
construtoras: 45-46, 49-50
 circulação: 49
 controle de aluguel: 14-15
 custos de construção: 45-47
 diferenças regionais: 38, 41, 45
 direitos de propriedade: 48-50
 "espaço público": 19, 21, 40, 49-52, 52, 69, 72
 estética: 66, 74-75
 favelas: 18
 finanças: 42, 231-237
 multidão: 38, 52
 política: 47-53, 63, 143
 políticas de "crescimento inteligente": 40, 49, 52, 57, 67
 preços de habitação: 37-49, 58, 60-63, 69, 73
 preços de terrenos: 38, 46, 55-56
 projetos de habitação pública: 63-64
 redesenvolvimento: 18, 60-62
 restrições de altura: 43
 restrições: 38-46, 48-52
 vale-habitação: 63
Consumo, 172, 175, 204, 241
 índice de preço ao consumidor: 41
 preços de consumo: 55-56, 229-232
corrupção: 260
 cultura: 265-269
 definição: 278

ÍNDICE

desenvolvimento econômico: 80, 247, 250, 253, 256, 259, 265, 267-268, 273, 279
direitos de propriedade: 260-262
exploração: 245-246, 269-272
geografia: 247-253
imperialismo: 17, 269, 271
investimento estrangeiro: 269-271
lei e ordem: 258-263
pobreza: 254-256, 258, 260, 263
população: 263-269
recursos naturais: 247-248, 252, 259
Costa, Elizabeth, 9
crime e violência, 21, 26, 35, 54-55, 57-65, 215-219, 231, 240, 242
causas: 34-36, 217-219
efeitos: 34-36, 218, 230-231
Culpa, 192, 242
causa vs. culpa: 192, 245-247
"culpar a vítima": 268
Cultura, 193, 205-206, 209, 215-216, 242, 249

Daley, Richard J., 219
Dallas, 25, 27, 30, 44-45, 147
definições, 11-12, 172, 176-177, 265, 283, 285
densidade: 22, 25-26
desemprego (veja emprego)
desenvolvimento econômico (veja Terceiro Mundo)
Detroit, 218-219

diferenças entre homens e mulheres, 77-116
analogia da minoria: 110-113
arranjos domésticos: 80, 95, 98-100, 104, 115-116, 177
casamento: 82-86, 99, 104, 114
comparabilidade: 85-86, 102-115
crianças: 77-78, 80, 82, 84, 90, 99, 103-104, 107
diferenças de qualificações: 78
diferenças de renda 77, 95-96, 102-108, 112-113
diferenças educacionais: 77-78, 83-85, 93, 100, 107
diferenças físicas: 79, 89
diferenças ocupacionais: 89
discriminação do empregador: 77-78, 82, 85, 100-112
emprego contínuo: 80, 90-92, 96, 104, 113
emprego em meio período: 83, 96-97, 104, 115
emprego em período integral: 80, 85, 97, 103-106
empregos perigosos: 90
escolhas: 77, 86, 107, 114
horas de trabalho: 80, 93-96
mudanças ao longo do tempo: 79, 81-85, 101-102, 107
obsolescência ocupacional: 92
participação na força de trabalho: 83-89, 96, 107
políticas de governo: 109

segregação sexual: 86-88
tendências ao longo do tempo: 78-85
diferenças sexuais (veja diferenças entre homens e mulheres)
dinheiro, 121
Direitos de Propriedade (veja Lei), 48
discriminação, 77, 79, 82, 85, 100-112, 152, 155, 163, 202, 205, 221-242
   classificação: 224-226, 228, 239
   discriminação contra o consumidor: 229-231
   discriminação no emprego: 77-78, 82, 84-85, 100-112, 221-228
   discriminação no empréstimo: 231-238
   discriminação racial: 203, 205, 221-242
   discriminação sexual: 77-78, 83-84, 100-112
   indivíduos comparáveis: 78, 85, 100-115, 141, 169, 205, 219, 222, 227, 233, 235
dispersão: 24, 74
Duque de Wellington, 26, 66, 74-75

Easterly, William, 254, 262
educação, 15, 77-78, 83-85, 92, 100, 107, 114, 117-163, 170, 196, 204, 217, 226-227
   diferenças raciais: 204, 216, 226-228
   diferenças sexuais: 77-78, 83-85, 92, 100, 107
   escolas: 64, 217, 226
   faculdades e universidades: 15, 113, 117-163
   pessoas que abandonaram: 143
Egito, 14-15, 260
Eisenhower, Dwight, D., 119
Eliot, Charles, 159, 161
emprego, 34, 169
   desemprego: 33-35, 238
   discriminação no emprego: 76-78, 83, 85-86, 100-112, 152, 221-228
   emprego contínuo: 114, 137
   emprego em período integral: 80, 85, 97, 103-106, 169, 173
   escolhas ocupacionais: 77, 86, 107, 114
   horas de trabalho: 80, 93-95, 97, 102, 106, 115-116
   índices de participação na força de trabalho: 36, 169, 218
   leis do salário mínimo: 37
   obsolescência de habilidades: 92
   trabalho em meio período: 173
escravidão, 202, 210-214, 216, 242-243
Estados Unidos da América, 16, 22, 26-28, 38, 44-45, 48, 50-52, 60, 70, 98, 103, 129, 133, 155, 166, 171, 177, 201, 203-204, 210-216, 220, 242-243, 250, 257, 261, 263, 270, 282
estatísticas, 165-167, 170-173, 175-179, 181-182, 184, 193-195, 205, 227, 231-234, 254, 257

ÍNDICE

Estocolmo, 15, 24, 31, 33, 67
Europa, 26-27, 32-33, 71, 124, 147, 206-207, 245, 248-249, 251-252, 254-257, 259, 267-268, 270, 278, 281
europeus, 60, 206, 210-211, 213, 245-246, 249-250, 255
evidências, 5, 12, 102
experiências, 20
exploração, 229-230, 247, 256, 269, 271
extrapolações, 21-22

Faculdade de Direito de Nashville, 133
faculdades e universidades, 118-119, 121-124, 126, 128-129, 135, 137-138, 162
  administração: 119, 162
  administradores: 120, 162
  atletismo: 158-162
  autorização: 128-137
  bolsas de estudo: 147, 154-158
  classificação: 118, 124, 128-130
  corpo docente: 118-122, 130-134, 153
  currículo: 118, 124
  custo da educação: 118, 122, 136, 147-151, 155
  custos: 119, 124, 130-139, 144, 146-156, 160
  dotações: 118, 123
  ensino: 119, 121-128, 137-140, 148-149, 153, 163
  estabilidade: 121-122, 126, 131-139, 152
  estudantes: 123-128, 140-145
  faculdades de direito: 131-134
  faculdades pequenas: 140
  instituições voltadas para o lucro: 117, 136-137, 161
  livros didáticos: 122
  notas: 126
  pesquisa: 124-126, 130, 137-139, 148-149, 158
  produtos em conjunto: 148-149
  receitas: 154-161
  valor agregado: 140-143
falácias, 11-22, 281
  definida: 12
  falácia da composição: 18-19
  falácia das peças de xadrez: 19-20
  falácia de soma zero: 13, 17-19, 177, 189, 198, 281
  falácia do infindável: 20-21, 69
  mudanças de composições: 282
  persistência: 12, 22
  poder das falácias: 11-22
  tautologias: 264, 285
Famílias, 35, 212-215, 220
  casamento: 82-84, 86, 99, 104, 113, 147, 202, 214-215
  crianças: 35, 52, 64, 73, 80, 193, 197-198, 214-215, 225, 257, 276
  famílias com marido e mulher: 214, 220, 226
  nomes: 87, 213

rendas: 220
rupturas: 214
fatos, 5, 12
Federal Reserve, 232-236
Foster City, Califórnia, 41
Fundo Monetário Internacional, 273-274
Furacão Katrina, 64

Gates, Bill, 141
geografia, 205, 211, 247-249, 251
   agricultura: 249, 251, 255, 266
   clima: 251
   cultura: 249-251
   montanhas: 248, 251
   recursos naturais: 248, 252
   solo: 249

habitação, 37-53
   "a preços acessíveis", 37-40, 47, 73N, 284
hemisfério ocidental, 27, 210-211, 246, 249-250, 270
hidrovias, 24, 247-248, 251-252, 259
Houston, 25, 31, 40-41, 44-46, 64
Hutchins, Robert, 161

idade, 26, 80, 91, 96, 103-105, 107-109, 111, 151, 181, 183, 203-205, 213, 226, 250, 256-258
   diferenças de grupo em idade: 203, 258
   discriminação por idade: 151

idade do casamento: 84
idosos: 181-182, 190, 195
renda e riqueza: 80, 114, 181-182
idosos, 181-182, 190, 195
imigrantes irlandeses, 88, 225, 239-241
imperialismo, 17, 246-247, 256, 271
Imperialismo, 269
Império Romano, 124, 256, 259
Índia, 17, 206, 246, 248, 254, 257, 262-263, 266, 276
índice de preço ao consumidor, 41
índios norte-americanos, 201
Inglaterra, 25, 88, 102, 118, 129, 147, 179, 211-212, 216, 242-243, 267

Jackson, Jesse, 232
Jacobs, Jane, 58-59
Japão, 79, 98, 213, 246, 252, 254, 256, 258, 263, 264, 267, 271, 277

lei, 77, 209, 258-263
   constituição dos Estados Unidos: 48, 50, 52, 60
   direitos de propriedade: 48-50, 259-262
   discriminação: 109
   domínio eminente: 61-62
Liu, Na, 9
Los Angeles, 24, 29-30, 46, 52, 218

malaios, 221, 264
Manhattan, 25, 33, 43, 46, 283

ÍNDICE

mão de obra
   benefícios: 16
   desemprego: 16, 34-35, 238
   pagamento: 15
mérito, 193, 196
Mill, John Stuart, 127
Mumford, Lewis, 65

negócios, 28, 34-37, 47, 53-57, 61, 117, 120, 123-124, 126, 155, 162, 176-177, 229-230
New York Times, 46, 79, 96, 109, 158, 167, 186, 193, 272
New York Yankees, 149, 151
Nigéria, 204, 259, 276
norte-americanos de origem asiática, 203-205, 220, 232, 234-235, 238
norte-americanos de origem hispânica, 204, 227, 233-234
norte-americanos de origem japonesa, 203
norte-americanos de origem judaica, 202, 206-207, 241
norte-americanos negros, 24, 28, 49, 61, 103, 111, 163, 201-204, 207-211, 213-228, 232-237, 239-240, 279, 284
Nova York, 15, 24-25, 28, 32, 43, 65
Nova Zelândia, 180, 201

observadores externos, 26, 56, 58, 60, 68, 70, 115, 188, 191, 196, 285

Organizações sem fins lucrativos, 118, 121, 146, 160, 162-163, 223

Page, Arizona, 55-56
Palo Alto, Califórnia, 42-43, 45, 53
Patton, 189-190
"planejamento", 39-40, 47-49, 57, 67-68
Pobreza, 17, 27, 209-210, 215
políticas de "espaço público", 19, 40, 51, 69
poluição, 29, 33, 70-73
população, 19, 42
pressuposições, 59, 63, 68, 78, 196, 212, 222, 268, 276, 285
Previdência Social, 169, 181, 199
Primeira Guerra Mundial, 207, 216-217

Raça, 54, 201-243
   ação afirmativa: 208, 210
   classificação: 225, 228, 239
   comparabilidade: 102-103
   cultura: 215-216, 241
   discriminação: 203, 205, 221, 242
   educação: 204, 217, 226, 228
   escravidão: 202, 210-214, 216, 242-243
   Lei de Direitos Civis: 208-209
   maoris: 201
   miscigenação: 201
   mudanças ao longo do tempo: 206-210, 214, 218-219, 231, 242

progresso e retrocesso: 205-210, 214, 242
racismo: 203, 211-212, 227, 242, 256
renda: 209, 220, 226-227, 233, 239
segregação: 208
testes mentais: 228
redesenvolvimento, 60-62
renda, 44, 64, 115, 159, 165-198
　benefícios no emprego: 173
　classe média: 184-186
　consumo: 166, 172, 175
　desigualdade: 175-194
　"distribuição" de renda: 182, 197-200
　educação: 170, 228
　estagnação: 166-175
　estatística: 165-167, 170-173, 175-178, 181, 184, 193-195, 199, 227-228
　executivos: 186-191, 198
　ganância: 187
　ganhos: 181-182, 198, 228
　idade: 181, 183, 203
　imigração: 171
　impostos: 176, 181-182, 195
　mudanças nas rendas: 166, 173-175, 179, 184-186
　pessoas que abandonaram: 142-143
　pobreza: 115, 178, 214
　renda domiciliar: 166-171
　renda em espécie: 170
　renda familiar: 176
　renda nacional: 252

renda per capita: 166-167
renda real: 166, 172-176
rendas dos trabalhadores: 172-175
"ricos" e "pobres": 178-184
trabalhadores em meio período: 98, 173
trabalhadores em tempo integral: 173
transferências: 170, 177, 195
Reynolds, Alan, 165, 172, 175
riqueza, 145, 165, 177-179, 181-182, 194-197, 210, 253, 258, 264-265, 271-274, 276-279
Roosevelt, Theodore, 28
Rússia, 20, 252, 265, 282

São Francisco, 30, 38, 40, 45-46, 52-53, 69
Sears, Roebuck and Company, 34-35, 109-110
Seeger, Pete, 66
Segunda Guerra Mundial, 15, 83, 119, 163, 206-207, 268, 271
Shaw, George Bernard, 197-198
subúrbios, 25-27
　estética: 42, 66-68
　"inchaço urbano": 57, 65-73
　políticas de "crescimento inteligente": 40, 49, 52, 57, 67
　políticas de "espaço público": 19, 40, 49-52, 69
Sudeste asiático, 256, 262, 265, 276
"superpopulação": 263-264

ÍNDICE

tautologias, 265, 285
Terceiro Mundo, 27, 177, 245-247, 253
The Economist, 79, 95, 98, 118, 260
Tugwell, Rexford Guy, 59, 290 nota 49

U.S. News and World Report, 125, 129-130
Universidade de Chicago, 139, 161
Universidade de Columbia, 119, 163
Universidade de Harvard, 79, 94, 96, 115, 118, 125-126, 131, 139-142, 146, 150, 154-155, 157-159, 161
Universidade de Michigan, 103, 153-154, 192
Universidade de Phoenix, 118, 121, 136, 153, 161
Universidade de Stanford, 120, 123, 150
Universidade de Yale, 96, 125, 131, 140, 155, 157-158
Universidade do Colorado, 131-133, 153

Walmart, 55-56, 109, 230-231
Washington Post, 167, 172, 186, 188, 232
Washington, D.C., 29, 242
Who's Who in America, 81
Wicker, Tom, 169

Zimbábue, 271-273

Este livro foi composto na tipografia
Adobe Garamond Pro, em corpo 10/16, e impresso
em papel off-white no Sistema Digital Instant Du-
plex da Divisão Gráfica da Distribuidora Record.